WorldCupUSA94
Coca-Cola
FUJIFILM
RUSSIA
ROMANIA
NORWAY
NIGERIA
NETHERLANDS
MOROCCO
MEXICO
KOREA
ITALY
IRELAND
GREECE
COLUMBIA
CAMEROON
BULGARIA
BRAZIL
BOLIVIA
BELGIUM

W0302029

SPORT
VERLAG

WORLD CUP '94
WorldCup
USA94

HARRY VALÉRIEN

USA '94

DAS FUSSBALL-WM-BUCH

Redaktion: Raymund Stolze, Eberhard Thonfeld
Fotos: Deutsche Presse-Agentur, AFP Photo

Sportverlag Berlin

WorldCup USA94™

©1991 WC'94 TM

San Francisco, CA
Stanford Stadium
(Palo Alto, CA)

Los Angeles, CA
The Rose Bowl
(Pasadena, CA)

Dallas, TX
The Cottor

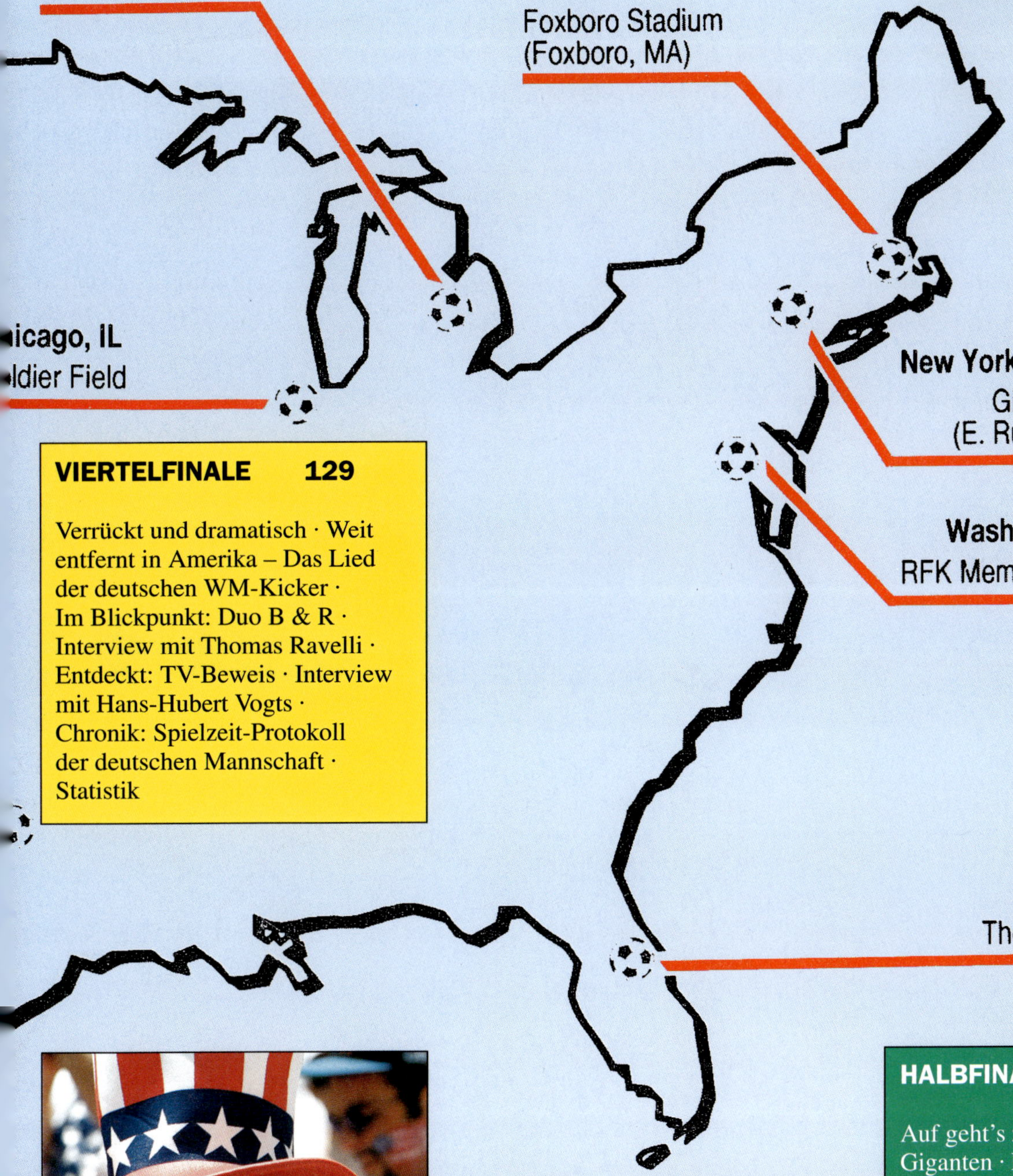

Detroit, MI
The Silverdome
(Pontiac, MI)
Boston, MA
Foxboro Stadium
(Foxboro, MA)
icago, IL
ldier Field
New York/New Jersey
Giants Stadium
(E. Rutherford, NJ)
Washington, D. C.
RFK Memorial Stadium
Orlando, FL
The Citrus Bowl

CBF
UMBRO

HARRY VALÉRIEN

USA '94 – Der Sturz des Titel-verteidigers

Ein Titel und drei Gewinner: Brasilien, Sandor Puhl und die Gastgeber. Zuallererst Brasilien. Zurück auf den Thron, nach 24 dürstenden Jahren. Favorit schon vor einem Jahr, erst recht dann vor dem Finale. Alles andere als der Gewinn der Trophy hätte das 150 Millionen-Volk nur schwer ertragen. Zum vierten Male also jetzt Weltmeister. Damit kann sich niemand messen. Nicht im verzaubernden Stil der legendären Mannschaft um Pelé, Garrincha und Zagalo von 1958 wurde das Turnier gewonnen. Nicht im Spielrausch wie einst, als die Brasilianer staunende Reporter und die große Fußballwelt in Trunkenheit versetzten. Wem – wenn schon nicht

Zweimal Romario de Sousa Farias, geboren am 29. 1. 1966 in einem Slumviertel Rios: Im Endspiel des Olympischen Fußballturniers am 1. Oktober 1988 in Seoul verliert Brasilien in der Verlängerung gegen die UdSSR 1:2. Romario (Nummer 11), der das 1:0 erzielte und mit sieben Treffern Torschützenkönig wurde, kann diese Niederlage (u. a. standen Taffarel, Jorginho, Mazinho und Bebeto in seinem Team) noch minutenlang nach dem Schlußpfiff nicht fassen (großes Foto). 17. Juli 1994: Die Sternstunde des inzwischen 28jährigen – mit dem Gewinn des WM-Titels und der Wahl zum besten Spieler des Turniers ist er (fast) am Ziel seiner Wünsche ...

War nicht nur dank seiner fünf Tore im deutschen Team einer der wenigen Lichtblicke: Jürgen Klinsmann.

der eigenen Mannschaft – hätte man den Titel mehr gegönnt? Der Preis für den Triumph ist realistisch: Europäisch spielen und brasilianisch siegen! Carlos Alberto Parreira verteidigte sich schon vor der WM gegen seine Kritiker mit der Bemerkung, Deutschland gelte als bestes Beispiel für eine erfolgreiche Turniermannschaft. Zweimal im Endspiel und einmal Titelgewinner zwischen 1982 und 1990. »Ohne Umstellung werden wir unser Ziel nicht erreichen.« Sie haben es geschafft. Als einzige Mannschaft ungeschlagen, wenn auch nicht so spielerisch wie zuletzt 1970. Gewiß ist das 0:0 gegen Italien nach 120 Minuten unbefriedigend gewesen, der knappe Erfolg im Elfmeterschießen (3:2) zugunsten des neuen Weltmeisters aber nicht unverdient. Italien begann die Vorrunde mit einer unerwarteten 0:1-Niederlage gegen Irland, steigerte sich aber im Laufe des Turniers. Wer dem K.o. so nahe stand und erst in der letzten Minute der regulären Spielzeit gegen Nigeria das Blatt wendet, muß von Können und Glück begünstigt gewesen sein. Den Kopf schon in der Schlinge, kam Trainer Arrigo Sacchi doch noch als stolzer Italiener nach Hause. Roberto Baggio werden sie ein Denkmal setzen und ihm den Strafstoß (hoch übers Tor) ohne Bitterkeit verzeihen.

Der zweite Gewinner der WM heißt Sandor Puhl, Schiedsrichter des Finales im Rose-Bowl-Stadium zu Pasadena. Der 39jährige Firmendirektor aus Ungarn verblüffte mit der Toleranz eines Weisen. Wann erkannte ein Unparteiischer so trefflich die feinen Grenzen des Erlaubten und Unerlaubten? Nie starr, nie besserwisserisch, sondern stets aufs neue der oft heiklen, ja strittigen Situation angepaßt, leitete er das Spiel souverän. Herrschen und strafen, so schien es, sind ihm ein Greuel, faire und kämpferische Auseinandersetzung um Ball und Vorteil aber oberstes Gebot. Motto: Gewähren lassen, wo sonst Strenge zum unerbittlichen Diktat aller Handlungen erhoben wird. Erstaunlich (oder auch nicht), wie sehr Spieler und Zuschauer die weise Herrschaft des Sandor Puhl von Anfang an erkannt, respektiert und schließlich gelobt haben. Kompliment auch an die Schiedsrichter-Kommission der FIFA zur Berufung dieses Mannes – Wegweisender einer neuen Ära oder bloß vorübergehend Glänzender im Halbdunkel der Minderbegabten?

Der dritte Gewinner heißt USA – Organisator, Gastgeber und Teilnehmer dieser XV. Weltmeisterschaft. Welche Freude, welcher Enthusiasmus begleitete die 52 Spiele in neun Städten! Was gab es im Vorfeld dieser WM alles an negativen Schlagzeilen. Den Amerikanern hat man bereits bei anderen Gelegenheiten nicht viel zugetraut (aus europäischer Sicht, wohlbemerkt). Und jetzt sollte sogar Soccer, also Fußball, in den USA hoffähig gemacht werden. Vor zehn Jahren schon waren die Stadien beim Olympischen Fußballturnier

USA '94 war auch ein Treff für die Politprominenz – hier beim Eröffnungsspiel Helmut Kohl, Bill und Hillary Clinton (von links). In der Reihe davor sitzen freilich die Fachleute: FIFA-Präsident Havelange (links) und IOC-Präsident Samaranch (rechts).

vollbesetzt. Jetzt purzelten alle alten Rekorde: 3,6 Millionen Zuschauer, durchschnittlich rund 70 000 pro Spiel, die Zahlen der WM 1990 in Italien damit um über 1,1 Millionen Besucher übertroffen. Weder Hooligans noch Randale.
Der Weltfußballverband spricht von einem finanziellen Gewinn von 420 Millionen Mark. Hätte er die Fernsehrechte vor einigen Jahren marktgerechter verkauft, wären noch ganz andere Erträge erzielt worden – von der Zukunft ganz zu schweigen ... Sportlich betrachtet, stand die WM auf hohem Niveau. Nur drei von 52 Spielen endeten nach regulärem Ablauf torlos. Alles in allem, wie Sepp Blatter meint, »die beste WM seit 1970 in Mexiko.«

Zweimal allerdings wurde die scheinbar heile Welt des Fußballs auf schlimme Weise erschüttert: durch den Tod des kolumbianischen Spielers Andres Escobar, der im WM-Turnier ein Eigentor verursachte und nach seiner Rückkehr meuchlings erschossen wurde – »... damit du nicht vergißt, was du gemacht hast ...«. Und ganz anders durch die Nachricht, daß Argentiniens Superstar Diego Maradona gedopt war und daraufhin von der weiteren Teilnahme an dem Turnier ausgeschlossen wurde. Maradona: »Es war, als ob man mir die Beine abgeschnitten hätte ...«

Freilich bleibt offen, welche Sogwirkung dieses Turnier auf die künftige Entwicklung von »Soccer in USA« besitzt. Ob die geplante »Major League« wirklich im nächsten Jahr starten kann, erscheint nach wie vor fraglich. Die besten US-Spieler (im Viertelfinale Brasilien nur 0:1 unterlegen), suchen sich Vereine in Europa; der Einstieg potenter Sponsoren in die neue Liga ist ungewiß. Was noch schwerer wiegt: Nirgendwo steht geschrieben, daß die Amerikaner, und hier vor allem das Fernsehen, bereit sind, sich von lieben Gewohnheiten im eigenen Lande zu trennen oder ein erhebliches Stück ihres Vergnügens künftig mit den Eindringlingen zu teilen. Baseball, Basketball, American Football, Eishockey und Golf – darin steckt das große Geld, stecken Werbung und der riesige Aufwand, der sich am Ende für alle Beteiligten lohnen soll. Immerhin: Es spielen etwa 16 Millionen junge Menschen in den USA Fußball. Aber es sieht so aus, als könnte erst die nächste Generation von der Begeisterung und dem Engagement ihrer Eltern und Großeltern profitieren.

Wie hat doch Michel Platini, Frankreichs Superstar der 80er Jahre, die Situation der Deutschen vor dieser Weltmeisterschaft beschrieben? Wenn sie schlecht spielen, so sagte er, kommen sie ins Finale; spielen sie gut, werden sie Weltmeister. Ein paar Wochen später, nach einer endlos scheinenden Zeit der Vorbereitung, gab's erste Zweifel an den Fähigkeiten der deutschen Mannschaft. Diego

Maradona bemerkte nach dem 2:2 gegen Spanien im Gespräch mit Bernd Schuster ganz trocken: »Aus den Deutschen werde ich nicht schlau!« Die Unsicherheit wuchs, und nach dem 3:2 gegen Südkorea schien die Hoffnung auf einen neuen Weltmeistertitel langsam verspielt worden zu sein. Berti Vogt's Auswahl wirkte mißmutig, unkonzentriert und ohne den kämpferischen Geist vorangegangener WM-Turniere. Wann hatte sich eine Mannschaft des DFB je gründlicher auf eine Weltmeisterschaft vorbereitet? Wann je ein Trainer Spielpläne, Gegner, Fitneß der Spieler, Klima, Quartierfragen (und was es sonst noch alles gibt), so ausgeklügelt studiert und der Mannschaft die jeweilige Taktik bis ins kleinste erklärt und vorgegeben? Das 3:2 gegen Belgien im Viertelfinale ließ neue starke Hoffnungen keimen. Beckenbauer: »Jetzt werden wir Weltmeister!« Vogts – die Gewissenhaftigkeit in Person. Vier Jahre im Amt des Bundestrainers, bei der WM in Italien 1990 rechte Hand Franz Beckenbauers, nun voller Kenntnis über Stärken und Schwächen der von ihm selbst ausgewählten 22 Spieler in den USA. Nie wurde der Bundestrainer müde, nachdrücklich und von Spiel zu Spiel immer wieder aufs neue zu betonen: Die Mannschaft müsse und werde sich mit Sicherheit steigern, denn man wolle ja ins Finale. Als sich Bulgarien fürs Viertelfinale qualifizierte, sah sich das deutsche Team bereits im Halbfinale gegen Italien spielen …

Manches in Verlauf und Auftreten erinnerte an die Europameisterschaft 1992 in Schweden. Und dann kam das plötzliche Aus! Auf dem Weg zum Bus erzählte Thomas Häßler, nie zuvor habe in der Kabine nach einer Niederlage eine solch' beklemmende Ruhe geherrscht – »es war unglaublich still …« Kofferpacken und heimfliegen. Stefan Effenberg war wegen einer »beschämenden Geste« (ausgestreckter Mittelfinger gegenüber deutschen Fans, die Effenberg aus der Mannschaft haben wollten), vorzeitig ausgeschlossen und nach Hause geschickt worden. DFB-Präsident Egidius Braun hatte erbost und außer sich über den Vorfall angedroht, notfalls die gesamte Mannschaft aus dem Turnier zurückzuziehen. Torwart Illgner erklärte am Tag der Niederlage gegen Belgien öffentlich seinen Rücktritt (»den hatte ich sowieso geplant«). Nach und nach wurden Schuldige gesucht und, nach Vogts' Ansicht, auch gefunden: Effenberg, Illgner, Möller. Wie hatte doch Franz Beckenbauer vor der internationalen Presse in Italien prophezeit: »Es tut mir leid für den Rest der Welt, aber diese deutsche Mannschaft wird in den nächsten Jahren nicht zu schlagen sein …«

Gibt es wirklich Schuldige für das Versagen, das vorzeitige Ausscheiden nach dem 1:2 gegen Bulgarien? Fraglos trägt der Trainer immer die Hauptlast. Berti Vogts kann sich wohl schlecht darauf berufen, von

Diego Maradona auf seiner Pressekonferenz nach dem »Sündenfall«: »Der Fußball ist zu Ende, aber nicht das Leben.«

einigen Spielern, die er ja seit Jahren kannte, charakterlich enttäuscht worden zu sein. Die Verantwortung lag letztlich immer bei ihm – in der Zeit der Vorbereitung, bei der Auswahl der Spieler und bei Anwendung der Taktik, mit der man den jeweiligen Gegner zu bezwingen glaubte. Zuviel Optimismus? Falsche Einschätzung der eigenen und der gegnerischen Mannschaft? Konditionsmängel? (Bayern-Trainer Giovanni Trapattoni meinte, das Ausscheiden der Deutschen sei ein konditionelles Problem gewesen, die Mannschaft zu alt und ohne Spritzigkeit). Eine Folge der langen Dauer der Vorbereitung? Oder ist Berti Vogts, bei allem Respekt vor seiner fachlichen Qualifikation und seiner menschlichen Haltung, der falsche Mann auf diesem Platz? 1978 bei der WM in Argentinien ohne Glück als Kapitän, 1992 als Trainer dem Außenseiter Dänemark klar unterlegen. Und dann nach vier Jahren intensiver, aufwendiger Arbeit der Rausschmiß aus der WM in den USA. Vogts wird als Coach bleiben, so die offizielle Verlautbarung. »Brutaler, egoistischer, rücksichtsloser«, wie er es dem »kicker« gegenüber sagte. Wenn's denn so kommen sollte, sieht es nicht nach einem verheißungsvollen Neubeginn aus. Könnte Berti Vogts in der Position eines Technischen Direktors oder Koordinators erfolgreicher arbeiten? Der Trainer, so fordert eine ganze Reihe von Kennern, sollte aus dem Bundesliga-Geschäft kommen. Wenn es ein sicheres Rezept für den künftigen Weg gäbe, wären Schwierigkeiten schnell ausgeräumt. So aber fällt den deutschen Fußballfans die Aufgabe zu: warten und hoffen. Vielleicht genügt es manchem, die Standhaftigkeit des Bundestrainers zu loben und darin mit ihm übereinzustimmen, daß er die Herausforderung unter veränderten Vorzeichen und mit einer neuen Mannschaft auch bestehen wird.

Was hat diese XV. Weltmeisterschaft in den Vereinigten Staaten an Neuem gebracht, welche Fortschritte, welche Veränderungen? Was kann und wird man für die Bundesliga übernehmen, was sollte neu oder weiter getestet werden? FIFA-Generalsekretär Josef Blatter prophezeite in den USA: Die WM 1998 mit der Erweiterung auf 32 Mannschaften werde noch schöner werden. Die Dreipunkteregel für einen Sieg in der Vorrunde habe sich positiv niedergeschlagen, und auch der Schutz der Stürmer, das Hineingrätschen von Abwehrspielern in die Beine des Angreifers sofort entsprechend zu ahnden, habe sich bewährt. Keine Frage: von Ausnahmen abgesehen, sind die Spiele relativ fair verlaufen, trotz der vielen gelben Karten – oder gerade deswegen (221 statt 162 bei der WM '90). Wirkungsvoll auch der Entscheid der FIFA, Verletzungen einzelner Spieler nicht mehr auf dem Feld, sondern außerhalb behandeln zu lassen. Wie schnell waren Angeschlagene wieder munter oder haben erst gar nicht versucht, die Rolle des

Tränenüberströmt und von Schmerz gezeichnet nahm die Mutter des ermordeten kolumbianischen Eigentorschützen Andres Escobar am Sarg Abschied von ihrem Sohn.

22
adidas

Leidenden vorzuführen! Solche Regelung (mit Elektrowagen die Verletzten sofort nach draußen zu bringen) sollte eigentlich auch der Bundesliga guttun. Selbst das Nachspielen wegen diverser Unterbrechungen blieb nicht ohne Beifall. Und dennoch: Warum keine offizielle Zeitmessung im Fußball? Was im Eishockey, Basketball oder Wasserball längst unerläßlich geworden ist, sollte im Fußball nicht mit der Bemerkung verneint werden, es müsse überall auf der Welt und in allen Ligen nach gleichen Regeln gespielt werden. Nichts spräche dagegen, im bezahlten Fußball Zeitmessung und in sehr kritischen Fällen TV-Beweise zuzulassen. Oder soll man weiter damit leben, daß, um ein Beispiel zu nennen, der Schweizer Schiedsrichter Kurt Röthlisberger im Spiel Belgien – Deutschland einen eindeutigen Strafstoß zugunsten der Belgier verweigerte, nach Ansicht der Fernsehaufzeichnung aber reumütig erklärte: »Ich habe einen Fehler gemacht. Ich hätte Strafstoß geben müssen!« Die technischen Anlagen für eine TV-Kontrolle sind längst vorhanden, um sekundenschnell Unterstützung für den Unparteiischen und Klärung sehr umstrittener Situationen herbeizuführen. Veränderungen dieser Art sind zwar zu verzögern, auf Dauer jedoch kaum aufzuhalten. Hätte es 1994 in den USA im Finale das Wembley-Tor von 1966 gegeben und der Schiedsrichter nachweislich falsch entschieden, so würde die Einführung optischer Hilfen nicht mehr lange auf sich warten lassen. Zielfotografie neuester Art und elektronische Zeitmessung bei herausragenden Veranstaltungen sind nur zwei gravierende Beispiele dafür, wie sich menschliche Irrtümer und daraus resultierende Fehlentscheidungen weitgehend vermeiden lassen.

»Selbst das Internationale Olympische Komitee hat uns zu unserer Wahl mit den USA als Ausrichter gratuliert. Die WM war ein großer Erfolg, in jeder Beziehung, von der Organisation bis zu den Schiedsrichtern. Wir sind mehr als zufrieden«, resümierte FIFA-Präsident Joao Havelange die »Soccer-Party made in USA«, die am 17. Juni in Chicago eröffnet worden war.

MEXICO
MOROCCO
ROMANIA
RUSSIA
SAUDI ARABIA
SPAIN

SCHWEIZ

KOLUMBIEN

GRUPPE A

USA

RUMÄNIEN

ACHTERBAHN DER GEFÜHLE

Es war eine einzige, gigantische Soccer-Party. Lange vor dem Spielende feierte der Großteil der mehr als 93 000 Zuschauer in der »Rose Bowl« von Los Angeles die historische Stunde. Nach dem Schlußpfiff brachen alle Dämme. Der amerikanische Libero Marcelo Balboa schnappte sich ein riesiges Sternenbanner, hüllte sich darin ein und drehte eine frenetisch gefeierte Ehrenrunde. Jeder Amerikaner im Stadion und zu Hause vor dem Bildschirm wußte, worauf Balboa anspielte. 1980 hatte Torhüter Jim Craig in Lake Placid das gleiche gemacht, nachdem das US-Eishockey-Team die olympische Goldmedaille gewonnen hatte. Es war eine der größten Sensationen in der amerikanischen Sportgeschichte gewesen.

14 Jahre nach dem »Wunder auf dem Eis« begannen unter Südkaliforniens sengender Sonne die Träume vom »Wunder auf Rasen« zu blühen. Der 2:1-Sieg Amerikas im zweiten Spiel der Gruppe A gegen Kolumbien brachte den Soccer in diesem Land von den Randnotizen auf die Titelseiten der wichtigsten Zeitungen. Der nationale

WM-SPOT

Auf zuvorkommende Höflichkeit waren vom US-Organisationskomitee die 1 500 freiwilligen Helfer und Betreuer der Teams, Trainer und Funktionäre eingeschworen worden. Das auch mittels eines speziellen WM-Knigge. Unter dem Titel »Länder-Protokoll, Tips und Informationen« wurden auf zwölf Seiten kurz die jeweiligen Sitten, Gewohn- und Besonderheiten fast aller 23 Gastländer aufgelistet. Zum Umgang mit den Deutschen war im Knigge unter anderem zu lesen: »Formelles Händeschütteln (oft nur ein Schüttler) ist die Regel. Nie mit Vornamen ansprechen, ehe Du dazu nicht eingeladen bist. Pünktlichkeit ist extrem wichtig. Hände in den Hosentaschen beim Sprechen ist unhöflich.«

Chapuisat passiert mit dem Ball Rumäniens Torhüter Stelea: 2:1 für die Schweiz, die den späteren Gruppensieger 4:1 bezwingt (oben).

Kolumbien hoffte auf seinen Superstar Faustino Asprilla – vergeblich ...

Sender ABC freute sich über eine Einschaltquote, die höher lag als die Sehbeteiligung beim prestigeträchtigen US Open der Golfer, was eine mindestens so große Sensation war wie der Sieg von Boras' Boys über den gestürzten Geheimfavoriten aus Kolumbien.

Am Tag nach dem Triumph hielten die neuen Helden Hof. Im Mannschaftsquartier, einem mondänen Resort-Hotel hoch über Dana Point, dem bekannten Nobel-Badeort südlich von Los Angeles, empfingen die Spieler die Horde der Reporter und Kameraleute aus aller Welt. Für ein paar Tage waren sie zu Stars geworden.Mit poppigen Designer-Sonnenbrillen, die sie auch im Halbdunkel der Hotel-Eingangshalle unter gar keinen Umständen von der Nase nehmen wollten, erzählten sie tausendundeinmal, wie cool es sei, ein amerikanischer Nationalspieler zu sein. Vier Tage später folgte auf den Höhenrausch ein kräftiger Kater. Nach der 0:1-Niederlage gegen Rumänien mußten die Amerikaner ein Weilchen sogar um den Einzug in die zweite Runde zittern.

Die Achterbahn der Gefühle war die einzige Konstante in dieser verrückten Gruppe A. Die Rumänen schlugen im Startspiel Kolumbien mit 3:1, was ihnen den Kopf derart verdrehte, daß sie daraufhin von der Schweiz gleich mit 1:4 entzaubert wurden. Die Schweizer ihrerseits liefen im letzten Gruppenspiel gegen Kolumbien auf dem Zahnfleisch. In San Francisco verpaßten sie den Gruppensieg, was ihnen eine kräftezehrende Reise in das Waschküchenklima von Washington an der Ostküste bescherte, wo die teuflische Kombination von Hitze und Feuchtigkeit das Atmen zur Qual machte. Trotzdem hielt sich die Enttäuschung bei den Eidgenossen in Grenzen. Wer, bitte schön, hatte schon von ihnen erwarten können, daß die Achtelfinal-Qualifikation bereits vor dem letzten Gruppenspiel praktisch gesichert sein würde? Daß dem so war, verdankte die Mannschaft von Roy Hodgson vor allem einem Spieler: Alain Sutter. Der Neu-Bayer mit den wehenden langen, blonden Haaren riß mit seinen Sturmläufen sowohl die Verteidigung der Amerikaner wie auch die der Rumänen auf. Sein Führungstreffer gegen Rumänien krönte die Glanzleistung dieses Super-Fußballers, der mit einer gebrochenen Zehe spielen mußte. Sutter biß die Zähne zusammen, wurde vor den Spielen und in der Halbzeit mit schmerzstillenden Spritzen behandelt, und glänzte weiter. Erst gegen Kolumbien mußte er den Strapazen Tribut zollen. Nicht die Schmerzen waren das Hauptproblem, sondern der Kräfteverschleiß. Sutter konnte sich nach dem Schlußpfiff kaum mehr auf den Beinen hal-

Gheorghe Hagi (Nummer 10), der »Karpaten-Maradona«, führte seine Rumänen ins Achtelfinale.

PRESSE-ECHO

»Welch eine Schau! Farben, Gefühle, Publikum, Treffer, Glanztaten, Helden, der Favorit am Boden, ein Außenseiter Gewinner und verrückt vor Freude: Kolumbien – Rumänien war all dies und mehr.«
»FRANCE-SOIR« (FRANKREICH)

»Die Schweizer Mannschaft hat das Talent, die Klasse, um spektakulär vorwärts zu stürmen. Sie kann an guten Tagen spielen, daß einem der Atem stockt.«
»NEUE ZÜRICHER ZEITUNG« (SCHWEIZ)

»In kürzerer Zeit, als zum Aufziehen einer Uhr notwendig ist, haben sich die Helvetier am Fenster dieser WM zurückgemeldet.«
»L'EQUIPE« (FRANKREICH)
zu Rumänien – Schweiz

»Ein Geniestreich wie Napoleon in Austerlitz«
»USA TODAY« (USA)

»Die unglaublichste Fußball-Sensation seit Eisenhowers Präsidentschaft«
»SAN FRANCISCO CHRONICLE«
zu USA – Kolumbien

»Eine Illusion ist in den USA zu Grabe getragen worden.«
»EL TIEMPO« (KOLUMBIEN)

»Die Ehre rettet Kolumbien nicht vor der Katastrophe«
»EL PAIS« (SPANIEN)
zu Schweiz – Kolumbien

ten. »Total erschöpft« fühlte er sich nach eigenem Bekunden, eine Folge seines unglaublichen Laufpensums, aber auch der Preis für das reduzierte Training. Um die Zehe zu schonen, konnte er außer ein paar Bewegungsübungen auf dem Fahrrad zwischen den Spielen nichts für die körperliche Fitneß tun. Den Medizinern im Schweizer Lager war schon vor dem Kolumbien-Spiel klar gewesen, daß dies auf die Dauer nicht gutgehen konnte. »Wir hatten die Wahl zwischen zwei schlechten Möglichkeiten«, schilderte Mannschafts-Arzt Dr. Roland Biedert die Situation, die in der Schweiz Tausenden von Fans den Appetit verdarb, »entweder ihn nach Hause zu schicken, oder versuchen, ihn von Spiel zu Spiel durchzuschleppen.«

Daß Sutter den Schmerzen trotzte, und die unendliche Müdigkeit in den Beinen zu vergessen suchte, war das beste Beispiel für den neuen Geist im Schweizer Team. Lange Zeit galt der heute 26jährige als Softic, den der kleinste Windstoß umwerfen konnte. In Amerika war davon nichts mehr zu spüren. Daß er am Ball ein Zauberkünstler ist, wußte man schon seit längerem. Alain Sutter, schrieb einst SPORT Zürich, sei ein Brasilianer, der zufällig in Bümplitz bei Bern auf die Welt gekommen sei. Spätestens seit seinem Wechsel zum 1. FC Nürnberg hat Alain Sutter begriffen, daß ohne die entsprechende Kopfarbeit sämtliche Tricks zu Mustern ohne Wert werden. Er überstand das Jahr im von Skandalen geschüttelten Chaoten-Club unbeschadet, und legte in Amerika seine Reifeprüfung ab.

Die Münchner Bayern rieben sich die Hände. In Amerika hatte Sutter seinen Marktwert mindestens verdoppelt. Auf der nach oben offenen Skala des Wahnsinns dürfte er bei der WM die Fünf-Millionen-Mark-Grenze mit Leichtigkeit gesprengt haben.

Den Gruppensieg schnappten sich die Rumänen. Wer Ceausescus Regime überlebt habe, schrieb die »New York Times« zynisch, brauche sich vor nichts mehr zu fürchten. Der rumänische Aufstand in Amerika war vor allem die Rache eines Mannes: Gheorghe Hagi. Seit Jahren als Kar-

Einen Jubellauf vollführt USA-Torhüter Tony Meola, nachdem sein Team den Favoriten Kolumbien 2:1 bezwungen hatte. Der 25jährige gehörte wegen seines ungewöhnlichen Haarschopfes und spektakulärer Paraden zu den WM-Publikumslieblingen.

Hallen-Fußball im Silverdome von Detroit: Balboa (USA/links) und Quentin (Nummer 3/Schweiz).

paten-Maradona gerühmt, blieb er bisher stets dann den Beweis internationaler Klasse schuldig, wenn es um etwas ging. Er werde eine großartige WM haben, erklärte der 29jährige vor dem Turnier jedem, der es hören wollte. Gegen Kolumbien zeigte Hagi, was er damit meinte. Die Rumänen ließen die Südamerikaner eine Viertelstunde lang ihre Kunststückchen vorführen, ehe Hagi zuschlug: ein Antritt, ein Dribbling, ein Paß – 1:0: Torschütze Raducioiu. Und nochmals Hagi: Mit der Sicherheit des Instinkt-Fußballers erkannte er, daß Kolumbiens Keeper Cordoba einen Schritt zu weit vorne stand. Mit seinem brillanten linken Fuß hob er den Ball über den Kolumbianer ins Netz. Ob er dieses Tor absichtlich so geschossen habe, oder vielleicht doch nur aus Zufall, wurde Hagi nach dem 3:1-Sieg gefragt. Für einen Moment verdunkelte sich seine Miene. Diese Frage, sagte er, fasse er als persönliche Beleidigung auf, denn selbstverständlich habe er genau dorthin gezielt, wo der Ball hingeflogen sei.

Das Ego dieses Gheorghe Hagi steht in keinem Verhältnis zu seiner Körpergröße von knapp einem Meter siebzig. Bei Real Madrid wurde er ausgemustert und nach Brescia in die italienische Serie B abgeschoben. Das hat er bis heute noch nicht verkraftet. Hagi hält Hagi für einen der besten Fußballer der Welt, und es gibt Momente, in denen er den Vergleich mit Maradona gar nicht mag. Weil Hagi glaubt, daß Hagi besser sei.

Wie nicht anders zu erwarten war, tauchte er gegen die Schweizer unter. Zwar schoß er den Ausgleichstreffer, wurde ansonsten aber kaum gesehen. Zwei gute Spiele hintereinander – so viel kann man von diesem hochbegabten Schönwetter-Fußballer nicht erwarten. Bis zum letzten Spiel gegen die Amerikaner hatten sich Hagi und seine nicht weniger kapriziösen Freunde wieder berappelt, worauf Trainer Anghel Iordanescu zu einer wahren Lobeshymne auf seine Spieler ansetzte. Was Rumänien gegen die Amerikaner gezeigt habe, sagte Iordanescu, der nur nach Siegen englisch spricht, ansonsten seine Entschuldigungen via Dolmetscher abgibt, zeuge von einem großartigen Charakter dieser rumänischen Mannschaft. Es war offensichtlich, daß der Trainer selbst am meisten von der Willenskraft seiner Schützlinge überrascht war. Selbst die Brutofenhitze in der »Rose Bowl«, wo auf dem Rasen 46 Grad Celsius gemessen wurde, hatte die Rumänen nicht bremsen können. Schön war es zwar nicht, was sie zeigten, aber höchst wirkungsvoll. Früher war es jeweils umgekehrt gewesen: man spielte, daß es eine Freude war, doch der Sieg ging an den Gegner. »Wir sind reifer geworden«, glaubt Leverkusens Ion Lupescu, eine Aussage, die vor allem auf Gheorghe Hagi zutrifft, wobei es bei diesem ein wenig länger gedauert hat, ehe auch er begriffen hat, daß Fußball ein Laufspiel ist. Auch für den Karpaten-Maradona. ■

MATTHIAS ERNE

DER GENTLEMAN IN SCHWEIZER DIENSTEN

In der Schweiz sprechen sie ehrfurchtsvoll vom »Gentleman«. Auf den ersten Blick paßt dieser Name auch ausgezeichnet zu Roy Hodgson: ein Zigarren-rauchender Engländer, der Golf spielt – da fehlen nur noch Schirm und Melone. Bei der Weltmeisterschaft blieb vom Gentleman-Image nicht mehr allzuviel übrig. Als sich der 46jährige Nationalcoach der Schweizer nach dem 1:1-Unentschieden im Startspiel gegen die Amerikaner von der gesamten eid genössischen Presse taktische Fehler vorwerfen lassen mußte, verlor Hodgson seine Contenance. Zur Strafe wurden sämtliche Medien-Leute vom Charter-Flug verbannt, der die eid genössische Delegation von Detroit zum letzten Gruppenspiel gegen die Kolumbianer nach San Francisco brachte.
Hodgson ist stur, aufbrausend, für Kritik an seiner Arbeit unempfänglich – und dennoch ungemein erfolgreich. Was dieser Engländer für den Schweizer Fußball geleistet hat, wird man erst mit dem nö tigen zeitlichen Abstand gebührend zu schätzen wissen. Es ist gerade mal ein paar Jahre her, als ein in Zürich erscheinendes buntes Blatt auf seiner Titelseite die Konterfeis der damaligen helvetischen Nationalspieler abbildete. Der Titel dazu: Die Deppen der Nation. Aus den Deppen sind längst Helden geworden. Tausende von Schweizern pilgerten zur Weltmeisterschaft. In Amerika saßen mehr Schweizer Fans in den Stadien, als vor der »Ära Hodgson« sich für die Länderspiele im eigenen Land interessiert hatten.
Hodgsons größter Verdienst ist es, dieser Mannschaft ein eigenes Gesicht gegeben zu haben. Viele seiner Vorgänger bauten auf eine leicht modifizierte Form des guten, alten Schweizer Riegels. Hodgson dagegen, in seiner aktiven Laufbahn Profi bei Crystal Palace und Maidstone United, predigt einen modernen Fußball mit Raumdekkung und einer Abwehr auf einer Linie. Außerdem zeichnet ihn eine ausgesprochene Treue zu denen aus, die er einmal ausgewählt hat. Nur Verletzungen können Hodgson zu einer Änderung der Mannschaft veranlassen, ansonsten spielen stets dieselben elf.
Die Grundlage zum guten Schweizer Abschneiden bei der WM legte Hodgson, seit Dezember 1991 der Nachfolger von Uli Stielike, in Trainingseinheiten, die viele Spieler anfänglich als langatmig und langweilig empfanden. Je länger Hodgsons taktische Schulung andauerte, desto sicherer wurden die Spieler auf dem Feld. Heute beschwert sich keiner mehr über Hodgsons schon beinahe legendäre Theorie-Stunden, zumal auch die Zukunft des Schweizer Fußballs in rosa Farben erscheint: Bis auf die »Oldies« Bregy, Egli und Geiger sind die anderen in einem Alter, noch ein paar Jährchen das Trikot mit dem Schweizer Kreuz auf der Brust zu tragen.

MATTHIAS ERNE

ALAIN SUTTER (Nummer 7):
»Ich glaube, man kann seinen Weg nicht einfach durchziehen, ohne der Gruppe zu schaden. Dann müßte man so konsequent sein und einen Einzelsport betreiben.«

WM-SPOTS

Der Weltfußballverband erteilte den Rumänen eine schriftliche Rüge wegen »unkooperativen Verhaltens gegenüber den Medien«. »Wir hatten sie bereits mehrfach mündlich ermahnt, der Weltpresse gegenüber zuvorkommender aufzutreten«, erklärte der englische FIFA-Offizielle Keith Cooper. Die Rumänen hielten ihr Mannschaftsquartier abgeriegelt, trainiert wurde unter Medienausschluß und bei den seltenen Pressekonferenzen war Trainer Anghel Iordanescu nicht zu sehen.

Nach 19 Jahren kreuzten sich in Detroit wieder die Wege des Schweizer Trainers Roy Hodgson und des US-Stürmers Roy Wegerle. Der Engländer hatte bis 1975 in Südafrika bei Berea Park gespielt und in dieser Zeit auch Jugendliche trainiert, darunter den damals elfjährigen Wegerle und dessen zwei Brüder.

Auswechselspieler, Trainer und Betreuer wurden während der vier WM-Gruppenspiele im Pontiac Silverdome in Detroit auf die Tribüne »verbannt« – wegen Platzmangels am Spielfeldrand.

IM BLICKPUNKT: KOLUMBIEN

Die kolumbianische Fußball-Delegation hatte sich vor dem letzten Gruppenspiel gegen die Schweiz der Einfachheit halber am Airport Boulevard einquartiert, einen Steinwurf vom Flughafen San Francisco entfernt. Die Reise allerdings ging völlig unerwartet in die verkehrte Richtung: Bogota hieß die Endstation, und nicht, wie von allen mit größter Selbstverständlichkeit erwartet, Los Angeles. Wie belämmert verließen die Stars aus Südamerika die Weltmeisterschaft durch die Hintertür. Daß sie gegen Rumänien 1:3 verloren hatten, konnten sie noch halbwegs verstehen, aber nach der 1:2-Niederlage gegen das fußballerische Entwicklungs-Land Amerika war selbst der sonst so eloquente Trainer Francisco Maturana mit seiner Weisheit am Ende. Stundenlang habe er in seinem Hotelzimmer gesessen und diese Niederlage analysiert, berichtete Maturana. Mit welchem Ergebnis? Maturana zerknirscht: »Ich weiß immer noch nicht, was passiert ist. Ich habe so etwas noch nie erlebt.«

Der Hauptgrund für die kolumbianische Blamage lag in den Lobeshymnen, mit der diese Mannschaft vor dem Turnier nach 31 Siegen in Folge (u. a. in der WM-Qualifikation 5:0 gegen Argentinien in Buenos Aires) überschüttet worden war. Selbst der große Pele kürte die Kolumbianer zum Titel-Favoriten Nummer eins. So viel Wertschätzung konnten sie offensichtlich nicht verkraften. »Wir sind unter dem Druck der Erwartungen zusammengebrochen«, vermutete Francisco Maturana. Erst im allerletzten Spiel gegen die Schweizer zeigte seine Mannschaft Ansätze von dem schönen Fußball, der Pele und alle anderen Experten im Vorfeld dieser WM so beeindruckt hatte.

Die Fans zuhause jedoch kannten keine Gnade: Am 2. Juli wurde Andres Escobar ermordet. Vor den tödlichen Schüssen soll einer der Täter geschrien haben: »Danke, Andres, für das Eigentor!«

CHRONIK

Noch nie verlor das Gastgeber-Team sein WM-Auftaktspiel und schied auch nicht in der Vorrunde aus: **1930** Uruguay – Peru 1:0; **1934**: Italien – USA 7:1; **1938**: Frankreich – Brasilien 3:1; **1950**: Brasilien – Mexiko 4:0; **1954**: Schweiz – Italien 2:1; **1958**: Schweden – Mexiko 3:0; **1962**: Chile – Schweiz 3:1; **1966**: England – Uruguay 0:0; **1970**: Mexiko – UdSSR 0:0; **1974**: Deutschland – Chile 1:0; **1978**: Argentinien – Ungarn 2:1; **1982**: Spanien – Honduras 1:1; **1986**: Mexiko – Belgien 2:1; **1990**: Italien – Österreich 1:0; **1994**: USA – Schweiz 1:1.

ENTDECKT

Novitäten noch und noch beim 94er Turnier: Die Zuschauer in Detroit sahen das erste Hallen-Spiel der WM-Geschichte im Pontiac Silverdome, und das auf extra dafür gezüchtetem Naturrasen, geliefert von einer Farm in Südkalifornien. Die Klimaanlage wurde während der vier WM-Begegnungen stillgelegt, um »Wettbewerbsverzerrung« gegenüber den anderen Spielorten zu vermeiden. »So brutalen Streß habe ich bei Spielern noch nie gesehen«, schilderte der deutsche Co-Trainer Rainer Bonhof die Auswirkungen des Treibhauseffektes im »Saunadome«.

Das Lachen verging WM-Geheimtip Kolumbien schnell.

Absprung in den »siebten Fußball-Himmel«: Soccer-Rocker Alexi Lalas (USA). ▶

INTERVIEW MIT GEORGES BREGY

Für Georges Bregy, mit 36 Jahren der Senior im Schweizer Team, war die WM '94 gleichzeitig Höhepunkt und Abschluß einer bemerkenswerten Karriere. Der Mittelfeldspieler von den Young Boys Bern brachte es mit seinen USA-Einsätzen auf über 50 Länderspiele.

Mit welchen Gefühlen spielten Sie bei dieser Weltmeisterschaft? Immerhin wußten Sie, daß jedes Spiel das letzte Ihrer Karriere sein könnte.

Ich habe nie so gedacht. Ich wollte diese Weltmeisterschaft in vollen Zügen genießen, jeden einzelnen Tag, jede einzelne Stunde. Daß ich überhaupt hier sein durfte, war großartig, denn das Kapitel Nationalelf war ja für mich eigentlich längst beendet.

Zudem waren wir Schweizer es gewohnt, den World Cup immer nur am Fernseher zu erleben. Bei der WM mein letztes Spiel bestritten zu haben, heißt für mich, daß ich auf dem Höhepunkt meiner Karriere abgetreten bin, und darauf bin ich stolz. Es gibt genügend Beispiele von Spielern, die den richtigen Moment zum Rücktritt verpaßt haben.

36 und kein bißchen müde: Wie sind Sie so jung und fit geblieben?

Das positive Denken ist ein wichtiger Faktor, die innere Ausgeglichenheit ebenfalls. Dazu kommt, daß ich zu Hause viel mehr Streß hatte als während der WM in Amerika. In der Schweiz mußte ich den Sport, die Familie und meine Hauptbeschäftigung als Sportartikel-Vertreter unter einen Hut bringen, hier konnte ich mich voll und ganz auf den Fußball konzentrieren. Außerdem machte mich die großartige Atmosphäre in den Stadien um ein paar Jahre jünger.

Gibt es ein Geheimnis des Schweizer Erfolges?

Unsere mannschaftliche Geschlossenheit. Es spielten zwei Jahre lang praktisch immer dieselben Spieler, jeder kennt den anderen in- und auswendig, jeder ist bereit, sich für seine Mitspieler aufzuopfern. Zudem sollte man nicht vergessen, daß wir in Amerika auch gezeigt haben, wie viele gute Fußballer in dieser Schweizer Mannschaft stehen.

Was für einen Titel würden Sie über Ihr ganz persönliches WM-Tagebuch setzen?

Ein Traum wurde wahr.

1. Spieltag

USA – SCHWEIZ 1:1 (1:1)

18.6. in Detroit

USA: Meola – Kooiman, Balboa, Lalas, Caligiuri – Sorber, Harkes, Dooley, Ramos Stewart (81. Jones), Wynalda (58. Wegerle).
Schweiz: Pascolo – Hottiger, Herr, Geiger, Quentin – Ohrel, Bregy, Sforza (88. Wyss), Sutter – Bickel (72. Subiat), Chapuisat.
Tore: 0:1 Bregy (39.), 1:1 Wynalda (45.).
Schiedsrichter: Francisco Lamolina (Argentinien).
Zuschauer: 77 557 (ausverkauft).
Gelbe Karten: Harkes – Herr, Subiat.
Gelb/Rot: keine.
Rote Karten: keine.

KOLUMBIEN – RUMÄNIEN 1:3 (1:2)

19.6. in Los Angeles

Kolumbien: Cordoba – Herrera, Perea, Escobar, Perez – Rincon, Gomez, Valderrama, Alvarez – Asprilla, Valencia.
Rumänien: Stelea – Belodedici – Petrescu, Prodan, Munteanu – Mihali, Lupescu, Popescu, Hagi – Raducioinu (90. Papura), Dumitrescu (68. Selymes).
Tore: 0:1 Raducioiu (16.), 0:2 Hagi (35.), 1:2 Valencia (42.), 1:3 Raducioiu (88.)
Schiedsrichter: Jamal Al-Sharif (Syrien).
Zuschauer: 91 856.
Gelbe Karten: Herrera, Valderrama, Alvarez – Raducioiu.
Gelb/Rot: keine.
Rote Karten: keine.

2. Spieltag

RUMÄNIEN – SCHWEIZ 1:4 (1:1)

22.6. in Detroit

Rumänien: Stelea – Belodedici – Mihali, Prodan, Munteanu – Petrescu, Lupescu (85. Panduru), Popescu, Dumitrescu (70. Vladoiu) – Hagi, Raducioiu.
Schweiz: Pascolo – Hottiger, Herr, Geiger, Quentin – Ohrel (83. Sylvestre), Bregy, Sforza, Sutter (71. Bickel) – Knup, Chapuisat.
Tore: 0:1 Sutter (16.), 1:1 Hagi (36.), 1:2 Chapuisat (53.), 1:3 Knup (66.), 1:4 Knup (73.).
Schiedsrichter: Neji Jouini (Tunesien).
Zuschauer: 61 428.
Gelbe Karten: Mihali, Lupescu, Belodedici.
Gelb/Rot: keine.
Rote Karte: Vladoiu (74.).

USA – KOLUMBIEN 2:1 (1:0)

23.6. in Los Angeles

USA: Meola – Clavijo, Balboa, Lalas, Caligiuri – Ramos, Dooley, Sorber, Harkes – Stewart (67. Jones), Wynalda (62. Wegerle).
Kolumbien: Cordoba – Herrera, Perea, Escobar, Perez, Rincon, Alvarez, Valderrama, Gaviria – Asprilla (46.Valencia), de Avilla (46.Valenciano).
Tore: 1:0 Escobar (34., Eigentor), 2:0 Stewart (52.), 2:1 Valencia (90.).
Schiedsrichter: Fabio Baldas (Italien).
Zuschauer: 93 300 (ausverkauft).
Gelbe Karten: Lalas – de Avila.
Gelb/Rot: keine.
Rote Karten: keine.

3. Spieltag

USA – RUMÄNIEN 0:1 (0:1)

26.6. in Los Angeles

USA: Meola – Clavijo, Balboa, Lalas, Caligiuri – Ramos (64. Jones), Sorber (75. Wegerle), Dooley, Harkes – Stewart, Wynalda.
Rumänien: Prunea – Petrescu, Prodan, Belodedici (89. Mihali), Selymes – Munteanu, Pupescu, Popescu, Hagi – Raducioiu (84. Galga), Dumitrescu.
Tor: 0:1 Petrescu (17.).
Schiedsrichter: Mario van der Ende (Niederlande).
Zuschauer: 93 000 (ausverkauft).
Gelbe Karten: Harkes, Clavijo – Raducioiu
Gelb/Rot: keine.
Rote Karte: keine.

SCHWEIZ – KOLUMBIEN 0:2 (0:1)

26.6. in San Francisco

Schweiz: Pascolo – Hottiger, Herr, Geiger, Quentin – Ohrel, Bregy, Sforza, Sutter (81. Grassi) – Knup (82. Subiat), Chapuisat.
Kolumbien: Cordoba – Herrera, Mendoza, Escobar, Perez – Rincon, Gaviria (79. Lozano), Alvarez, Valderrama – Asprilla, Valencia (64. de Avila)
Tore: 0:1 Gaviria (44.), 0:2 Lozano (90.).
Schiedsrichter: Peter Mikkelsen (Dänemark).
Zuschauer: 83 769 (ausverkauft).
Gelbe Karten: Knup, Bregy – Gaviria, Valderrama, Alvarez.
Gelb/Rot: keine.
Rote Karte: keine.

USA

Fußballverband: gegründet 1913
Anschrift: United States Soccer Federation, US Soccer House, 1801-1811 S. Prairie Ave., Chicago, IL 60616
Präsident: Alan I. Rothenberg
Bevölkerung: 254,1 Millionen
Aktive: 1,14 Millionen
Zahl der Vereine: 7 000
WM-Endrunde: 1930, 1934, 1950, 1990
Größte Erfolge: Dritter 1930
WM-Bilanz: 10 3 0 7 14:29 6:14

SCHWEIZ

Fußballverband: gegründet 1895
Anschrift: Schweizerischer Fußball-Verband, Postfach, CH 3000 Bern 15
Präsident: Freddy Rumo
Bevölkerung: 6,8 Millionen
Aktive: 185 286
Zahl der Vereine: 1 473
WM-Endrunde: 1934, 1938, 1950, 1954, 1962, 1966
Größte Erfolge: Viertelfinale 1934, 1938, 1950
WM-Bilanz: 18 5 2 11 28:44 12:24

KOLUMBIEN

Fußballverband: gegründet 1924
Anschrift: Federación Columbiana de Fútbol, Calle 20 Norte No. 4 N-56 Cali
Präsident: Juan J. Bellini Victoria
Bevölkerung: 33,6 Millionen
Aktive: 188 050
Zahl der Vereine 3 685
WM-Endrunde: 1962, 1990
Größte Erfolge: Achtelfinale 1990
WM-Bilanz: 7 1 2 4 9:15 4:10

RUMÄNIEN

Fußballverband: gegründet 1909
Anschrift: Federatia Romana de Fotbal, Str. Poligrafiei 3, Sector 1, R-71556 Bucuresti
Präsident: Mircea Sandu
Bevölkerung: 22,8 Millionen
Aktive: 180 000
Zahl der Vereine: 5 455
WM-Endrunde: 1930, 1934, 1938, 1970, 1990
Größte Erfolge: Achtelfinale 1934, 1938, 1990
WM-Bilanz: 12 3 3 6 16:20 9:15

Aufgebote / Abschlußtabelle

USA:

Tor:			
1	Tony Meola	21. 2.69	US-Verband
18	Brad Friedel	18. 5.71	US-Verband
12	Jürgen Sommer	27. 2.69	Luton Town
Abwehr:			
2	Mike Lapper	28. 8.70	US-Verband
3	Mike Burns	14 9.70	US-Verband
4	Cle Kooiman	7. 3.63	Cruz Azul/Mexiko
17	Marcelo Balboa	8. 8.58	US-Verband
20	Paul Caligiuri	9. 3.64	US-Verband
21	Fernando Clavijo	23. 1.57	US-Verband
22	Alexi Lalas	1. 6.70	US-Verband
Mittelfeld:			
5	Thomas Dooley	12. 5.61	US-Verband
6	John Harkes	8. 3.67	Derby County
7	Hugo Perez	8.11.63	US-Verband
9	Tab Ramos	21. 9.66	Betis Sevilla
13	Cobi Jones	16. 6.70	US-Verband
16	Mike Sorber	14. 5.71	US-Verband
19	Claudio Reyna	20. 7.73	US-Verband
Angriff:			
8	Ernie Stewart	28. 3.69	Willem II/Niederlande
10	Roy Wegerle	19. 3.64	Coventry City
11	Eric Wynalda	9. 6.69	1. FC Saarbrücken
14	Frank Klopas	1. 9.66	US-Verband
15	Joe-Max Moore	23. 2.71	US-Verband

Trainer: Bora Milutinovic/Serbien

KOLUMBIEN:

Tor:			
1	Oscar Cordoba	3. 2.70	America de Cali
12	Farid Mondragon	21. 6.71	Argentinos Juniors
22	Jose Maria Pazo	4. 3.64	Atletico Junior
Abwehr:			
2	Andres Escobar	15. 3.67	Atletico National
3	Alexis Mendoza	8.11.61	Atletico de Barranquilla
4	Luis Fernando Herrera	12. 6.62	Atletico National
13	Nestor Ortiz	20. 9.68	Caldas
15	Luis Carlos Perea	19.12.63	Atletico Junior
18	Oscar Cortes	19.10.68	Millonarios Bogota
20	Wilson Perez	9. 8.67	America de Cali
Mittelfeld:			
5	Herman Gaviria	12. 6.62	Atletico National
6	Gabriel Jaime Gomez	8.12.59	Atletico National
8	Harold Lozano	30. 3.72	America de Cali
10	Carlos Valderrama	2. 9.61	Atletico Junior
14	Leonel Alvarez	29. 5.65	America de Cali
17	Mauricio Serna	22. 1.68	Atletico Nacional
19	Freddy Rincon	14. 9.66	Palmeiras Brasilien
Angriff:			
7	Anthony de Avila	21.12.63	America de Cali
9	Ivan Rene Valenciano	18. 3.72	Atletico Junior
11	Adolfo Valencia	6. 2.68	Bayern München
16	Victor Aristizabal	9.12.71	FC Valencia
21	Faustino Asprilla	10.11.69	AC Parma

Trainer: Francisco Maturana

SCHWEIZ:

Tor:			
1	Marco Pascolo	9. 5.66	Servette Genf
12	Stefan Lehmann	15. 8.63	FC Sion
22	Martin Brunner	23. 4.63	Grasshoppers Zürich
Abwehr:			
2	Marc Hottiger	7.11.67	FC Sion
3	Yvan Quentin	2. 5.70	FC Sion
4	Dominique Herr	25.10.65	FC Sion
5	Alain Geiger	5.11.60	FC Sion
13	Andy Egli	8. 5.58	Servette Genf
18	Martin Rueda	9. 1.63	FC Luzern
19	Jürg Studer	8. 9.66	FC Zürich
Mittelfeld:			
6	Georges Bregy	17. 1.58	Young Boys Bern
7	Alain Sutter	22. 1.68	1.FC Nürnberg
8	Christophe Ohrel	7. 4.68	Servette Genf
10	Ciriaco Sforza	2. 3.70	1.FC Kaiserslautern
16	Thomas Bickel	6.10.63	Grasshoppers Zürich
17	Sebastian Fournier	17. 6.71	FC Sion
21	Thomas Wyss	29. 8.66	FC Aarau
20	Patrick Sylvestre	1. 9.68	Lausanne Sports
Angriff			
9	Adrian Knup	2. 7.68	VfB Stuttgart
11	Stephane Chapuisat	28. 6.69	Borussia Dortmund
14	Nestor Subiat	23. 4.66	FC Lugano
15	Marco Grassi	8. 8.68	Servette Genf

Trainer: Roy Hodgson/England

RUMÄNIEN:

Tor:			
1	Florin Prunea	8. 8.68	Dinamo Bukarest
12	Bogdan Stelea	15.12.67	Rapid Bukarest
22	Stefan Preda	18. 6.70	Petrolul Ploiesti
Abwehr:			
2	Dan Petrescu	22.12.67	FC Genua
4	Miodrag Belodedici	2.11.64	FC Valencia
3	Daniel Prodan	23. 3.72	Steaua Bukarest
14	Gheorghe Mihali	9.12.65	Dinamo Bukarest
13	Tibor Selymes	14. 5.70	Cercle Brügge
19	Corneliu Papura	5. 9.73	Universitatea Craiova
Mittelfeld			
5	Ioan Lupescu	9. 2.68	Bayer Leverkusen
6	Gheorghe Popescu	9.10.67	PSV Eindhoven
7	Dorinel Munteanu	20. 6.68	Cercle Brügge
8	Iulian Chirita	2. 2.67	Rapid Bukarest
10	Gheorghe Hagi	5. 2.65	Brescia Calcio
15	Basarab Panduru	11. 7.70	Steaua Bukarest
18	Constantin Galca	8. 3.72	Steaua Bukarest
20	Ovidiu Stinga	5.12.72	Universitatea Craiova
Angriff:			
9	Florin Raducioiu	17. 3.70	AC Mailand
11	Ilie Dumitrescu	6. 1.69	Steaua Bukarest
16	Ion Vladoiu	5.11.68	Rapid Bukarest
17	Viorel Moldovan	8. 8.72	Dinamo Bukarest
21	Marian Ivan	1. 6.69	FC Brasov

Trainer: Angel Iordanescu

ABSCHLUSSTABELLE

1. **RUMÄNIEN**	3	2	–	1	5:5	6
2. **SCHWEIZ**	3	1	1	1	5:4	4
3. **USA**	3	1	1	1	3:3	4
4. **KOLUMBIEN**	3	1	–	2	4:5	3

Zuschauer gesamt: 501 210.
Tore: 17.
Torjäger: Valencia (Kolumbien), Raducioiu, Hagi (beide Rumänien), Knup (Schweiz) je 2.

OFFICIAL TIME
BULOVA
Schaefer
HERE
HQ

MATTHIAS ERNE

Soccer made in USA

Ein paar Monate lang gab sich Velibor Milutinovic noch redlich Mühe, den amerikanischen Journalisten das kleine ABC des Fußballs zu erklären. Inzwischen hat »Bora« es längst aufgegeben, den Unterschied zwischen Libero und Mittelstürmer erläutern zu wollen, und behauptet deswegen mit ausdauernder Hartnäckigkeit, er spreche – leider, leider – nicht gut genug englisch, um weitere Auskünfte geben zu können. »Es gibt in diesem Land keine Fußball-Kultur«, mußte der gebürtige Jugoslawe, der als Trainer bereits Mexiko (1986) und Costa Rica (1990) bei Weltmeisterschaften betreute, resignierend erkennen. Für die Dame, die kurz vor der Weltmeisterschaft extra vom größten Blatt in Cleveland (Ohio) nach Kalifornien geschickt worden war, um das Geheimnis des Fußballs zu ergründen, hat Boras eisernes Schweigen, der seit dem 27. März 1991 auf der Bank der Amerikaner sitzt, möglicherweise gravierende Folgen:

Wer nimmt ihr jetzt die Angst vor der Abseits-Falle?

12. Mai 1957 auf dem Brooklyner Ebbets-Field: 22 609 Besucher kamen, um Marilyn Monroe beim Kick-off zum Match USA–Israel zuzujubeln.

Ein Brasilianer als Fußball-Missionär: vom 15. 5. 1975 bis 1. 10. 1977 stand Pele (Nummer 10) bei Warner Communication für Cosmos New York unter Vertrag.

10
10

Die wenigsten, die in Amerika über Fußball berichten, haben selbst einmal Fußball gespielt. Das ist genauso, als wenn Deutschland morgen die Baseball-WM zugesprochen würde. Was ein Pitcher ist, könnten wir mit Müh und Not vielleicht noch begreifen, die Sache mit dem ersten und zweiten Baseman würde bereits kritisch, und spätestens beim RBI oder beim Home-Run wären wir mit unserem Deutsch hoffnungslos am Ende.

Neben der Unwissenheit kämpft der Soccer auch noch mit einer nicht zu unterschätzenden Portion Feindseligkeit. Viele Meinungsmacher in den Redaktionsstuben – meist gutsituierte Männer in den Vierzigern oder Fünfzigern – mögen nun mal partout nicht einsehen, warum sie sich in diesem fortgeschrittenen Alter plötzlich noch um neumodisches Zeug wie Soccer kümmern sollten. Wer will es ihnen verdenken: Sie sind mit Football und Baseball großgeworden, und sie wollen mit Football und Baseball in Rente gehen. Einigen von diesen Opinionleaders scheint der Gedanke an einen möglichen Erfolg des Soccer-Feldzuges durch Amerika derart auf die Nieren zu schlagen, daß sie sich sogar zu völlig deplazierten verbalen Gehässigkeiten hinreißen lassen. So verglich ein Kolumnist der auflagestarken Boulevard-Zeitung »USA today« im Vorfeld der WM-Auslosung in Las Vegas die Bemühungen, Fußball in Amerika populär werden zu lassen, doch tatsächlich mit den Anstrengungen der früheren Sowjetunion, den Rest der Welt von den Vorteilen des Kommunismus zu überzeugen. Die scheinbar in Stein gemeißelten Machtverhältnisse in den Redaktionen machen auch den vor allem jüngeren Journalisten das Leben schwer, die sich um Soccer kümmern (müssen). Wenn nicht gerade der »World Cup« in Amerika stattfindet, werden sie von Baseball, Football und Basketball erdrückt, und müssen um jede Zeile kämpfen, die sie in ihrem Blatt über die Taten der Soccer-Exoten plazieren wollen.

Dabei ist Fußball in Amerika durchaus ein Massensport, zumindest in der jungen Generation. Mehr als 15 Millionen Kinder, 37 Prozent davon Mädchen, ziehen den runden (Fuß)ball dem ovalen (Foot)ball vor. Die Basis ist also vorhanden, doch was bisher vermißt wurde, waren sogenannte »Role Models«, Vorbilder, denen der hoffnungsvolle Kicker-Nachwuchs nacheifern konnte.

Die Boys und Girls spielten mit Begeisterung Soccer, aber sie wollten so sein wie Mike. Mike spielt Basketball und Baseball. Für Fußball hat er nichts übrig. Mike heißt mit Nachnamen Jordan, und ist in Amerika berühmter als sämtliche Fußball-Stars der Welt zusammen. Hätte Mike fürs Weiße Haus kandidiert, wären Bill und Hillary Clinton vielleicht heute noch in Little Rock (Arkansas) anstatt in Washington D. C. »Wir brauchen eigene Idole«, forderte Milutinovic immer wieder, aber bis zur WM hatte er keine Gelegenheit, amerikanische Soccer-Heroes zu formen.

Wen, bitte schön, hätte es schon interessieren sollen, daß die USA in einem Vorbereitungsspiel gegen die Fußball-Zwerge aus Island verloren haben? »Das Problem unserer Medien«, jammerte Alan Rothenberg immer wieder, »ist es, daß sie nichts haben, worüber sie regelmäßig schreiben können.« Dieses Vakuum wird noch ein Weilchen Bestand haben, denn am 17. Juli 1994, unmittelbar nach dem Schlußpfiff des WM-Endspiels in Pasadena, wird der amerikanische Fußball wieder in seinen Dornröschenschlaf versinken. Alan Rothenberg und seine Mitstreiter haben es verpaßt, den Rückenwind, den der »World Cup« produzierte, für den Start einer eigenen Liga zu nutzen. Bundestrainer Berti Vogts hat mit seiner Kritik durchaus recht: Daß man nicht fähig war, unmittelbar im Anschluß an die WM eine Profi-Liga auf die Beine zu stellen, ist ein unverzeihlicher Faux-Pas, den sich vor allem Alan Rothenberg ankreiden lassen muß. Der allmächtige Macher, der sich nach der WM gerade mal eine mickrige Woche Urlaub in der Einsamkeit Alaskas gönnte, ehe er auf dem Präsidentenstuhl der neuen Profi-Liga in spe (»Major Soccer League (MSL«) Platz nahm, hielt die FIFA-Bosse so lange mit Versprechungen hin, bis es für diese zu spät war, um korrigierend einzugreifen. Zähneknirschend mußten die Fußball-Päpste in Zürich akzeptieren, daß die Amerikaner erst mit einem Jahr Verspätung den Startschuß zu der Liga geben werden, deren Existenz ursprünglich eine Bedingung für die Vergabe der Weltmeisterschaft 1994 nach Amerika gewesen war.

Daß Soccer in dem Riesenland Amerika nach wie vor ein Mauerblümchen-Dasein fristet, hängt eng mit der schlechten Selbstdarstellung dieses weitgehend von ehrenamtlich arbeitenden Amateur-Funktionären geführten Sports zusammen. Viele Sportarten sind in den Vereinigten Staaten längst zu einem reibungslos funktionierenden Zweig einer gigantischen Showbranche geworden. Der frühere Basketball-Star Earvin »Magic« Johnson wird von der gleichen Agentur vermarktet wie Movie-Held Richard Gere. Der Walt-Disney-Konzern stieg letztes Jahr in großem Stil in die »National Hockey League« ein. Die »Mighty Ducks« auf Eis wurden auf Anhieb zu einem durchschlagenden Erfolg. Obwohl sie im südkalifornischen Anaheim spielen, wo das Thermometer selbst an Weihnachten nur an bitterkalten Tagen unter zwanzig Grad fällt, platzte die Halle (»Anaheim Pond«) bei jedem Heimspiel aus allen Nähten, wofür es eine einfache Erklärung gab: die Ducks wurden perfekt vermarktet.

Die Fußballer können von solchen Erfolgen vorerst nur träumen. Als Franz Beckenbauer, Pele und Gerd Müller Ende der siebziger und anfangs der achtziger Jahre dem Soccer made in USA zu einer kurzen, aber heftigen Blüte verhalfen, war die Spitze noch professionell gemanagt. New York Cosmos beispielsweise, wo Kaiser Franz und König Pele ihre Dollars scheffelten, gehörte dem Warner-Konzern, einem Multi-Media-Giganten. Gerd Müller und Bernd Hölzenbein kickten im Sonnenstaat Florida für die Fort Lauderdale Strikers, wo sie aus der Kasse der mächtigen Robbie-Familie genährt wurden. Die Robbies besitzen die Miami Dolphins, einen der traditionellen Football-Klubs des Landes, und sie waren ein Weilchen über die Soccer-Filiale sogar froh,

The Show must go on – Mit Cosmos New York und seinen Cheerleaders präsentierte sich Franz Beckenbauer in 16 Spielen.

denn durch die roten Zahlen der Fußballer konnte man einen Teil des fetten Gewinns, den der Football-Klub erwirtschaftet hatte, an der Steuer vorbeischmuggeln. Als die Verluste zu groß wurden, zogen sich die Warner, Robbies und wie sie alle hießen, aus dem Soccer zurück. Die Wunden von damals sind bis heute noch nicht verheilt, denn niemand, der über den nötigen finanziellen Background verfügt hätte, traute sich seither mehr an das Produkt Fußball heran. Der Unterschied zwischen damals und heute ist einfach zu erklären: Als Pele und »Kaiser« Franz in New York zauberten, spielte kaum ein amerikanisches Kind Fußball. Im Weltmeisterschafts-Jahr 1994 kicken sie wie wild, ohne dabei eine lohnende Perspektive zu haben. Der Reiz von Football, Basketball und Baseball liegt unter anderem in der einmaligen Chance, den »American Dream« wahr zu machen:

Millionär statt Tellerwäscher, und zwar über Nacht.

Shaquille O'Neal, der neue Basketball-Superstar der Orlando Magic, würde ohne sein Talent heute vermutlich für drei Dollar fünfundsiebzig die Stunde während sechs Tagen pro Woche Hamburger verkaufen. Stattdessen bekam er schon vor seinem ersten Spiel als Profi in der »National Basketball Association« einen 40-Millionen-Dollar-Vertrag und wird, inklusive Werbung, bereits vor seinem 25. Lebensjahr die 100-Millionen-Dollar-Grenze gesprengt haben. Solche märchenhaften Karrieren ziehen die Kids magisch an. In Amerika ist es halt nicht unmoralisch, als Sportler Millionen zu machen, ganz im Gegenteil! Die Gehälter der Stars werden ohne falsche Scham offengelegt, und keiner regt sich darüber auf.

Der Fußball hat nichts Ähnliches zu bieten.

Nach dem College ist es für die meisten vorbei mit der Kickerei – wo sollen sie auch hin? Ob die neue Liga an dieser Situation etwas ändern wird, ist fraglich. Die finanziellen Möglichkeiten werden begrenzt sein, man spielt in Kleinstadien, die Fernseh-Präsenz erreicht ungefähr die Abdekkung des Billard-Sports, und all diejenigen, die mit mehr als 10 000 Zuschauern im Schnitt kalkulieren, müssen sich als unheilbare Optimisten verspotten lassen. Die Kicker-Gehälter werden bescheiden sein, das spielerische Niveau ebenfalls, und vieles deutet darauf hin, daß der amerikanische Fußball weiterhin am Rande des Existenzminimums dahinvegetieren wird. Zu wenig zum Leben, nicht genug zum Sterben. Von einem Zuschauerboom, wie ihn zum Beispiel der Basketball erlebt (Hallenauslastung über 95 Prozent), kann die Soccer-Liga vorerst nur träumen.

Für das gespaltene Verhältnis vieler amerikanischer Sportfans zum Soccer gibt es schließlich durchaus ein paar verständliche Gründe: zu wenig Action, zu wenig Tore, zu langsam, kurz: langweilig. Europäische und südamerikanische Fußball-Fans schwärmen noch heute von der faszinierenden Schönheit des WM-Hits zwischen Brasilien und Frankreich vor acht Jahren in Mexico. Platini gegen Zico, Tigana gegen Falcao: Im »Jalisco«-Stadion von Guadalajara zauberten sie in diesem Viertelfinal-Spiel, als gelte es, einen Werbespot für den Fußball zu drehen. Für den amerikanischen Durchschnittsgeschmack war dieses Spiel stinklangweilig: wenig Tore, keine Action, keine aufeinanderkrachenden Muskelprotze. Der Anspruch, den der Sportfan in New York oder Los Angeles an die Show stellt, ist völlig verschieden von dem, was der Zuschauer in Berlin, Zürich oder Mailand sehen will, wenn er ins Stadion geht. Aus diesem Grund basteln Alan Rothenberg und dessen Crew wie verrückt an den Regeln herum. Die USISL, eine in diesem Sommer ins Leben gerufene Halb-Profi-Liga mit 72 Vereinen und kleinem Budget, wurde in erster Linie aus dem Boden gestampft, um ein Versuchskaninchen für einschneidende Regeländerungen zu haben. Die Tore wurden größer (8,55 mal 2,57 Meter), die Spielzeit wird, wie im Football, nur dann genommen, wenn der Ball im Spiel ist. Sechzig Minuten reine Spielzeit sehen die (wenigsten) Fans bei den USISL-Spielen, dazu kurze Ecken, ein Shoot-Out bei Unentschieden und einige weitere mehr oder weniger nette Spielereien. Was sich bewährt, will Rothenberg bereits im kommenden Sommer in der neuen Profi-Liga einführen. Viele Beobachter zweifeln jedoch daran, ob es mit diesen kosmetischen Retuschen getan ist.

Den »Salsas« aus Los Angeles jedenfalls, einem der größten und wichtigsten Fußball-Vereine in Südkalifornien, fehlt der richtige Glaube an das neue Soccer-Eldorado in den Vereinigten Staaten. Sie haben beschlossen, auszuwandern. Vor kurzem bewarben sie sich um eine Teilnahme in der zweiten mexikanischen Liga. ■

SOCCER-CHRONIK

1620 Indianische Frühformen des Fußballs »Pasuckquakkohowog«

1884 Eine »American Football Association« gründet sich nach der Einwanderungswelle von Iren, Schotten, Engländern und Walisern

1913 Die US-Football-Association (USFA) wird FIFA-Mitglied.

1923 Gründung einer »German-American Soccer League«

1930 DAS USA-Team wird bei der 1.WM in Uruguay Dritter

1950 Eine der größten WM-Sensationen aller Zeiten: Die USA schlagen England mit 1:0

1960 Die American Soccer League (ASL), 1921 gegründet, organisiert internationale Klubturniere

1967 Die verbandssanktionierte »United Soccer Association« und die un abhängige »National Professional Soccer League« nehmen den Spielbetrieb auf in der NASL

1974 Der Verband nennt sich jetzt »US Soccer Federation« (USSF) und die Liga umfaßt 18 Mannschaften

1975 Pele erhält bei Cosmos New York einen Vertrag

1977 Fernsehvertrag für die NASL, Bekkenbauer wird von Cosmos verpflichtet, Abschiedsspiel für Pele und Zuschauerrekord (77 691) bei Fort Lauderdale – Cosmos

1978 Eine Hallenliga spielt in sechs Städten

1988 In Zürich wird die WM ’94 an die USA vergeben

1990 Das US-Team wird bei der WM in Italien Gruppenletzter

1991 Die US-Frauen holen in China den WM-Titel

1992 Sieg beim 1. US-Cup mit Italien, Irland, Portugal

1993 Beim 2. US-Cup wird England geschlagen

1994 Schon 16 Millionen Jugendliche und Studenten spielen Soccer

Verkehrte Welt: non stop
Statt Basketball nun Fußball am laufenden Band in Chicagos berühmten Gasthaus »Jordans Restaurant« des noch berühmteren NBA-Superstars Michael »Air« Jordan

Coca-Cola
81:41
SNICKERS
JVC
Canon
PHILIPS
JVC
Canon
PHILIPS
NIKE

BRASILIEN

SCHWEDEN

GRUPPE B

RUSSLAND

KAMERUN

ROMARIO LÄSST BRASILIEN HOFFEN

In Pimenta Bueno gingen die Lichter aus. Die Menschen an den Fernsehschirmen starrten in ein schwarzes Nichts. Als das Bild auch nach fünf Minuten noch nicht zurückgekehrt war, traten die ersten der 48 000 Einwohner auf die Straßen der Stadt am Ufer des Amazonas. Bald hatten sich Hunderte versammelt, zornig diskutierend. Am Ende rotteten sich etwa 1000 Personen zusammen, zogen vor das Haus des Bürgermeisters und schleuderten Steine und faules Obst gegen Fensterscheiben. Anschließend zog der Mob weiter, stürmte das örtliche E-Werk und steckte ein Fahrzeug der Stromgesellschaft in Brand. Erst starken Polizeieinheiten, aus benachbarten Ortschaften herbeigerufen, gelang es, den Aufstand unter Kontrolle zu bringen. Sechs Rädelsführer wanderten ins Gefängnis, sie erfuhren erst tags darauf vom 2:0-Sieg Brasiliens über Rußland.

Fußball im Land des dreimaligen Weltmeisters (1958, 1962, 1970) ist keine Sache von simplen Gefühlen, sondern »eine Sache auf Leben und Tod«, wie Verteidiger Ricardo Rocha sagt. Und ein Mittel der Politik in Zei-

WM-SPOTS

No pay, no play war die Haltung der Spieler Kameruns vor der Begegnung gegen Brasilien, wenn ihnen durch die Regierung ihres Landes die verweigerte noch ausstehende Prämiensumme von 400 000 Dollar nicht ausgezahlt würde, die ihnen für die Erreichung der WM-Endrunde in den USA zugesagt war. Erst als ein »reitender Bote«, der Sportminister des Landes eintraf, schnürten die Spieler ihre Stiefel und liefen auf. Bei Nichtantreten stand ein FIFA- und WM-Ausschluß nahe.

Im WM-Pressezentrum arbeiteten über 1 500 Journalisten aus mehr als 150 Ländern, von denen viele ihre Berichte per Satellitentechnik in die Heimat übermittelten.

Brasiliens »Spiritus rector« Bebeto hat allen Grund in der Vorrunde zu lauter Freude (oben).

Auf Thomas Ravelli, Schwedens Torwart-Veteran (mehr als 100 Länderspiele), war Verlaß (Szene mit dem Kameruner Andre Kana-Biyik).

ten wirtschaftlicher Not und allgemeiner Depression. Der Titel kann der gesamten Nation ein Stück Selbstwertgefühl zurückgeben und sie für ein paar Wochen das Elend vergessen lassen.

Es gibt wenige Menschen auf dem Erdball, die in einem derartigen beruflichen Spannungsfeld leben wie Carlos Alberto Parreira (50), der Nationaltrainer. »Wenn wir nicht Weltmeister werden«, sagte er, »dann zünden sie mir das Haus über dem Kopf an.« 1993 hatte ihn eine Leibwache nach einer Niederlage vor potentiellen Attentätern schützen müssen. Doch nach dem ersten Gruppenspiel – jenem, das die Leute von Pimenta Bueno wegen Stromausfall nicht miterleben konnten –, legte sich ein breites Lächeln über das Gesicht des geplagten Mannes. »Der größte Druck ist erst mal weg«, frohlockte er in die Kameras und Mikrophone. Es war ein 2:0 gegen eine fade, chancenlose russische Mannschaft, die sich vom Anpfiff an in ihr Schicksal ergeben hatte. Und es war die Stunde des kleinen Romario Souza de Faria, der beim FC Barcelona in Spanien ein Millionenvermögen anhäuft. Ein Tor schoß er selbst, an zwei weiteren wurde er durch russische Abwehr-Ringer gehindert, die den Starstürmer zweimal im Strafraum glatt aushebelten.

Romario ist ein Künstler am Ball, ein Mann der »kleinen« Tore, die er ins Netz spitzelt, kegelt, wuselt und zwirbelt. Jeweils eines hinterließ er den drei Vorrundengegnern, und deren Erleichterung, daß der 28jährige es dabei beließ, ist nicht gering gewesen. Daß die Brasilianer ihre Gruppe so deutlich dominierten, ist wesentlich seiner Geschicklichkeit im Strafraum zu verdanken. Lange Zeit hatte Romario wegen einer Auseinandersetzung mit Carlos Parreira gefehlt. Erst als zur WM-Qualifikation ein Erfolg über Uruguay nötig war, holte ihn der Trainer nolens volens zurück. Romario schoß die »selecao« mit zwei Toren zum 2:0-Sieg und zur Endrunde der Weltmeisterschaft. »Ihn hat uns der liebe Gott geschickt«,

Ein ungewöhnlicher Schnappschuß: Kameruns Raymond Kalla überfliegt den Russen Igor Ledjakow.

PRESSE-ECHO

»Danke Martin, daß Du uns geholfen hast.«
»AFTONBLADET« (Schweden) zu Kamerun – Schweden

»Brasilien ließ die Löwen Kameruns zahnlos aussehen.«
»DIARIO 16« (Spanien) zu Brasilien – Kamerun

»›Salenkos Wodka hält uns im Spiel‹. Der Russe schien Zielwasser getrunken zu haben.«
»TUTTOSPORT« (Italien) zu Rußland – Kamerun

Fußball-Ballett: Münchens Brasilianer Jorginho (Nummer 2) mit dem Moskauer Russen Dimitri Chlestow.

stöhnte Parreira erleichtert auf, und Romario genießt seitdem seine Rolle als Volksheld in vollen Zügen.»Sie nennen mich den Retter der Nation. Okay – ich hab' sie gerettet.«

Die kollektive Hysterie um den Hänfling von 1,68 m Größe verleiht ihm eine Aura der Unberührbarkeit. Romario tut und sagt, was er will – ohne Rücksicht auf große Namen. Selbst den größten lebenden Brasilianer durfte er hemdsärmelig anpöbeln. Pele, giftete er, sei »ein Museumsstück und geistig ein bißchen zurückgeblieben«. Die verbale Ungeheuerlichkeit, die einem geistigen Kapitalverbrechen gleichkommt, blieb ungestraft. Romario entschuldigte sich später.

Carlos Parreira wußte ohnehin, daß Romario seine stärkste Waffe im Kampf gegen die Altstars aus den glorreichen Zeiten des brasilianischen Fußballs ist. Das Kritikasterkombinat, angeführt von Pele, flankiert von Gerson und Tostao, seinen Weltmeisterfreunden von 1970, hatte den Trainer monatelang mit uralten Vorwürfen genervt. »Wir haben starke Individualisten, aber keine Organisation in unserem Spiel«, schimpfte Pele und forderte kategorisch eine viel offensivere Spielweise. »Wir dürfen unsere Kultur nicht verraten«, klagte Gerson. Parreira hat ihnen zunächst den Mund gestopft mit den leichten Siegen über Rußland (2:0) und über Kamerun (3:0). Dank einer klugen, auf einer si-

Kameruns »Meistertänzer« Roger Milla posiert mit einer schönen Unbekannten...

heren Deckung basierenden Spielweise, hervorragender Technik und leichtfüßigen Kombinationen, die in den gefährlichen Stürmern Romario und Bebeto ideale Abnehmer fanden, zogen die Brasilianer ungefährdet in die nächste Runde.

Einen Fleck auf die weiße Weste hinterließ allein das 1:1 gegen die trotzigen Schweden, die nach der 1:0-Führung das eigene Tor wie eine Festung verrammelten. Auf Carlos Parreira und seine Kicker prasselten sofort wieder die alten Vorwürfe ein: zu defensiv, nicht mutig genug, unbrasilianisch. Und man konnte nur von Glück sagen, daß die Stromleitungen in Pimenta Bueno an diesem Abend nicht versagt hatten.

Zweiter der Gruppe wurden die Schweden, die den Brasilianern Paroli geboten hatten und mit einem Sieg (3:1 gegen Rußland, 2:2 gegen Kamerun) schwarze Zahlen stehen hatten. Die Hälfte ihrer sechs Tore erzielte ein deutscher Bundesligaspieler, Martin Dahlin von Borussia Mönchengladbach, obwohl er wegen einer Gelb-Sperre nur zweimal mitmachen durfte. Dahlin, der in Deutschland nur einen mäßigen Ruf als Torjäger genießt, schoß sich stark in den Vordergrund, seine Treffer stachen heraus wie Brillanten in einem Schreibwarengeschäft. Denn die Skandinavier rissen trotz ihrer Erfolge keinen vom Sitz; kühl, effizient, kampfbetont, taktisch clever und ein bißchen langweilig, so machten Sie ihren Weg.

Im Zickzack-Kurs taumelten die Russen durch das Turnier. Chancenlos gegen Brasilien, ohne Hoffnung gegen Schweden. Die Prügel, die sie untereinander vor der Endrunde der WM ausgeteilt hatten, schienen tiefe Wunden hinterlassen zu haben. Ihre Besten, Sergej Kirjakow (Karlsruher SC), Igor Schalimow (Inter Mailand)) und Andrej Kantschelskis (Manchester United), hatten die Reise in die USA gar nicht erst angetreten. Aus Protest gegen Trainer Pawel Sadyrin und den Verband. Die insgesamt sieben Rebellen beschuldigten die Funktionäre, Prämienversprechen gebrochen zu haben. An dem verschwundenen Geld habe sich auch Sadyrin bereichert. Der Trainer, dessen diktatorischer Stil als Relikt des untergegangenen Systems gilt, mußte sich auf die zweite Wahl stützen. Doch als die Russen schon zur großen Enttäuschung des Turniers abgestempelt wurden, nahmen sie ihren ganze Stolz zusammen – und kanzelten die favorisierten Kamerun-Kicker mit 6:1 Toren ab. Einige Spieler hatten ihre letzte Chance genutzt, sich auf der Ausstellungsmesse WM in attraktivem Licht zu präsentieren und ausländische Käufer auf sich aufmerksam zu machen. Die Frage, ob die Russen mit den Boykotteuren möglicherweise das Achtelfinale erreicht hätten und zu ganz anderen heroischen Taten fähig gewesen wären, ist eine rein rhetorische. Oleg Salenko, der Torjäger, löste sie dennoch mit einem schlagenden Argument. »Besser als beim 6:1 hätte auch eine Mannschaft mit den Rebellen an diesem Tag nicht spielen können.«

Geld, das leidige Thema, stand auch bei den schwarzen Männern aus Kamerun während ihres kurzen WM-Auftritts ständig im Mittelpunkt. Kein Team hatte unter einer derart chaotischen Vorbereitung zu leiden wie die Afrikaner. Nicht einmal Mineralwasser stand ihnen zur Verfügung, für ein Trainingslager war kein Geld vorhanden. Erst als der französische Trainer Henri Michel in die eigene Tasche griff, konnten sie auf halbwegs professionellem Niveau üben. Vorausgesetzt, Paul Biya griff nicht ins Geschehen ein. Der Staatspräsident hatte das Comeback von Roger Milla gegen den Willen eines Großteils der Mannschaft angeordnet. Milla, 42 Jahre alt, hatte die Kameruner vier Jahre zuvor mit seinen Toren und den anschließenden Siegestänzen zu Lieblingen der Fußballwelt gemacht. Doch der alte Zauber war gebrochen. Milla schadete seinem Team mehr, als daß er ihm genützt hätte. Und dennoch ist sein Name mit einem Glanzlicht verbunden, das Kamerun diesmal gesetzt hat: Roger Milla geht in die WM-Annalen ein als ältester Spieler und Torschütze aller Zeiten, der bisher ein Endrundenturnier erlebte. ■

LUDGER SCHULZE

EIN TORREKORD FUR ALLE EWIGKEIT?

Was geht schon langsam im jungen Leben des Oleg Salenko? Gut, die Dopingprobe nach seinem sensationellen Auftritt dauerte eine gute Stunde, fünf alkoholfreie Bier und zwei große Flaschen Mineralwasser. Aber sonst? Vor einem Sommer kickte er noch beim spanischen Abstiegskandidaten CD Logrones für ein lächerliches Monatssalär von 1700 Mark – der Mindestlohn, den die Spielergewerkschaft für Profis vorschreibt. Als künftiger Mittelstürmer beim FC Valencia muß der Mann aus dem einstigen Leningrad keine trüben Gedanken mehr an seine finanzielle Zukunft verschwenden.
Eigentlich durfte Oleg Salenko nur gnadenhalber mit zur WM reisen. Weil die sieben Rebellen daheimblieben. Und auch in den USA hätte er wohl kaum gespielt, wenn Sergej Juran (Benfica Lissabon) nicht in ein dunkles Formtief gefallen wäre. Aber jetzt ist Oleg Salenko viel berühmter als die Boykotteure und Juran zusammen, Salenko hat mit fünf Toren im Spiel gegen Kamerun einen neuen WM-Rekord aufgestellt. Die alte Marke (je vier Treffer) hatten sich neun Torjäger geteilt, darunter Legenden des Fußballs: Butragueno (Spanien), Eusebio (Portugal), Fontaine (Frankreich) oder Kocsis (Ungarn). Auch ihr Name verblaßt nun hinter dem Salenkos, der Junge nahm auf der Karriereleiter ganze Treppenabsätze auf einmal.
Eilig hat der 24jährige es schon immer gehabt. Mit 17 heiratete er Ira, die seinem Tempo seit fast sieben Jahren folgen kann. Den Abwehrspielern aus Kamerun gelang dies nicht einmal 16 Minuten lang. Immer wieder entwischte der flinke Russe; was ihnen auch einfiel, Salenko hatte eine bessere Idee. »So einen Tag erlebst du nur einmal im Leben«, sagt er.
Oleg hat schon andere erlebt. Als er von Zenit Leningrad zu Dynamo Kiew wechselte, war er der erste sowjetrussische Spieler, für den eine offizielle Ablösesumme (50 000 Rubel) gezahlt wurde. Vier Jahre später zog er für zwei Millionen Dollar in den kapitalistischen Westen. Doch in Logrono wäre er fast in Vergessenheit geraten, hätte sich Nationaltrainer Pawel Sadyrin seiner nicht im letzten Moment vor der WM erinnert. Zu Beginn des Turniers und auch gegen Brasilien saß er auf der Reservistenbank.
»Bis du jetzt ein Supermann?« wurde Oleg Salenko nach seinem Torquintett gefragt. Da zögerte der schüchterne Draufgänger für einen Moment. »Ach nein, das kann man nicht sagen. Ich hab' nicht einmal gewußt, daß dies ein Rekord ist, bis man es über Lautsprecher bekanntgegeben hat.« Seine fünf Tore haben Oleg Salenko zu einem Helden für die Ewigkeit gemacht, seine Freunde im russischen Team jedoch hat die Gegenwart schnell wieder eingeholt. Auch Olegs Rekord hat sie nicht weitergebracht.

LUDGER SCHULZE

RUSSLANDS SPANIEN-LEGIONÄR OLEG SALENKO (hier bei seinem fünften Streich gegen Kamerun): »Ich kümmere mich nicht darum, in welchen Schuhen ich spiele. Die Frage ist, was ich dafür bekomme, daß ich sie trage.«

TV & V

1. Spieltag

KAMERUN – SCHWEDEN 2:2 (1:1)

20.6. in Los Angeles

Kamerun: Bell – Song Bahanag – Kalla, Mbouh – Tataw, Libiih, Foe, Mfede (87. Maboang-Kessack), Agbo – Omam-Biyik, Embe (81. Monyeme).
Schweden: Ravelli – Nilsson, Patrick Andersson, Björklund, Ljung – Schwarz, Thern, Ingesson (76. Kennet Andersson), Blomqvist (61. Larsson) – Brolin, Dahlin.
Tore: 0:1 Ljung (8.), 1:1 Embe (31.), 2:1 Omam-Biyik (46.), 2:2 Dahlin (75.).
Schiedsrichter: Alberto Tejada Noriega (Peru).
Zuschauer: 83 959.
Gelbe Karten: Mbouh – Dahlin.
Gelb/Rot: keine.
Rote Karten: keine.

BRASILIEN – RUSSLAND 2:0 (1:0)

20. 6. in San Francisco

Brasilien: Taffarel – Jorginho, Ricardo Rocha (75. Aldair), Marcio Santos, Leonardo – Dunga (85. Mazinho), Mauro Silva, Rai, Zinho – Bebeto, Romario.
Rußland: Charin – Nikoforow – Chlestow, Gorlukowitsch, Ternawski – Kusnetzow, Pjatnitski, Karpin, Zimbalar – Radschenko (78. Borodjuk), Juran (56. Salenko).
Tore: 1:0 Romario (27.), 2:0 Rai (53., Foulelfmeter).
Schiedsrichter: Lim Kee Chong (Mauritius).
Zuschauer: 81 000 (ausverkauft).
Gelbe Karten: – / Nikoforow, Chlestow, Kusnetzow.
Gelb/Rot: keine.
Rote Karten: keine.

2. Spieltag

BRASILIEN – KAMERUN 3:0 (1:0)

24.6. in San Francisco

Brasilien: Taffarel – Jorginho, Aldair, Marcio Santos, Leonardo – Dunga, Mauro Silva, Rai (82. Muller), Zinho (76. Paulo Sergio) – Bebeto, Romario.
Kamerun: Bell – Song-Bahanag – Kalla, Mbouh – Tataw, Foe, Libiih, Mfede (72. Maboang-Kessack), Agbo – Omam-Biyik, Embe (65. Milla).
Tore: 1:0 Romario (39.), 2:0 Marcio Santos (66.), 3:0 Bebeto (74.).
Schiedsrichter: Arturo Brizio Carter (Mexiko).
Zuschauer: 83 401 (ausverkauft).
Gelbe Karten: Mauro Silva – Tataw, Kalla.
Gelb/Rot: keine.
Rote Karte: Song-Bahanag (64.).

SCHWEDEN – RUSSLAND 3:1 (1:1)

25.6. in Detroit

Schweden: Ravelli – Nilsson, Patrik Andersson, Björklund (89. Erlingmark), Ljung – Brolin, Thern, Schwarz, Ingesson – Dahlin, Kennet Andersson (84. Larsson).
Rußland: Charin – Nikiforow – Gorlukowitsch, Onopko, Chlestow – Popow (40. Karpin), Kusnetzow, Borodjuk (50. Galjamin), Mostowoi – Salenko, Radschenko.
Tore: 0:1 Salenko (4., Foulelfmeter), 1:1 Brolin (39., Foulelfmeter), 2:1 Dahlin (60.), 3:1 Dahlin (82.).
Schiedsrichter: Joel Quiniou (Frankreich).
Zuschauer: 71 528.
Gelbe Karten: Kennet Andersson, Schwarz, Dahlin – Gorlukowitsch, Charin.
Gelb/Rot: Gorlukowitsch (49.).
Rote Karte: keine.

3. Spieltag

RUSSLAND – KAMERUN 6:1 (3:0)

28.6. in San Francisco

Russland: Tschertschessow – Nikiforow – Ternawski, Chlestow – Tetradse, Onopko, Kornejew (65. Radschenko), Karpin, Ledjakow (77. Bestschastnich), Zimbalar – Salenko.
Kamerun: Songo'o – Tataw – Kalla, Ndip-Akem – Libiih, Kana-Biyik, Mfede (46. Milla), Foe, Agbo – Oman-Biyik, Embe (48. Tchami).
Tore: 1:0 Salenko (16.), 2:0 Salenko (41.), 3:0 Salenko (45., Foulelfmeter), 3:1 Milla (46.), 4:1 Salenko (72.), 5:1 Salenko (75.), 6:1 Radschenko (81.).
Schiedsrichter: Jamal Al-Sharif (Syrien).
Zuschauer: 74 915.
Gelbe Karten: Karpin, Chlestow, Nikoforow – Kana-Biyik, Songo'o.
Gelb/Rot: keine.
Rote Karten: keine.

BRASILIEN – SCHWEDEN 1:1 (0:1)

28.6. in Detroit

Brasilien: Taffarel – Jorginho, Aldair, Marcio Santos, Leonardo – Dunga, Mauro Silva (46. Mazinho), Rai (83. Paulo Sergio), Zinho – Bebeto, Romario.
Schweden: Ravelli – Nilsson, Patrik Andersson, Kaamark, Ljung – Larsson (65. Blomquist), Thern, Schwarz (74. Mild), Ingesson – Kennet Andersson, Brolin.
Tore: 0:1 Kennet Andersson (23.), 1:1 Romario (47.).
Schiedsrichter: Sandor Puhl (Ungarn).
Zuschauer: 77 217.
Gelbe Karten: Aldair – Mild.
Gelb/Rot: keine.
Rote Karten: keine.

BRASILIEN

Fußballverband: gegründet 1914
Anschrift: Confederacao Brasileiro de Futebol, Rua da Alfandega 70, P.O.Box 1078, 20070-001 Rio de Janeiro
Präsident: Terra Ricardo Teixeira
Bevölkerung: 153,3 Millionen
Aktive: 551 358
Zahl der Vereine: 12 987
WM-Endrunde: 1930, 1934, 1938, 1950, 1954, 1958, 1962, 1966, 1970, 1974, 1978, 1982, 1986, 1990
Größte Erfolge: Weltmeister 1958, 1962, 1970; Dritter 1978; Vierter 1974
WM-Bilanz: 66 44 11 11 148:65 99:33

KAMERUN

Fußballverband: gegründet 1959
Anschrift: Fédèration Camerounaise de Football, B.P. 1116, Yaoundé
Präsident: Pascal Baylon Owona
Bevölkerung: 12,2 Millionen
Aktive: 9328
Zahl der Vereine: 200
WM-Endrunde: 1982, 1990
Größter Erfolg: Viertelfinale 1990.
WM-Bilanz: 8 3 3 2 8:10 9:7

RUSSLAND

Fußballverband: gegründet 1912
Anschrift: The Football Union of Russia, Luzhnetskaya Naberezhnaja 8, 119871 Moscow G-270
Präsident: Wjatscheslaw Koloskow
Bevölkerung: 148,9 Millionen
Aktive: 2,17 Millionen
Zahl der Vereine: 43 700
WM-Endrunde: 1958, 1962, 1966, 1970, 1982, 1986, 1990
Größte Erfolge: Vierter 1966; 2. Finalrunde 1982; 1958, 1962, Viertelfinale 1970
WM-Bilanz: 31 15 6 10 53:34 36:26

SCHWEDEN

Fußballverband: gegründet 1904
Anschrift: Svenska Fotbollförbundet, Box 1216, S-17123 Solna
Präsident: Lars-Ake-Lagrell
Bevölkerung: 8,6 Millionen
Aktive: 485 000
Zahl der Vereine: 3250
WM-Endrunde: 1934, 1938, 1950, 1958, 1970, 1974, 1978, 1990
Größte Erfolge: Vizeweltmeister 1958; Dritter 1950; Vierter 1938
WM-Bilanz: 31 11 6 14 51:52 28:34

Aufgebote / Abschlußtabelle

BRASILIEN:

Tor:		
1 Taffarel	8. 5.66	AC Reggiana/Italien
12 Zetti	10. 1.65	FC Sao Paulo
22 Gilmar	13. 1.59	Flamengo Rio
Abwehr:		
2 Jorginho	17. 8.64	Bayern München
3 Ricardo Rocha	11. 9.62	Vasco da Gama
4 Ricardo Gomes	13.12.64	Paris St. Germain
6 Branco	4. 4.64	Fluminense
13 Aldair	30.11.65	AS Rom
14 Cafu	19. 6.70	FC Sao Paulo
15 Marcio Santos	15. 9.69	Girondins Bordeaux
16 Leonardo	5. 9.69	FC Sao Paulo
Mittelfeld:		
5 Mauro Silva	12. 1.68	Deportivo La Coruna
8 Dunga	31.10.63	VfB Stuttgart
9 Zinho	17. 6.67	Palmeiras Sao Paulo
10 Rai	15. 5.65	Paris St. Germain
17 Mazinho	8. 8.66	Palmeiras Sao Paulo
18 Paulo Sergio	2. 6.69	Bayer Leverkusen
Angriff:		
7 Bebeto	16. 2.64	Deportivo La Coruna
11 Romario	29. 1.66	FC Barcelona
19 Muller	31. 1.66	FC Sao Paulo
20 Ronaldo	22. 9.76	Cruzeiro
21 Viola	1. 1.69	Corinthians Sao Paulo

Trainer: Carlos Alberto Parreira

RUSSLAND:

Tor:		
1 Stanislaw Tscher-tschessow	2. 9.63	Dynamo Dresden
16 Dimitri Charin	16. 8.68	Chelsea London
Abwehr:		
3 Sergej Gorlukowitsch	18.11.61	Bayer Uerdingen
4 Dimitri Galjamin	8. 1.63	Espanol Barcelona
5 Juri Nikiforow	16. 9.70	Spartak Moskau
18 Wiktor Onopko	14.10.59	Spartak Moskau
6 Wladislaw Ternawski	2. 5.69	Spartak Moskau
21Dimitri Chlestow	21. 7.71	Spartak Moskau
Mittelfeld:		
2 Dimitri Kusnetzow	28. 8.65	Espanol Barcelona
7 Andrej Pjatnitski	27. 9.67	Spartak Moskau
8 Dimitri Popow	27. 2.67	Racing Santander
12 Omar Tetradse	13.10.69	Dynamo Moskau
13 Alexander Borodjuk	30.11.62	SC Freiburg
14 Igor Kornejew	4. 9.67	Espanol Barcelona
17 Ilja Zimbalar	17. 6.69	Spartak Moskau
20 Igor Ledjakow	22. 5.68	Spartak Moskau
Angriff:		
9 Oleg Salenko	25.10.69	CD Longrones
10 Waleri Karpin	2. 2.69	Spartak Moskau
11 Wladimir Bestschastnich	1. 4.74	Spartak Moskau
15 Dimitri Radschenko	2.12.70	Racing Santander
19 Alexander Mostowoi	22. 8.68	AS Cannes
22 Sergej Juran	11. 6.69	Benfica Lissabon

Trainer: Pawel Sadyrin

KAMERUN:

Tor:		
1 Joseph-Antoine Bell	8.10.55	AS St. Etienne
21 Thomas Nkono	20. 7.56	Hospitalet/Spanien
22 Jacques Songo'o	17. 3.64	FC Metz
Abwehr:		
3 Rigobert Song Bahanag	1. 7.76	Tonnerre Yaounde
4 Samuel Ekeme Ndiba	12. 7.66	Canon Yaounde
5 Victor Ndip-Akem	28. 8.67	Olympic Mvolye
11 Emmanuel Maboang-Kessack	27.11.68	Rio Ave/Portugal
13 Raymond Kalla	22. 4.75	Canon Yaounde
14 Stephen Tataw	31. 3.63	Olympic Mvolye
15 Hans Agbo	26. 9.67	Olympic Mvolye
Mittelfeld:		
2 Andre Kana-Biyik	1. 9.65	Le Havre
6 Thomas Libiih	17.11.66	O.C. Medine
8 Emile Mbouh	30. 5.66	Nadi Katar
10 Emile Paul Mfede	26. 2.61	Canon Yaounde
12 Paul Serge Loga	14. 8.69	Prevoyance Yaounde
17 Marc Vivien Foe	1. 5.75	Canon Yaounde
18 Jean-Pierre Fiala	22. 4.69	Canon Yaounde
Angriff:		
7 Francois Omam-Biyik	21. 5.66	RC Lens
9 Roger Milla	20. 5.52	Tonnerre Yaounde
16 Alphonse Tchami	14. 2.71	Odense SK
19 David Embe	13.11.73	Belenenses
20 Georges Monyeme	15. 4.71	Troyes/Frankreich

Trainer: Henri Michél/Frankreich

SCHWEDEN:

Tor:		
1 Thomas Ravelli	13. 8.59	IFK Göteborg
12 Lars Eriksson	21. 9.65	IFK Norrköping
22 Magnus Hedman	19. 3.73	AIK Stockholm
Abwehr:		
2 Roland Nilsson	27.11.63	Helsingborg
3 Patrik Andersson	18. 8.71	Borussia M'Gladbach
4 Joachim Björklund	15. 3.71	IFK Göteborg
5 Roger Ljung	8.11.66	Galatasaray Istanbul
13 Mikael Nilsson	28. 9.68	IFK Göteborg
14 Pontus Kaamark	5. 4.69	IFK Göteborg
15 Jan Eriksson	24. 8.67	1. FC Kaiserslautern
Mittelfeld:		
6 Stefan Schwarz	18. 4.69	Benfica Lissabon
8 Klas Ingesson	20. 8.68	PSV Eindhoven
9 Jonas Thern	20. 3.67	SSC Neapel
16 Anders Limpar	24. 9.65	FC Everton
17 Stefan Rehn	22. 9.66	IFK Göteborg
18 Haakan Mild	14. 6.71	Servette Genf
21 Jesper Blomqvist	5. 2.74	IFK Göteborg
Angriff:		
7 Henrik Larsson	20. 9.71	Feyenoord Rotterdam
10 Martin Dahlin	16. 4.68	Borussia M'Gladbach
11 Tomas Brolin	29.11.69	AC Parma
19 Kennet Andersson	6.10.67	Olympique Lille
20 Magnus Erlingmark	8. 7.68	IFK Göteborg

Trainer: Tommy Svensson

ABSCHLUSSTABELLE

1. BRASILIEN	**3**	**2**	**1**	**–**	**6:1**	**7**
2. SCHWEDEN	**3**	**1**	**2**	**–**	**6:4**	**5**
3. RUSSLAND	**3**	**1**	**–**	**2**	**7:6**	**3**
4. KAMERUN	**3**	**–**	**1**	**2**	**3:11**	**1**

Zuschauer gesamt: 474 421.
Tore: 22.
Torjäger: Salenko (Rußland) 6, Romario (Brasilien), Dahlin (Schweden) je 3.

DREI PUNKTE FÜR DEN SIEG, ABER EIN TOR IST EIN TOR

Die Popularität des Sports hat ihren Grund in den einfachen Regeln. Der Boxer, der umfällt, hat verloren – der Läufer, der als Erster durch's Ziel läuft, hat gewonnen – und ein Tor ist ein Tor. Alles, was kompliziert ist, verjagt die Fans. Jeder weiß das, der jemals einem anderen die Abseitsregel dieses Spiels zu erklären versuchte – aber mit solch' einem kleinen Schwund muß man leben. Sogar im Fußball, und der ist populär. Für diese Weltmeisterschaft hatten sie sich Regel-Änderungen ausgedacht, die angeblich das Verständnis erleichtern sollten – manche wohl mit Recht, bei anderen blieben die Zweifel. Erstmals beispielsweise durfte neben zwei Feldspielern auch noch der Torwart ausgewechselt werden: Das war reine Vernunft, denn es war nie einzusehen, warum dieser Mann plötzlich durch irgend jemand ersetzt werden mußte, der noch nie im Leben Handschuhe trug und eine gepolsterte Hose. Erstmals in der Neuen Welt wurden verletzte Spieler per Trage oder Elektroauto zur Behandlung vom Platz geholt. Erstmals wurden bei den Gruppenspielen allerdings auch drei Punkte für einen Sieg vergeben – ob das zum Verständnis beitrug, ist die Frage: Erstens, weil man sich seit hundert Jahren an zwei Punkte gewöhnt hatte, und zweitens, weil »3« eine Primzahl ist, die nur durch sich selbst zu teilen und ... – na Sie wissen schon. Bisher hatte der Herr des Hauses bereits Schwierigkeiten, seiner Partnerin die Sache mit der Tordifferenz, der größeren Zahl der erzielten Tore oder das Ergebnis der direkten Begegnung zu erklären – jetzt sollte er auch noch erläutern, wie das beim Unentschieden ist. Letzteres war sowieso nie ganz einfach, denn beim Gruppenspiel blieb ein Unentschieden eben ein Unentschieden – bei der K.O.-Runde anschließend mußte es einen Sieger geben. So hatten wir uns an das Elfmeterschießen gewöhnt – bei den vorangegangenen Weltmeisterschaften hatte es gar manchmal den Anschein, als würde überhaupt nur noch elfmetergeschossen, was übrigens sehr zeitsparend wäre: Man hätte auf diese Weise das ganze Turnier an einem Nachmittag abwickeln können. Eine Neuerung verwarfen die Fußball-Reformer: Gleich dem Eishockey wollten sie nach dem Ende der regulären Spielzeit noch den »sudden death« einbringen. Das hätte bedeutet, daß jene Mannschaft, die zuerst ein Tor erzielt, gewonnen hätte. Das hätte beispielsweise bedeutet, daß zwölf Jahre zuvor die Deutschen nie und nimmer ins Endspiel gekommen wären – das hätte auch bedeutet, daß irgendein blöder Konter ein Spiel auf den Kopf gestellt hätte. Dieser »plötzliche Tod« klingt nach »High Noon«, nach Wildem Westen. Nur: Im Westen siegen immer die Guten – ob es künftig bei einem WM- Turnier anders kommen wird?

ULRICH KAISER

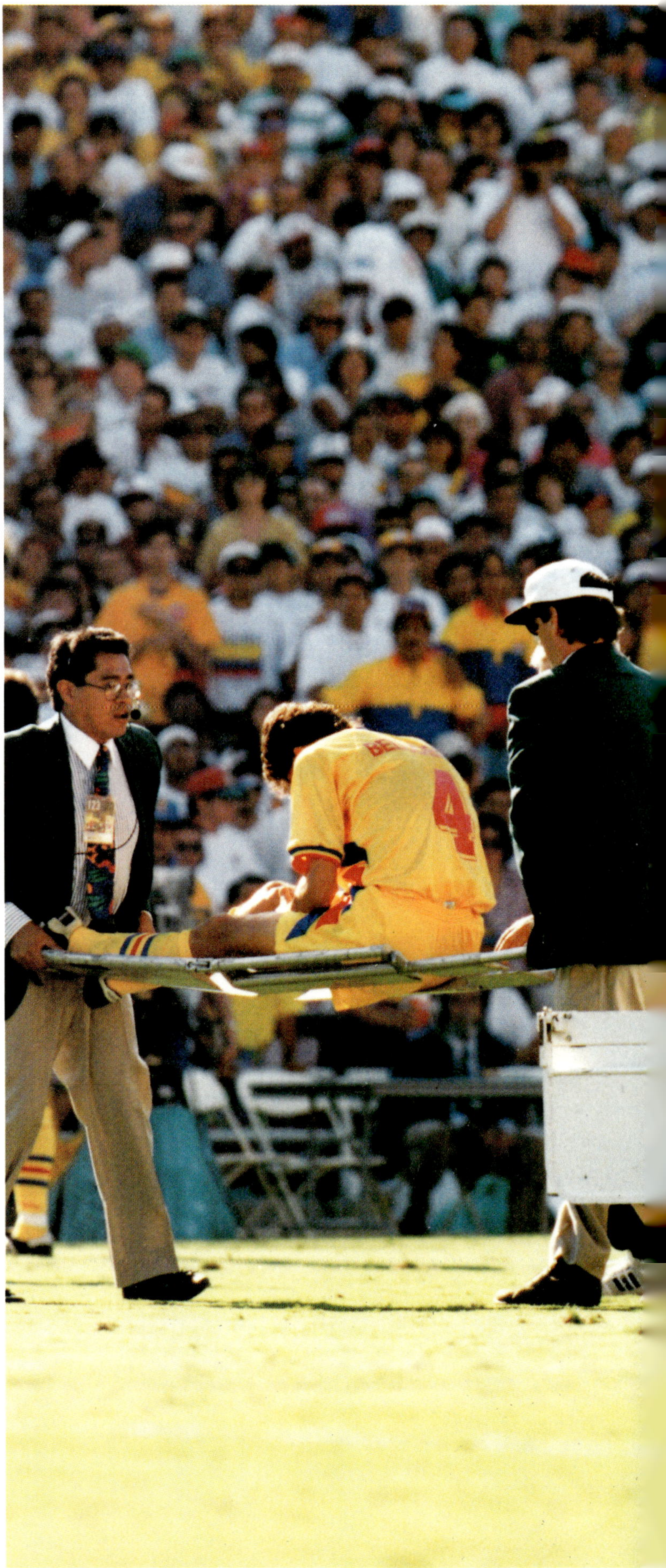

Medical

DEUTSCHLAND

BOLIVIEN

GRUPPE C

SPANIEN

SÜDKOREA

TITELVERTEIDIGER MIT MAGERKOST

Wo waren die Sieger? Guido Tognioni hatte sie gesehen, der Pressechef des Weltverbandes FIFA. Der kurze Blick durch den Spalt der Kabinentür lieferte ihm ein wirres Bild. Sieger, »die sich wie Verlierer bewegen«, mußte er entdecken, Nationalspieler, »die auf der Bank lagen wie tote Fliegen«. Dahingerafft im Glutofen von Dallas, psychisch angegriffen von einem Kick, dessen zweite Hälfte die beste Aussicht hat, als die mieseste überhaupt in die deutsche Ländergeschichte aufgenommen zu werden.

Daheim an den Fernsehgeräten rauften sich die Nation vor Wut, Scham und Ratlosigkeit die Haare. Dabei waren es nicht Brasilianer oder Argentinier, die die DFB-Auswahl zu Schwindelanfällen trieb im dritten und letzten Spiel der Vorrunden-Gruppe C. Die »underdogs« aus Südkorea zwangen den Weltmeister beinahe in die Knie, fanden am Ende nur nicht das Glück, von dem die Deutschen so reichlich profitiert hatten. Nichts war zu sehen von einem souverän-abgeklärten Titelverteidiger, schwer angeschlagen taumelte die schwarz-weiße Elf ins Achtelfinale.

WM-SPOT

US-Präsident Bill Clinton erklärte am 17. Juni in der glutheißen Soldier-Field-Arena von Chicago die 15. Fußball-WM für eröffnet. Der erste Mann der USA bezeichnete den Fußball als eine »universale Sprache« – die die Welt vier Wochen lang vereint.
Dem auf der Tribüne ebenfalls anwesenden »Kanzler of Germany«, Helmut Kohl, und »the people of Germany« wünschte er »viel Glück«.
Eine Stunde später startete die DFB-Mannschaft in ihr 13. WM-Turnier, und das an einem Freitag. Aus Detroit übertrug der amerikanische TV-Gigant ABC erstmals in der US-Geschichte ein Fußballspiel ohne Werbepause!

Während andere aufspielten mit prallem Herzen und schierer Lust, wurstelte sich das deutsche Team nur irgendwie durch – mit Dusel, Hängen und Würgen. Südkorea war ein Musterbeispiel.

Als die Karawane des Deutschen Fußball-Bundes Station machte in Dallas, lief sie bereits Gefahr, in die Nähe der WM-Mannschaft von 1982 gerückt zu werden, die sich in Spanien mit schlechtem Benehmen und noch schlechterem Gekicke ins Finale gemogelt hatte. Dabei wollte Bundestrainer Berti Vogts eine Wolke besteigen, sich gleich zu Beginn aufschwingen in gehobene Sphären, um von dort aus, in sicherem Abstand, die Konkurrenz zu kontrollieren. Ein Triumph im Eröffnungsspiel sollte den Höhenrausch ermöglichen, die Bolivianer waren als Stützpfosten der Himmelsleiter ausgesucht, und sie erfüllten ihren Auftrag, allerdings widerwillig. Nach einstündiger, aufopferungsvoller Gegenwehr betrogen sie sich selbst um den verdienten Lohn. Ein krasses Mißverständnis zwischen Torwart Trucco und Abwehrchef Quinteros ermöglichte Jürgen Klinsmann freie Bahn ins Ziel aller Begierde und den einzigen Treffer der Partie (61.). Die Statistiker registrierten das 1444. Tor bei einer Weltmeisterschaft. Nummer 1443 hatte 1990 Andreas Brehme in Rom erzielt, ein Elfmeter verhalf zum 1:0 über Argentinien und zum WM-Gewinn. Gestartet war das DFB-Team damals mit einem furiosen 4:1 über Jugoslawien und war fortan auf einer Wolke durch Italien geritten, die Vogts auch in den USA erwischen wollte. Erwischt hat er eine Kondensflocke, was am stahlblauen Himmel über Chicago einer meteorologischen Meisterleistung gleichkam. In der Gluthitze der Soldier Field-Arena quälte sich das Ensemble des Favoriten, suchte lange vergeblich seinen Rhythmus. Und der Versuch, die bolivianischen Balltreter vom dünnluftigen Höhenplateau der Anden in der schwülen Ebene zu stellen, sie auf den Boden der Tatsachen zurückzuführen, war mühsamer getan als gedacht.

Wieder einmal wurde beim Kickoff des Weltmeisters Magerkost geboten, die Amerikaner, die sich das Spiel mit freudiger Erwartung anschauten wie Kinder die Tiere im Zoo, sahen ein paar Vorurteile bestätigt. Sie konnten mit den nüchternen Fakten des Resultats wenig anfangen: Erstmals gewann der Titelverteidiger eine WM-Premiere. »Das ist wie beim Baseball«, sagte Vogts. »Wer die Taktik nicht versteht, versteht den Fußball nicht. In den Gruppenspielen muß taktisch gespielt werden.«

Tor, Tor, Tor, Tor!
Jürgen Klinsmann kommt!

Anfänglich erhielt sich die Deutsche Elf die Option des Handelns, trug Angriff auf Angriff vor, ohne eine klare Konstruktion zu finden. Leichtfüßig suchten die Südamerikaner ihren Stil, der darauf ausgerichtet war, den Gegner früh zu ermüden, um dann selbst messerscharfe Konter anzusetzen. Aber auch sie litten schnell in der Gluthitze von Chicago. Wasserflaschen wurden ins Feld geworfen, um frühzeitig der Austrocknung des Körpers vorzubeugen. Jeder Spurt, jede Grätsche wollte wohlüberlegt sein. Verzweifelt fahndete die DFB-Equipe nach Harmonie und fand sie nicht. Das Gastspiel, das die weltumspannende Fußballoper in Chicago gab, wurde auf kurze Dauer angelegt. Die Ouvertüre, die der Weltmeister den 63 117 Zuschauern lieferte, war wenig berauschend.

Darüber ist im Oak Brook Hills Hotel & Ressort, dem noblen Quartier des DFB am Stadtrand Chicagos, nicht

mehr viel gesprochen worden, der Blick wurde nach vorne und auf Spanien gerichtet. Rudi Völler begehrte auf, der 34jährige Leitwolf, von Vogts überredet, seinen Rücktritt vom Rücktritt für die WM zu erklären, mochte sich mit einem Part als Reservist nicht zufrieden geben. Völler fürchtete, in die Rolle des Zeremonienmeisters abgedrängt zu werden, der Ruhe ins Team bringt, wenn der Schiedsrichter anpfeift. Sein Dialog mit dem Bundestrainer bekam schrille Klänge: »Ich bin nicht hier, um zu diskutieren, ob die Frauen ins Spielerhotel sollen, zum Kaffeeklatsch oder der Sohn eines Spielers zum Bankett mitdarf.« Bianca Illgner, Gattin von Torhüter Bodo, und Martina Effenberg hatten öffentliche Klage geführt, daß sie nächstens von Tisch und Bett ihrer Ehemänner getrennt würden. Vogts lavierte sich mit der Folge ersten Autoritätsverlusten durch diese Kontroverse und hatte Mühe, sie zu beenden.

Javier Clemente leistete kollegiale Amtshilfe. Mit einem 2:2 mußten die Spanier gegen Südkorea vom Feld, für den stolzen Iberer eine selten große Schmach, die Gegentore fielen in den letzten fünf Minuten der Begegnung, und Coach Clemente bekam eine Depesche vom spanischen Sportstaatssekretär mit der ein oder anderen Regieanweisung. Von Rehabilitation soll die Rede gewesen sein. Das taten die Spanier dann auch. Das 1:1 schmeichelte den Deutschen, auch wenn Klinsmann, dem der Ausgleich früh nach dem Wechsel der Seiten (48.) glückte, mit dem Kopf nach einer von Häßler getretenen Flanke, Augenblicke vor Schluß den Siegtreffer hätte erzielen müssen. Viel frommer Wunsch schwang in dem Satz des DFB-Präsidenten Egidius Braun mit: »Wir sind auf einem allmählichen Weg in Richtung WM-Titel.«

Dabei lief auch nach zwei WM-Darbietungen das deutsche Spiel un-

»Spanien spielte russisches Roulette gegen Korea und schoß sich letztlich zwei Kugeln in den Kopf.«
(El Pais, Madrid, nach dem 2:2)

»Spanien startete wiederbelebt gegen einen deutschen Rivalen, der Fußball mit der Gemütsbewegung einer Registrierkasse spielte.«
(El Pais, Madrid, nach dem 1:1) ▶

rund, es herrschte ein Kreativ-Vakuum in der Schaltzentrale, dem Mittelfeld, und Schlußmann Illgner verdrängte seine Gemahlin aus den Gazetten. Ein verunglückter Flankenversuch von Goicoechea senkte sich über Bodo hinweg in die Maschen (14.), ein haltbarer Treffer, obwohl ihn fraglos die pralle Sonne im Gesicht stand. Doch mehr noch als dieser Patzer und die Frage, ob Vogts die richtige Wahl getroffen hatte vor Turnierstart, ob er nicht statt Illgner den in Fachkreisen besser eingeschätzten Andreas Köpke hätte nomieren müssen, beschäftigte das Defizit des Antriebsimpulses die Gemüter. Die Interpretation des unansehnlichen Remis förderte erste Bruchstellen im deutschen Treck zutage. Vogts hob in seltenem Widerspruch zur Realität Stefan Effenberg als Besten heraus und ließ den Gelobten sagen, »daß wir eine Stunde hervorragend gespielt« haben. Das Gegenteil war der Fall, und die Garde der Alten um Matthäus und Brehme mochte die Schönfärberei nicht mitmachen. Matthäus, der einmal mehr Rückgrat der DFB-Auswahl war, wies auf interne Kommunikationsmängel hin: »In dieser Mannschaft wird untereinander zu wenig geredet während des Spiels. Wir müssen mehr miteinander sprechen, jeder muß jedem helfen.« Ein bemerkenswerter Appell, dem eine exakte Analyse der Situation vorausging. Nachbarschaftshilfe war nur in sich bildenden Grüppchen zu beobachten. Die dosierte Kritik des Kapitäns zielte in eine bestimmte Richtung: auf die Riege der Nachrückergeneration mit Andreas Möller, Matthias Sammer und Stefan Effenberg. Sammer sollte Brehme auf der rechten Abwehrseite unterstützen. Zielstrebig griffen die erfahrungsgemäß flügelstarken Spanier über die anfälligen Außenpositionen an. Sammer verweigerte rechts den Dienst, gestenreich wandte sich Brehme an Vogts. »Es ist traurig, daß der Trainer gestandene Spieler darauf hinweisen muß, wie sie sich taktisch zu verhalten haben«. Matthäus sagte noch, er würde »keinen herausheben« nach dieser Leistung und Vogts wollte gesehen haben, woran zu arbeiten sei.

PRESSE-ECHO

»Deutschland überlebte eine Dürre Partie«
DIARIO 16 (Spanien)
zu Deutschland – Bolivien

»Lange Zeit balancierte Deutschland am Rande des Abgrunds.«
ALGEMEEN DAGBLAD (Niederlande)
zu Deutschland – Spanien

»Der Abpfiff war eine wahre Befreiung für die Deutschen.«
CORRIERE DELLO SPORT (Italien)
zu Deutschland – Südkorea

Der kürzeste WM-Auftritt: Rot nach drei Minuten für Boliviens Marco Antonio Etcheverry durch Arturo Brizio Carter.

Vor allem die Streicheleinheiten für die Fleißkärtchensammler Sammer und Effenberg irritierten die Gruppe der langgedienten Schlüsselspieler um Matthäus und die Alibisuche, auf die sich Vogts nach dem dünnen 1:1 begeben hatte. Die unausgewogene Pfeifart des Referees Cavani aus Uruguay, monierte der Bundestrainer, habe seine Mannen verunsichert: »Die Spanier durften voll reingehen, bei uns ist dauernd abgepfiffen worden.«

Thomas Berthold, der schnöde Prototyp des germanischen Rationalfußballers, der sich unerwartet stark präsentiert hatte, beklagte sich tags darauf über die Schönrederei – öffentlich. Keiner konnte die Gefahr mehr übersehen, daß sich die deutschen Fußballer aus den Herzen und Vogts in die Kritik und den Grenzbereich seiner beruflichen Existenz gespielt hatten.

Von Chicago brach die DFB-Expedition nach Dallas auf, um sich mit einer schnittigen Aufführung gegen die Novizen aus Südkorea auf das Achtelfinale und den beschwerlichen K.O.-Weg einzustimmen. Auf dem Dienstprogramm stand der große Befreiungsschlag. Matthäus, den viele ins kraft- und ideenlose Mittelfeld forderten, blieb Organisator der Defensive. Guido Buchwald, der wackere Schwabe, rückte für den neuerlich oberschenkelverletzten Thomas Strunz ins Team, und Vogts berief Riedle für den Angriff. Möller sollte auf der

im Gegensatz zu Matthäus für den Rest der WM. Und wenn es nach Vogts geht, für immer. Dem erbosten Deutschen Publikum in Dallas streckte der lange Blonde mit der großen Klappe den Mittelfinger entgegen, zweimal. DFB-Präsident Braun befahl dem Bundestrainer noch in der Nacht die Suspendierung, 24 Stunden später verkündete Vogts die Verbannung.

Die Bilanz nach drei Spielen in Vorrundengruppe C: Gruppensieg, keine Niederlage, ein Skandal, wenig Perspektive. Seiner störrischen Elf konnte Vogts das Zaumzeug nie überstreifen, zu saturiert, zu selbstgefällig trat der Spielkreis der »Jung-Unternehmner auf« (DFB-Präsident Braun), und un-

Kämpfen bis zum Umfallen forderte die »Lichtgestalt« Franz Beckenbauer, der bei der Eröffnung eine »tragende Rolle« spielte, von der deutschen Mannschaft ...

Auswechselbank darüber nachdenken, daß eine Weltmeisterschaft mehr Einsatz erfordert, als er zu leisten bereit war.

Die Reise nach Texas wurde zum Fiasko. Die Deutschen verloren im Backofen Cotton Bowl vor 63 000 Zuschauern ihr Renommé, ihr Selbstvertrauen und ihren Mythos, körperlich unzerstörbar zu sein auf WM-Turnieren. Dabei hatte alles so verheißungsvoll begonnen. Wie vom Reißbrett fabrizierten sie drei schnelle Treffer. Nach einem Häßler-Paß lupfte Klinsmann den Ball mit dem rechten Fuß an, drehte sich pfeilschnell und drosch ihn mit links ins Toreck (12.). In der 20. Minute grätschte Buchwald die Lederkugel bei einem Störversuch an Gegners Strafraumlinie an den linken Pfosten, den Abpraller verwertete Riedle. Beim 3:0 durch Klinsmann (37.) standen Südkoreas Verteidiger Spalier, Schlußmann Choi In-Young ließ den schwach getretenen Ball über die Arme ins Netz hupfen. Die Konsequenz: Er wurde ausgewechselt.

Schon beim ersten Abschnitt kaschierten die drei Treffer jedoch erhebliche Störfälle im deutschen Spiel. Illgner unterlief Flanken, Effenberg, für Strunz auf die rechte Abwehrseite bestellt, bewies mit dummen Fouls und anhaltendem taktischen Unverständnis seine Verzichtbarkeit für die Elf, sein Kollege Brehme wurde von den flinken Chois, Seos und Hwangs von einer Verlegenheit in die andere gestürzt.

Hwang (52.) und Hong (63.) verkürzten auf 3:2, der Weltmeister suchte in blamablem Sicherheitsgekicke Zuflucht, in Einzelteile zerlegt von international unerfahrenen Balltretern, unfähig, sich körperlich zu wehren bei 50 Grad, von Krämpfen geplagt die meisten, »kaputt schon in der Halbzeit«, wie Sammer berichtete. Lothar Matthäus mußte eine halbe Stunde vor dem Ende mit einer Platzwunde auf dem Spann des rechten Fußes vom Rasen, und Stefan Effenberg nach 75 Minuten, allerdings ter Vogts lösten sich Tugenden auf, die einst in der Fußballwelt gefürchtet waren. Kraft-Soccer made in Germany war ein Gütezeichen, bei Wind und Wetter, ob in der Arktis oder am Äquator. In Dallas galoppierten zum Schluß nur noch Südkoreaner, bekannt als Preußen Asiens. Ausgeschieden sind sie trotzdem nach dem 0:0 gegen Bolivien als schlechtester Gruppendritter, Spanien qualifizierte sich mit einem 3:1 über Bolivien als Tabellenzweiter für die K.O.-Runde. Der deutschen Elf blieb die Hoffnung auf die Gnade des Turnierplans, auf zahme Gegner. Für das Achtelfinale stand Belgien bereit. Augen zu und durch! ■

KLAUS HOELTZENBEIN

REIF(E)*SPRÜCHE

Entzückt zählen wir den ersten deutschen Eckball.

Unser spanischer Kollege ist weiter auf Hochtouren. Ich frage mich nur, warum er ein Mikrofon hat, mühelos versteht man ihn doch bis zur iberischen Halbinsel.

Die beste Antwort auf alle Spekulationen, ob eine Spitze zu wenig ist – sie macht das Tor (zum 1:1 von Jürgen Klinsmann).

La-Ola-Welle – Wenn das Spiel nichts hergibt, dann machen die Zuschauer sich selber ihren Spaß.

Das schönste am Spiel war die Skyline von Chicago. (ZU DEUTSCHLAND – SPANIEN)

Von mir kein Wort mehr zum guten Wetter, irgendwie ist das ja auch eine Frage des guten Willens.

Die deutschen Ecken bleiben beklagenswert.

Wir haben ein neues Fußballspiel, und ich kann nicht sagen, daß es mir gefällt (nach dem 2:3 der Südkoreaner).

Deutschland – Südkorea: Jetzt müssen wir die Minuten zählen. Das hätte ich mir nicht träumen lassen (85.).

Wohin mit dem Ball? – Nach vorn und dann ein Gebet hinterher schicken.

Viel besseres fällt mir auch nicht ein: Der Herr erhalte uns die südkoreanische Abschlußschwäche.

**Marcel Reif, ZDF-Reporter*

In selbstgewählter Verbannung: Stefan Effenberg (oben).

Einer setzt sich gegen vier Spanier durch: Jürgen Klinsmann ▶

IM BLICKPUNKT: DER RAUSSCHMISS

Zwei Blanko-Tickets ruhten im DFB-Safe. Die Flugbillets, teilte Berti Vogts vor der WM im Wilden Westen mit, habe er für Desperados und Störenfriede dabei. Nach dem peinlichen 3:2 der deutschen Nationalkicker wurde der Safe geöffnet. Einer der smarten Großverdiener aus dem Troß des DFB hatte sich als böser Bube geoutet. Das Sünderticket wurde auf den Namen Stefan Effenberg ausgestellt. Der langjährige J. R. Ewing des deutschen Fußballs verabschiedete sich mit ausgestrecktem Mittelfinger von Gruppengegner Südkorea und dem entsetzten deutschen Publikum. Der lammfromme Vogts beendete noch in der Nacht seinen langjährigen Erziehungsversuch: »Solange ich Bundestrainer bin, wird Effenberg nicht mehr für diese Mannschaft spielen.«

Der Beifall in der Branche fiel laut aus. Mit der arroganten Selbstdarstellung zu Dallas und der Weigerung, sich dort voll und ganz einzusetzen, wo Vogts ihn ins Gefüge der Mannschaft einpaßte (gegen Südkorea auf seiner ungeliebten rechten Abwehrseite), zog sich Effenberg selbst aus dem Verkehr.

Die zwanghafte Tragik des 26jährigen kennt viele Episoden. Mal baute er im Trainingslager den Flipperautomaten ab und im eigenen Zimmer wieder auf, mal knipste er mit einem Luftgewehr die Hotellampen aus. Bekannt wurde, wie er in Mönchengladbach den Jeep seines früheren Trainers Jupp Heynckes unerlaubt zu einer Spritztour einsetzte, auf einer Müllkippe steckenblieb und zu Fuß das Weite suchte. Später, als Heynckes ihn bei Bayern München betreute, forderte ihn der ungezähmte Widerspenstige zu einer Keilerei heraus: »Wir können ja vor die Tür gehen.« Vor versammelter Mannschaft hatte Heynckes dessen Cola-Konsum kritisiert. Schon einmal flog er aus dem DFB-Team, 1992, als er Lothar Matthäus angegriffen hatte, in Florenz wurde Effenberg als Kapitän abgesetzt, Widerworte von Kollegen oder die Tischordnung beim Abendessen lassen ihn den Verstand verlieren. Effenberg ist begabter als die meisten Profis, dummerweise gehen ihm sämtliche Charaktermerkmale ab, die einem Sportler erst zum Mannschaftsspiel befähigen.

IM PORTRÄT: JÜRGEN KLINSMANN

Niemand leidet, niemand jubelt so photogen, zumindest nicht in mitteleuropäischen Gefilden, wie Jürgen Klinsmann. Es war kein Zufall, daß sich das Magazin NEWSWEEK entschied, die WM-Sonderbeilage ihrer internationalen Ausgabe mit dem gewinnenden Lächeln des 29jährigen blonden Schwaben zu zieren. Die kleine Lobby, die Soccer zwischen NY und LA hat, versucht, einem nach Stars gierenden Publikum durch die permanente Präsentation von Klinsmann einen Wunsch zu erfüllen. Vorgestellt wird ein Deutscher, der auf dem Rasen Erfolg hat (was für einen Stürmer bedeutet, daß er Tore schießt), der seine Gefühle auslebt, der das Herz eines Löwen, die Ausdauer eines Marathonläufers hat und eine Freundlichkeit, die stets den gepflegten Small-Talk gestattet.
Der polyglotte Fußball-Profi, der fließend in Englisch, Italienisch und Französisch parliert, paßt nicht ins Klischee. Er widerspricht dem getrübten Deutschland-Bild einer auf dem rechten Flügel gefährdeten Nation. Klinsmann war für die deutsche Elf in den USA wie eine seriöse Versicherung. Er schützte vor Sippenhaft und dem Aufguß alter Vorurteile. 1993, beim US-Cup, wurde er zum most valuable player ausgerufen. Nach seinen emotionsdurchwirkten WM-Auftritten schrieb SPORTS ILLUSTRATED: »Will man einen finden, der die Amerikaner dazu bewegen kann, sich für Soccer zu begeistern oder Deutschland in der Welt beliebt zu machen: Klinsmann wäre eine gute Wahl.« Noch bevor der World Cup angepfiffen wurde, hatte der Deutsche mit dem Flatterhaar im Nacken verkündet: »In den USA will ich es wissen. Ich bis so gut vorbereitet wie nie.« Er hatte jeden Grund und suchte einen neuen Verein, weil er seine Zeit bei AS Monaco für abgelaufen hielt. Werbung betrieb er mit Eigenschaften, die die Amerikaner lieben. Seine Laufbahn, hat er gesagt, soll in der nach der WM zu gründenden US-Profiliga ausklingen. Doch vor 1995 werde er nicht aus Europa weggehen.
Mr. Nice Guy wird sehnlichst erwartet.

CHRONIK

Mit dem 1:0 gegen Bolivien durchbrach die deutsche WM-Elf von 1994 ein Gesetz der Serie. Bis 1990 hatte der jeweilige Titelverteidiger, der seit 1974 traditionsgemäß das Eröffnungsspiel bestreitet, dieses Match nie gewinnen können.

Alle WM-Eröffnungsspiele auf einen Blick: **1930 in Montevideo:** USA – Belgien 3:0; **1934 in Rom:** Italien – USA 7:1; **1938 in Paris:** Schweiz – Deutschland 1:1 n.V.; **1950 in Rio de Janeiro:** Brasilien – Mexiko 4:0; **1954 in Lausanne:** Jugoslawien – Frankreich 1:0; **1958 in Stockholm:** Schweden – Mexiko 3:0; **1962 in Santiago de Chile:** Chile – Schweiz 3:1; **1966 in London:** England – Uruguay 0:0; **1970 in Mexiko-City:** Mexiko – UdSSR 0:0; **1974 in Frankfurt/ Main:** Brasilien – Jugoslawien 0:0; **1978 in Buenos Aires:** Deutschland – Polen 0:0; **1982 in Barcelona:** Argentinien – Belgien 0:1; **1986 in Mexiko-City:** Bulgarien – Italien 1:1; **1990 in Mailand:** Argentinien – Kamerun 0:1.

DEUTSCHLANDS WM-TEAM '94

obere Reihe von links:

RUDI VÖLLER (1,77 m/ 71 kg); WM 1986/90; 12 Spiele/ 6 Tore. **Berti Vogts: »Der Goalgetter«.**

STEFAN EFFENBERG (1,86 m/ 82 kg); WM-Neuling. **»Ein schwieriger Junge«**

MARIO BASLER (1,86 m/ 73 kg); WM-Neuling. **»Die Entdeckung der Saison«**

JÜRGEN KOHLER (1,86 m/ 84 kg); WM 1990; 4Spiele/ - Tor. **»Der Abräumer«**

GUIDO BUCHWALD (1,88 m/88 kg); WM 1990; 7 Spiele/ - Tor. **»Der Arbeiter«**

THOMAS BERTHOLD (1,85 m/ 81 kg); WM 1986/1990; 13 Spiele/ - Tor. **»Ein nicht einfacher Junge«**

THOMAS HELMER (1,85/ 76 kg); WM-Neuling. **»Das intelligente Phlegma«**

mittlere Reihe von links:

HANS-HUBERT VOGTS (30.12.1946); WM als Spieler 1970/74/78; 19 Spiele/ - Tor; seit 1979 DFB-Trainer.

THOMAS STRUNZ (1,84 m/ 75 kg); WM-Neuling. **»Die Entdeckung auf der rechten Seite«**

ULF KIRSTEN (1,75 m/ 75 kg); WM-Neuling. **»Unser kämpfender Mittelstürmer«**

MATTHIAS SAMMER (1,81 m/ 75 kg); WM-Neuling. **»Unser Rotschopf«**

HANS-JÜRGEN DÖRNER (25.1.1951); seit 1990 DFB-Trainer.

JOSEF-DIETER MAIER (28.2.1944); WM als Spieler 1966/70/74/78; 18 Spiele/ - Tor. DFB-Torwart-Trainer seit 1987.

MAURIZIO GAUDINO (1,83 m/ 78 kg); WM-Neuling. **»Ein hervorragender Fußballer«**

ANDREAS MÖLLER (1,80 m/ 70 kg); WM 1990; 2 Spiele/ - Tor. **»Der Talentierteste«**

LOTHAR MATTHÄUS (1,74 m/ 71 kg); WM 1982/86/90; 16 Spiele/ 5 Tore. **»Der Leader, der Führer der Mannschaft«**

RAINER BONHOF (29.3.1952); WM 1974/78; 10 Spiele/ 1 Tor. Assistenz-Trainer von Berti Vogts seit 1990.

sitzend von links:

STEFAN KUNTZ (1,80 m/ 82 kg); WM-Neuling; **»Der Torjäger der Bundesliga«**

THOMAS HÄSSLER (1,66 m/ 66 kg); WM 1990; 5 Spiele/ - Tor. **»Unser Flankengott«**

KARLHEINZ RIEDLE (1,79 m/ 71 kg); WM 1990; 4 Spiele/ - Tor. **»Unser kopfballstärkster Spieler«**

ANDREAS KÖPKE (1,82 m/ 82 kg); WM 1990; - Spiel/ - Tor. **»Hält auch Unhaltbare«**

BODO ILLGNER (1,87/ 90 kg); WM 1990; 7 Spiele/ - Tor. **»Ein erfahrener Torwart«**

OLIVER KAHN (1,87 m/ 83 kg); WM-Neuling; **»Die Zukunft im Tor«**

MARTIN WAGNER (1,74; 70 kg); WM-Neuling. **»Könnte die Alternative zu Brehme werden«**

JÜRGEN KLINSMANN (1,81 m/ 76 kg); WM 1990; 7 Spiele/ 3 Tore. **»Unsere Dynamik«**

ANDREAS BREHME (1,76 m/ 77 kg); WM 1986/90; 11 Spiele/ 4 Tore. **»Der Cleverste«**

(BALL)DAMEN BITTEN ZUM TANZ

Die Sache mit den Frauen bei der WM ist eine seltsame Geschichte. Sie hat zumindest zwei Gesichtspunkte, die beide Gültigkeit besitzen. Der eine: Die Spieler sollen sich möglichst wohl fühlen, sie brauchen über einen so langen Zeitraum den privaten Zuspruch in den vier Wänden eines intimen Hotelzimmers, die Gegenwart der vertrautesten Person in ihrem Leben sorgt für innere Ausgeglichenheit und damit Steigerung der Leistung.
Der andere: Es handelt sich um eine Dienstreise und jegliche Ablenkung durch unbeteiligte Personen kann da nur stören – selbst der freundlichsten Gemahlin entfleucht mitunter ein Wörtlein, welches das andere ergibt, und zu einer leistungsmindernden Verstimmung führt. Sicherlich sind das nicht alle Argumente dafür oder dawider, aber in diese Richtungen zielen die meisten. Es hat bei solchen Gelegenheiten wie einer Fußballweltmeisterschaft schon immer verschiedene Auffassungen gegeben – bei den einen führte die eine zum Erfolg, bei den anderen nicht. Die nationale Diskussion, die es deswegen dieses Mal vor Beginn des Spektakels um die Frau des deutschen Torhüters Bodo Illgner gab, war schließlich weiter nichts als lächerlich.
Zu den beiden Möglichkeiten – Weltmeisterschaft mit Familienanschluß oder eben nicht – kommt übrigens noch eine weitere, die allerdings gegen alles spricht, was weibliche Emanzipations-Bestrebungen in hundert Jahren zu erreichen versuchten. Die Rede ist von der stundenweisen Zuführung der Liebsten im Trainingslager oder entsprechendem Hotel. Wenn man davon ausgeht, daß dieser mit peinlich-wissendem Grinsen zur Kenntnis genommene Besuch nicht dazu gedacht ist, daß die treusorgende Gattin dem Mann die Socken wäscht oder das Oberhemd bügelt, bleibt da nur die Feststellung, daß es unwürdig ist. Werden sie mit dem Omnibus vorgefahren und zwei Stunden später wieder abgeholt? Oder fahren sie mit dem Taxi zur vorgesehenen Besuchszeit zwischen 14 und 16 Uhr vor wie bei einem Krankenhausbesuch? Die Zeremonie entbehrt jeglicher Phantasie, sie ist geschmacklos und besitzt – da sie ja an einen Zeitplan gebunden sein muß, der vielleicht sogar am Schwarzen Brett im Frühstücksraum ausgehängt ist – weiter nichts als Peinlichkeit. Das gilt auch am Ende des zweiten Jahrtausends – mit Freizügigkeit oder Toleranz oder Liberalität hat das nichts zu tun. Es gibt Dienstreisen, zu denen Männer (auch Frauen) ihre Partnerin (oder den Partner) mitnehmen, und es gibt andere, bei denen sie es nicht tun sollten. Das ist unter erwachsenen Menschen nicht ungewöhnlich. Fußballspieler machen da sicherlich keine Ausnahme. Und damit hat sich's.

ULRICH KAISER

Sie reisten mit, um ihre Männer in den USA zu unterstützen.
GALA-Auftritt für die deutschen (Ball)Damen: in der VIP-Louge des Soldier Field Stadions in Chicago: Regine Helmer, Sabine Kuntz, Lolita Matthäus, Völlers Freundin Sabrina Aducci, Heike Berthold, Beate Strunz und Pilar Brehme mit Sohn Ricardo (von links).

LITTLE ISLAND
REEF RESORT

1. Spieltag

DEUTSCHLAND – BOLIVIEN 1:0 (0:0)

17.6. in Chicago

Deutschland: Illgner – Matthäus – Kohler, Berthold – Effenberg, Häßler (84. Strunz), Sammer, Möller, Brehme – Riedle (60. Basler), Klinsmann.
Bolivien: Trucco – Rimba – Quinteros, Sandy – Borja, Erwin Sanchez, Baldivieso (66. Moreno), Melgar, Soria, Cristaldo – Ramallo (79. Etcheverry).
Tor: 1:0 Klinsmann (61.).
Schiedsrichter: Arturo Brizio Carter (Mexiko).
Zuschauer: 63 117 (ausverkauft).
Gelbe Karten: Möller, Kohler – Sanchez, Baldivieso, Borja, Melgar.
Gelb/Rot: keine.
Rote Karte: Etcheverry (82.).

SPANIEN – SÜDKOREA 2:2 (0:0)

18.6. in Dallas

Spanien: Canizares – Nadal – Alkorta, Abelardo – Ferrer, Goicoechea, Hierro, Guerrero (46. Caminero), Luis Enrique, Sergi – Salinas (63. Felipe).
Südkorea: Choi In-Young – Hong Myung-Bo – Kim Pan-Keun, Park Jung-Bae – Choi Young-Il, Kim Joo-Sung (59. Seo Jung-Won), Lee Young-Jin, Ko Jeong-Woon, Noh Jung-Yoon (73. Ha Seok-Ju), Shin Hong-Gi – Hwang Sun-Hong.
Tore: 1:0 Salinas (51.), 2:0 Goicoechea (56.), 2:1 Hong Myung-Bo (85.), 2:2 Seo Jung-Won (90.).
Schiedsrichter: Peter Mikkelsen (Dänemark).
Zuschauer: 56 247.
Gelbe Karten: Luis Enrique, Caminero – Kim Joo-Sung, Choi Young-Il.
Gelb/Rot: keine.
Rote Karte: Nadal (26.).

2. Spieltag

DEUTSCHLAND – SPANIEN 1:1 (0:1)

21.6. in Chicago

Deutschland: Illgner – Matthäus – Kohler, Berthold – Strunz, Häßler, Effenberg, Sammer, Brehme – Möller (62. Völler) – Klinsmann.
Spanien: Zubizarrata – Alkorta – Ferrer, Abelardo, Sergi – Goicoechea (65. Bakero), Guardiola (77. Camarasa), Hierro, Caminero, Luis Enrique – Salinas.
Tore: 0:1 Goicoechea (14.), 1:1 Klinsmann (48.).
Schiedsrichter: Ernesto Filippi Cavani (Uruguay).
Zuschauer: 63 117 (ausverkauft).
Gelbe Karten: Effenberg – Salinas, Abelardo, Hierro.
Gelb/Rot: keine.
Rote Karten: keine.

SÜDKOREA – BOLIVIEN 0:0

24. Juni in Boston

Südkorea: Choi In-Young – Hong Myung-Bo – Kim Pan-Keun, Park Jung-Bae – Seo Jung-Won (65. Ha Seok-Ju), Kim Joo-Sung, Lee Young-Jin, Ko Jeong-Woon, Noh Jung-Yoon (71. Choi Young-Il), Shin Hong-Gi, Hwang Su-Hong.
Bolivien: Trucco – Rimba – Quinteros, Sandy – Borja, Erwin Sanchez, Baldivieso, Melgar, Soria, Cristaldo – Ramallo (67. Alvaro Pena).
Schiedsrichter: Leslie Mottram (Schottland).
Zuschauer: 50 000.
Gelbe Karten: Ko Jeong-Woon, Shin Hong-Gi, Park Jung-Bae – Rimba, Baldivieso, Cristaldo.
Gelb/Rot: Cristaldo (83.).
Rote Karten: keine.

3. Spieltag

BOLIVIEN – SPANIEN 1:3 (0:1)

27.6. in Chicago

Bolivien: Trucco – Rimba, Manuel Pena, Sandy – Borja, Erwin Sanchez, Ramos (46. Moreno), Melgar, Soria (64. Castillo), Soruco – Ramallo.
Spanien: Zubizarreta – Voro, Ferrer, Abelardo – Sergi, Goicoechea, Guardiola (69. Bakero), Caminero, Guerrero – Salinas, Felipe (46. Hierro).
Tore: 0:1 Guardiola (19., Foulelfmeter), 0:2 Caminero (66.), 1:2 Erwin Sanchez (67.), 1:3 Caminero (73.).
Schiedsrichter: Rodrigo Badilla Sequeira (Costa Rica).
Zuschauer: 63 089.
Gelbe Karten: Ferrer, Caminero.
Gelb/Rot: keine.
Rote Karten: keine.

DEUTSCHLAND – SÜDKOREA 3:2 (3:0)

27.6. in Dallas

Deutschland: Illgner – Matthäus (64. Möller) – Kohler, Berthold – Effenberg (75. Helmer), Häßler, Buchwald, Sammer, Brehme – Riedle, Klinsmann.
Südkorea: Choi In-Young (46. Lee Won-Jae) – Hong Myung-Bo – Kim Pan-Keun, Park Jung-Bae – Choi Young-Il, Kim Joo-Sung, Lee Young-Jin (39. Chung Jong-Son), Ko Jeong-Woon (46. Seo Jung-Won), Cho Jin Ho, Shin Hong-Gi – Hwang Sun-Hong.
Tore: 1:0 Klinsmann (12.), 2:0 Riedle (20.), 3:0 Klinsmann (37.), 3:1 Hwang Sun-Hong (52.), 3:2 Hong Myung-Bo (63.).
Schiedsrichter: Joel Quiniou (Frankreich).
Zuschauer: 63 000.
Gelbe Karten: Brehme, Klinsmann, Effenberg – Choi Young-Il.
Gelb/Rot: keine.
Rote Karten: keine.

DEUTSCHLAND

Fußballverband: gegründet 1900
Anschrift: Deutscher Fußball-Bund, Otto-Fleck-Schneise 6, D-60528 Frankfurt/Main
Präsident: Egidius Braun
Bevölkerung: 80 Millionen
Aktive: 5 427 911
Zahl der Vereine: 26 274
WM-Endrunde: 1934, 1938, 1954, 1958, 1962, 1966, 1970, 1974, 1978, 1982, 1986, 1990
Größte Erfolge: Weltmeister 1954, 1974, 1990; Vizeweltmeister 1966, 1982, 1986; Dritter 1934, 1970.
WM-Bilanz: 68 39 15 14 145:90 93:43

BOLIVIEN

Fußballverband: gegründet 1925
Anschrift: Federación Boliviana de Futbòl
Präsident: Guido Loayza Mariaca
Bevölkerung: 7,5 Millionen
Aktive: 15 290
Zahl der Vereine: 305
WM-Endrunde: 1930, 1950
Größte Erfolge: Vorrunde 1930, 1950
WM-Bilanz: 3 – – 3 0:16 0:6

SPANIEN

Fußballverband: gegründet 1913
Anschrift: Real Federaciòn Espanola de Futbol, Calle Alberto Bosch 13, Apartado postal 347, E-28014 Madrid
Präsident: Angel M. Villar Llona
Bevölkerung: 39,0 Millionen
Aktive: 408 135
Zahl der Vereine: 10 240
WM-Endrunde: 1934, 1950, 1962, 1966, 1978, 1982, 1986, 1990
Größte Erfolge: Vierter, 1934, 1950; 2. Finalrunde 1982
WM-Bilanz: 32 13 7 12 43:38 33:31

SÜDKOREA

Fußballverband: gegründet 1928
Anschrift: Korea Football Association, 110-39, Kyeonji-Dong, Chongro-Ku, Seoul
Präsident: Woo-chong Kim
Bevölkerung: 43,2 Millionen
Aktive: 11 400
Zahl der Vereine: 78
WM-Endrunde: 1954, 1986, 1990
Größte Erfolge: Jeweils Vorrunde 1954, 1986 und 1990
WM-Bilanz: 8 – 1 7 5:29 1:15

Aufgebote / Abschlußtabelle

DEUTSCHLAND:

Tor:		
1 Bodo Illgner	7. 4.67	1. FC Köln
12 Andreas Köpke	12. 3.62	1. FC Nürnberg
22 Oliver Kahn	15. 6.69	Karlsruher SC
Abwehr:		
2 Thomas Strunz	25. 4.68	VfB Stuttgart
3 Andreas Brehme	9.11.60	1. FC Kaiserslautern
4 Jürgen Kohler	6.10.65	Juventus Turin
5 Thomas Helmer	21. 4.65	FC Bayern München
6 Guido Buchwald	24. 1.61	VfB Stuttgart
10 Lothar Matthäus	21. 3.61	FC Bayern München
14 Thomas Berthold	12.11.64	VfB Stuttgart
Mittelfeld:		
7 Andreas Möller	2. 9.67	Juventus Turin
8 Thomas Häßler	30. 5.66	AS Rom
15 Maurizio Gaudino	12.12.66	Eintracht Frankfurt
16 Matthias Sammer	5. 9.67	Borussia Dortmund
17 Martin Wagner	24. 2.68	1. FC Kaiserslautern
20 Stefan Effenberg	2. 8.68	AC Florenz
21 Mario Basler	18.12.68	SV Werder Bremen
Angriff:		
9 Karlheinz Riedle	16. 9.65	Borussia Dortmund
11 Stefan Kuntz	30.10.62	1. FC Kaiserslautern
13 Rudi Völler	13. 4.60	Olympique Marseille
18 Jürgen Klinsmann	30. 7.64	AS Monaco
19 Ulf Kirsten	4.12.65	Bayer Leverkusen

Trainer: Berti Vogts

SPANIEN:

Tor:		
1 Andoni Zubizarreta	23.10.61	FC Barcelona
13 Santiago Canizares	18.12.69	Celta de Vigo
22 Julen Lopetegui	28. 8.66	CD Logrones
Abwehr:		
2 Albert Ferrer	6. 6.70	FC Barcelona
3 Jorge Otero	8. 3.68	Celta de Vigo
4 Francisco Camarasa	27. 9.67	FC Valencia
5 Fernandez Abelardo	19. 3.70	Sporting Gijon
12 Barjuan Sergi	28.12.71	FC Barcelona
17 Salvador Gonzales Voro	9.10.63	Deportivo La Coruna
18 Rafael Alkorta	16. 9.68	Real Madrid
Mittelfeld:		
6 Fernando Hierro	23. 3.68	Real Madrid
9 Josep Guardiola	18. 1.71	FC Barcelona
10 Jose Maria Bakero	11. 2.63	FC Barcelona
11 Aitor Beguiristain	12. 8.64	FC Barcelona
15 Jose Luis Perez Caminero	8.11.67	Atletico Madrid
20 Miguel Angel Nadal	28. 7.66	FC Barcelona
21 Luis Enrique Martinez	8. 5.70	Real Madrid
Angriff:		
7 Jon Andoni Goicoechea	21.10.65	FC Barcelona
8 Julen Guerrero	7. 1.74	Athletic Bilbao
14 Juan Castano Juanele	10. 4.71	Sporting Gijon
16 Felipe Minambres	29. 4.65	CD Teneriffa
19 Julio Salinas	11. 9.62	FC Barcelona

Trainer: Javier Clemente

BOLIVIEN:

Tor:		
1 Carlos Trucco	11. 8.57	Bolivar
12 Dario Rojas	20. 1.61	Oriente Petrolero
19 Marcelo Torrico	11. 1.72	The Strongest
Abwehr:		
2 Juan Manuel Pena	17. 1.73	Santa Fe
3 Marco Sandy	29. 8.71	Bolivar
4 Miguel Rimba	1.11.67	Bolivar
5 Gustavo Quinteros	15. 2.65	The Strongest
6 Carlos Borja	25.12.56	Bolivar
13 Modesto Soruco	12. 2.66	Blooming
15 Vladimir Soria	15. 7.64	Bolivar
16 Luis Cristaldo	31. 8.69	Bolivar
17 Oscar Sanchez	11. 1.72	The Strongest
Mittelfeld:		
7 Mario Pinedo	9. 1.64	Oriente Petrolero
8 Jose Milton Melgar	20. 9.59	The Strongest
10 Marco Antonio Etcheverry	26. 9.70	Colo Colo/Chile
14 Maricio Ramos	23. 9.69	Destroyers
20 Ramiro Castillo	27. 3.66	Platense/Argentinien
21 Erwin Sanchez	19.10.69	Boavista Porto
22 Julio Cesar Baldivieso	2.12.71	Bolivar
Angriff:		
9 Guillermo Alvaro Pena	11. 2.66	Temuco/Chile
11 Jaime Moreno	19. 1.74	Blooming
18 Luis William Ramallo	4. 7.63	Oriente Petrolero

Trainer: Xabier Azkargorta/Spanien

SÜDKOREA:

Tor:		
1 Choi In-Young	5. 3.62	Hyundai Horang-I
21 Park Chul-Woo	29. 9.65	L. G. Cheetahs
22 Lee Won-Jae	26. 4.73	Kyunghee
Abwehr:		
2 Chung Jong-Son	20. 3.66	Hyundai-Horang-I
4 Kim Pan-Keun	5. 3.66	L. G. Cheetahs
5 Park Jung-Bae	19. 2.67	Daewoo Royals
3 Lee Jong-Hwa	20. 7.63	L. G. Cheetahs
7 Shin Hong-Gi	4. 5.68	Hyundai Horang-I
12 Choi Young-Il	25. 4.66	Hyundai Horang-I
13 An Ik-Soo	6. 5.65	Ilhwa Chonma
17 Gu Sang-Bum	15. 6.64	Daewoo Royals
20 Hong Myung-Bo	12. 2.69	POSCO Atoms
Mittelfeld:		
6 Lee Young-Jin	27.10.63	L. G. Cheetahs
10 Ko Jeong-Woon	27. 6.66	Ilhwa Chonma
11 Seo Jung-Won	17.12.70	Sangmu
14 Choi Dae-Sik	10. 1.71	L. G. Cheetahs
15 Cho Jin-Ho	2. 8.72	POSCO Atoms
19 Choi Moon-Sik	6. 1.71	POSCO Atoms
Angriff:		
8 Noh Jung-Yoon	28. 3.71	Sanfreece/Japan
9 Kim Joo-Sung	5. 5.67	VfL Bochum
16 Ha Seok-Ju	20. 2.68	Daewoo Royals
18 Hwang Sun-Hong	14. 7.68	POSCO Atoms

Trainer: Kim Ho

ABSCHLUSSTABELLE

1. DEUTSCHLAND	**3**	**2**	**1**	**–**	**5:3**	**7**
2. SPANIEN	**3**	**1**	**2**	**–**	**6:4**	**5**
3. SUDKOREA	**3**	**–**	**2**	**1**	**4:5**	**2**
4. BOLIVIEN	**3**	**–**	**1**	**2**	**1:4**	**1**

Zuschauer gesamt: 362 214.
Tore: 16.
Torjäger: Klinsmann (Deutschland) 4, Goicoechea, Caminero (beide Spanien), Hong Myung-Bo (Südkorea) je 2.

JEDER IST AUSLÄNDER – FAST ÜBERALL...

Jeder ist Ausländer – fast überall. Das ist ein schöner Slogan – weniger schön ist, daß er notwendig wurde. Fast jeder Dritte unter den deutschen Spielern, die in die USA reisten, ist dort, wo er sein Brot verdient.
Und wenn man jene Heimkehrer hinzuzählt, die in der Vergangenheit ihre Künste in fremden Ländern vorzeigten, waren es mehr als die Hälfte. Es ist erst ein paar Jahrzehnte her – da hätte der Bundestrainer eher einen Reporter von der Pressetribüne als Spieler aufgestellt, als einen »Legionär« aus fremder Liga in sein Team zu nehmen. Wenn man so will, ist das von den Politikern so oft beschworene Europa hier längst Wirklichkeit geworden. Andersrum.
Nicht weniger als 23 Spieler aus den deutschen Ligen galten daheim als Stars und spielten nun für ihr Land – mehr als je zuvor. Das galt für die Schweizer Sutter, Chapuisat, Sforza und Knup genauso wie für den Nigerianer Okocha oder den Marokkaner Azzouzi – für die Brasilianer Jorginho, Sergio und Dunga, die Schweden Dahlin (im Foto rechts, Nummer 10) und Patrick Andersson, die Bulgaren Hubtschew und Letschkow, die Russen Gorlukowitsch, Tschertschessow und Borodjuk, den Kolumbianer Valencia, den Rumänen Lupescu, den Norweger Bratseth, den Argentinier Rodriguez, den Koreaner Kim, die Amerikaner Wynalda und Dooley. Einige von ihnen haben bei diesem Turnier gegeneinander gespielt – manche sogar, die in Deutschland das gleiche Trikot tragen – andere, die sich hier die härtesten Zweikämpfe lieferten, mußten auf einmal das gleiche Ziel verfolgen. Der eine oder andere, der in Deutschland den größten Teil der Spielzeit auf der Bank verbrachte, wurde in Amerika ein Star – wertsteigernd, versteht sich. Leider hat nie jemand erfahren, in welcher Sprache sie sich anfeuerten oder auch beschimpften. Auf Fußballdeutsch, in dem sicherlich ein sehr reichhaltiges Vokabular zur Verfügung steht? In der Muttersprache? Was heißt »Dreckskerl« auf koreanisch? Wie nennt man einen schwachen Schiedsrichter auf nigerianisch? Kann man einem, mit dem man eine Saison lang den Trainer, den Manager, den Masseur und auch das Zimmer teilte, so richtig »in die Knochen gehen« – nur weil der jetzt ein andersfarbiges Hemdchen trägt? Wir – die wir ja nur die Fans sind – haben es bei solchen Gelegenheiten gar nicht so leicht: Wie reagiert man, wenn einer, der zu »unserer« Clubmannschaft gehört, nun plötzlich gegen »unsere« Nationalmannschaft erfolgreich ist? Oder wenn der Mann so verletzt wird, daß »wir« ihn schrecklich vermissen, wenn wieder Liga-Alltag herrscht? Zwei Seelen in der Brust? Besser wäre die Erkenntnis, daß es keine Ausländer gibt auf der Welt. Das gilt nicht nur für eine Fußball-Weltmeisterschaft.

ULRICH KAISER

adidas
10

NIGERIA

ARGENTINIEN

GRUPPE D

GRIECHENLAND

BULGARIEN

WM-SPOT

Wäre der WM-Ball aus irgendeinem Grunde nicht gerollt – der Titelkampf wäre zum riesigen Versicherungsfall geworden. Die FIFA und eine Marketing-Organisation hatten für die WM extra ein 17-Millionen-Versicherungspaket geschnürt, das sie gegen fast alle Eventualitäten schützt. Wäre das Turnier aufgrund von Naturkatastrophen, Attentaten oder auf Beschluß der USA-Regierung ausgefallen, so hätten die Veranstalter umgerechnet 415 Millionen Mark kassiert.

Wahnsinn! Tor! Rashidi Yekini! Nigeria.

»GRÜNE ADLER« AUF DEM GIPFEL

Police-Offizier R. A. Leach schüttelte den Kopf, als im argentinischen Camp Babson College Maradona auf dem Rasen saß und sich ein halbes Dutzend Schuhe zum Test bringen ließ. Dann machte der baumlange Bodyguard in der marinefarbenen Uniform große Augen, als sich der kleine Wonneproppen einen Korkball schnappte und ihn auf seinen ungeschnürten Fußballschuhen tanzen ließ. Aber lange konnte sich Mr. Leach diesem verblüffendem Zirkus nicht widmen, denn jetzt war der Schwerbewaffnete für die Unversehrtheit des Superstars verantwortlich. Invasion durch rund 300 Journalisten, vornehmlich aus Argentinien. Die nahmen die Warnung »Police line do not cross« nicht ganz ernst und fuchtelten mit ihren Rekordern, schrien: »Diego, Diego, Diego …« Der aber schob noch eine Trainingseinheit ein, ging erst danach bei fast 40 Grad in der Mittagssonne von Mikro zu Mikro, von Kamera zu Kamera. Eine geschlagene Stunde lang. In wäldliche Idylle, rund 30 Meilen südlich von Boston, wirkte Maradona ausgesprochen gut gelaunt. Vielleicht war es das psychische Hoch-

Bei der sechsten WM-Endrunde endlich bulgarische Siege – da schwenkt auch schon mal Daniel Borimirow überschwenglich die Landesfahne.

Diego Maradonas unrühmlicher Absturz in seinem 21. WM-Spiel: positiver Dopingbefund nach Argentinien – Nigeria (2:1).

gefühl, mit einer schweißtreibenden Roßkur das doppelte Doppelkinn und die beinahe ballrunde Wölbung unter dem Trikot vertrieben zu haben. »Es war tierisch hart, aber es hat sich gelohnt«, erklärte Maradona dem TV-Reporter Sergi Gendler von »Telenoche 13« in einer Direktschaltung nach Buenos Aires. »Ich will noch einmal alles für mein Land geben, denn die meisten Argentinier waren geduldig mit mir. Sie haben jetzt ein Dankeschön verdient …«

Sein persönlicher Physiotherapeut, Salvatore Garmando, verriet: »Diego hat hart gearbeitet, seinen inneren Schweinehund überwunden. Er hat unter medizinischer Kontrolle 15 Kilo abgespeckt. « Man spürt‘s in den Augen, Garmando, der Freund aus besseren Napoli-Zeiten, traut Diego eine Menge zu: »Er ist besser drauf als vor vier Jahren in Italien …«

Selbst beim Fußball-Tennis war das zu spüren. Diego pumpte nach einer knappen Stunde ohne Pause nicht mehr wie ein Maikäfer. Der Künstler war wieder kräftig genug, um all seine Tricks mit dem magischen linken Fuß spielerisch leicht vorzuführen.

Als nach der Schwitzkur zwischen Stretching und Spielchen über eine verwitterte Holzbank die Hatz der Journalisten nach Maradona erneut einsetzte, schritt der Uniformierte der State Police von Massachusetts rigoros ein und führte den »bedrohten« Ballzauberer ab – den Treppengang hinunter zum Quartier der Argentinier.

»Er ist ein Göttlicher«, schwärmte Gaston Tabanz. Er ist einer von den argentinischen Fans, die am Vormittag des 21. Juni das Eröffnungsspiel der Gruppe D zwischen Argentinien und Griechenland im Foxboro-Stadion bei Boston erleben wollten. Bei dem Eröffnungszeremoniell dürfte auch Senor Tabanz warm ums Herz

PRESSE-ECHO

»Danke Nigeria! Es hat uns eine tolle Demonstration von offensivem Fußball geboten.« »L'EQUIPE« (Frankreich)

»Der Donnerschlag Nigerias. Die Afrikaner spielten ihre beeindruckenden Fähigkeiten aus. Sie sind erstaunlich schnell und ihre Gewandtheit verunsichert den Gegner.« »FRANCE-SOIR« (Frankreich)

»Nigeria, jüngster Afrika-Cupsieger, ist das Flaggschiff eines auf Expansionskurs steuernden Kontinents.« »LIBERATION« (Frankreich) zu Nigeria – Bulgarien

Auf dem Weg zum dritten Streich gegen WM-Neuling Griechenland: Bulgariens Hamburger Jordan Letschkow.

geworden sein. Ein Flugzeug der Air Force ließ über der ausverkauften Arena einen riesigen Ball mit den blau-weißen Farben fallen, auf dem zu entziffern war: »Maradona – Primadonna« 30 000 griechische Anhänger erwiderten das mit einem: »Buh, buh ...«

Pünktlich um 12.30 Uhr Ortszeit rollte der Ball – vor exakt 53 486 Fans. Bei Dauerregen und Temperaturen von nur 18 Grad.

Was notierten die Chronisten nach 90 Minuten? Diego ist wieder da! Maradona hatte seinen Mythos beim lockeren 4:0 der Argentinier erneuert.

Griechenlands Coach Alketas Panagoulias war schon hellseherisch: »Am Ball ist Maradona nach wie vor magisch. Deshalb dürfen wir ihn nicht ohne Schutzpatron lassen.« Tsalouchidis wurde auf dem Rasen als Bodyguard für den 33jährigen Altstar abgestellt. Er machte Maradona zunächst das Leben zur Hölle, peinigte ihn, verfolgte ihn auf jeder Parzelle des Rasens. Schließlich wandelte Griechenlands »Wachhund« am Rande des Feldverweises. Also stellte Panagoulias nach der Pause um. »Engel Gabriel«, Argentiniens Batistuta in Florentiner Diensten, hatte ohnehin schon zweimal Hellas Abwehr überlistet. Jetzt kam Diegos Wiederauferstehung. Sein neuer Leibwächter wagte sich nicht so nahe an ihn heran. Marangos wollte sich nicht lächerlich machen und stand dann doch in der 60. Minute wie eine Säule auf der Akropolis neben dem Fußball-Gott, als dieser einen tollen Angriffswirbel der Südamerikaner mit einem satten Linksschuß krönte.

»Aus der Hölle in den Himmel«, faxte der Redakteur der großen Zeitschrift »Clarin« nach Buenos Aires. Die Emotionen schienen nach diesem 3:0 mit Diego durchzugehen, so daß der Kameramann, der in dem ganzen kleinen Kerl den Aufschrei eines Neugeborenen entdeckt haben muß, in letzter Sekunde die Flucht ergriff.

Sechs Minuten vor dem Abpfiff nahm »Coco« Basile seinen Kapitän vom Platz. Diego murrte nicht, bedankte sich artig bei Schiedsrichter, Fans, Teamkameraden mit Diener, Handküssen. Das Stadion tobte. Der

Argentiniens Hoffnung Gabriel Batistuta (links) ließ sich für seine drei Treffer in der Vorrunde »reißerisch« feiern.

Künstler bekam das Schönste, was er sich nach einem gelungenen Comeback vorstellen kann: Warmherzigen Applaus. Alfio Basile, der 50jährige Coach, hatte auf's richtige Pferd gesetzt: »Mir war klar, ein Maradona, der nur 75 Prozent bringt, hilft uns trotzdem mehr als jeder andere.«

Obwohl Gabriel Batistuta vom Elfmeterpunkt sogar noch sein drittes Tor erzielte, blieb der Torjäger weitgehend unbeobachtet. Dagegen hieß es bei Diego M. unaufhörlich: »Spot an, Kamera läuft«. Der kleine Schwarzschopf ließ zwar seine Augen groß blitzen, doch von großen Sprüchen hielt er nichts: »Ich will Leistungen sprechen lassen, auch gegen Nigeria.«

Nicht nur Argentinien, sondern auch Afrikameister Nigeria hatte in der Cotton Bowl von Dallas gegen die geschockten Bulgaren beim 3:0 Werbung in eigener Sache betrieben. Dem bekanntesten Spieler, Rashid Yekini, Afrikas Fußballer des Jahres, gelang das 1:0 gegen die Bulgaren. Schon in der WM-Qualifikation (8 Treffer) und beim Afrika-Cup-Gewinn (5) war der 29jährige der Stürmerstar. Ebenso bei seinem bisherigen Klub Vitoria Setubal, den er mit 31 Toren in die erste Liga schoß. Nun ist Rashid Yekini nicht mehr nur irgendeiner aus Afrika, sondern der personifizierte Aufschwung Nigerias. Die Fußballwelt hat aber auch Amokachi oder Amunike in einer guten halben Stunde sofort ins Herz geschlossen. Mit ihrer Phantasie, Gewandheit und Ballperfektion hatten die »Grünen Adler« nicht nur die bulgarischen Superstars Stoitschkow oder Kostadinow geschockt. Auch der zweifache Weltmeister Argentinien bekam am Bildschirm große Augen. Der niederländische Coach Clemens Westerhof: »Argentinien gebührt Respekt, aber Angst haben wir nicht …«

Auf dem Rasen im Foxboro-Stadion sah das dann etwa anders aus. Obwohl in diesem Gruppenkracher Siasia Nigeria in Führung brachte, war nichts von der Showtime der »Super Eagles« zu sehen. Zu sehr konzentrierten sich die Afrikaner auf das Malträtieren des Gegners, auf Diskussionen mit dem »milden« Schiedsrichter Bo Karlsson aus Schweden. Dies nutzte vor allem das fragile Bewegungsgenie Claudio Caniggia zum Ausgleich (WM-Tor Nr. 1500) und nach schlitzohrigem Freistoß von Maradona zum Siegestor. Ein enttäuschter Jay-Jay Okocha meinte: »Unsere Taktik stimmte nicht.«

Fast hellseherisch gab der »Boston Herald« nach dem 2:1 zum Besten: »Nach den vielen unfairen Attacken der Nigerianer meinte Maradona: Weint um mich und Argentinien.«

Nicht nur in der Boca, im berühmten Hafenviertel der Hauptstadt Buenos Aires, schmerzte die schockierende Nachricht: Maradona – nach dem 2:1 gegen Nigeria des Dopings überführt. Aus der Hölle kurz in den Himmel und wieder zurück. Warum das, Diego?

Der italienische Regisseur Roberto Beccanti zeichnete einmal Maradonas Psychogramm so: »Sein Erscheinungsbild ist wahrscheinlich das Spiegelbild einer nicht ganz bewältigten Kindheit, was auch der Erfolg auf dem Rasen nicht kompensieren kann. Fast jungenhaft und sogar naiv, wenn er sich öffnet. Diego zeigt häufig die Schattenseiten eines Charakters, der sich vor der Zeit herausbilden mußte …«

Ohne den im Hotel verbliebenen Dopingsünder Maradona verloren seine deprimierten Kollegen in Dallas gegen Bulgarien 0:2 und die bisherige Tabellenführung. Den Nichtangriffspakt beider Teams durchbrach erst Hristo Stoitschkow in der 61. Minute. Sirakov setzte in der 90. Minute noch einen drauf, so daß Bulgarien bei seiner 6. WM-Teilnahme erstmals die Gruppenspiele überstand.

Zur gleichen Zeit waren die »Grünen Adler« von der Jagdlust gegen Neuling Griechenland besessen. Lange führten die Afrikaner durch George Finidi 1:0, als ein Polizist bei Coach Westerhof Suffleur spielte: »Argentinien liegt 0:2 hinten.« Daniel Amokachi wurmte das am meisten. Mit einem tollen Kracher katapultierte er Nigeria in der Nachspielzeit noch an die Gruppenspitze. Nigeria in der Rolle Kameruns von Italien? ■

GOTTFRIED WEISE

STATEMENTS

Der Skandal um Diego Maradona wird dem Gesamterfolg der Fußball-WM nicht schaden.
ALAN ROTHENBERG, Cheforganisator

Wenn Diego Maradona eine Erkältung gehabt hat, hätte er zwei Alka Seltzer-Tabletten und ein Bad nehmen sollen. Maradona ist erledigt, die WM aber lebt weiter.
LOS ANGELES TIMES

Es war ein sehr trauriger Tag für Argentinien. Wir lieben ihn sehr.
ALFIO BASILE, Argentiniens Coach

Ich fühle einen großen Schmerz. Mir geht es schlecht wegen der Nationalmannschaft, aber vor allem wegen des Menschen.
MERCEDES SOSA, argentinische Volkssängerin

Als Spieler ist Maradona untadelig, aber man muß ihm Hilfe geben, wenn wir wirklich Christenmenschen sind, um ihn als Person wieder aufzubauen.
CARLOS MENEM, Argentiniens Präsident

Faszination Fußball – dargeboten von Diego Simeone (Argentinien/links) und Emmanuel Amunike (Nigeria).

Bulgariens Spanier Hristo Stoitschkow (Nummer 8) unterwegs ... ▶

IM BLICKPUNKT: NIGERIA

Yekini? Amokachi? Amunike? Okocha? Nie gehört die Namen. Großes Achselzucken bei den Amerikanern. »Olajuwon? Aber ja, der tolle Center von den Rockets!« So fielen die Antworten immer wieder aus. Die Weltklasse-Fußballer aus Nigeria waren den Amerikanern einfach kein Begriff, den 31jährigen Super-Basketballer, der mit Houston den NBA-Titel holte, der einst in Nigerias Hauptstadt Lagos von Talentspähern entdeckt wurde, kannten indes alle.
Gerechterweise muß man aber auch fragen: Kannte denn Europa einen Yekini, einen Amokachi? Gewiß Jay Jay Okocha, der Frankfurter Eintracht-Stürmer ist natürlich in Deutschland berühmt für seine tänzelnden Soli mit tollem Abschluß. Die anderen aber? Fehlanzeige. Nigerias Gruppengegner aber wußten Bescheid, daß sie es mit dem frischgebackenen Afrikameister zu tun hatten, gegen den erst die Bulgaren, dann auch die Griechen machtlos waren.
Der Aufstieg der »Super-Adler« in den Horst des Establishments kommt nicht von ungefähr. Bereits 1985 wurde das Team Unter 16 Jugend-Weltmeister in Peking gegen Deutschland (Trainer Berti Vogts), Torhüter Peter Rufai stand damals einem Marcel Witeczek gegenüber. Die U 17 Mannschaft holte sich gegen Ghana den Weltcup. Das lockte natürlich Europas Spielervermittler zu Hauf. Die Folge: Vom 22er WM-Aufgebot gaben gleich 19 Spieler namhafte europäische Klubs als »zweite Heimat« an. Trotzdem war es für den niederländischen Trainer Clemens Westerhof, der seit 1989 in Nigeria schon sechs Sportminister und sieben Fußballverbandsvorsitzende überstand, ein leichtes, ein WM-würdiges Team zusammenzubauen. Klasse formt sich eben einfach. Und dabei behauptet der 54jährige noch: »Ich habe für jede Position mindestens zwei gleichwertige Spitzenspieler.« Daß die Nigerianer auch in Zukunft eine gewichtige Rolle spielen werden im Weltfußball – dagegen wollte schon in den USA niemand mehr wetten.

CHRONIK

Der WM-Auftritt des 27jährigen argentinischen Stürmers Claudio Caniggia war zwar nur kurz, dafür aber nachhaltig, weil er in eine »ewige« Statistik Eingang fand – als Schütze des 1500. WM-Tores, erzielt am 25. Juni im Spiel gegen Nigeria. Maradona hatte ihm die Vorlage zum 1:1 gegeben. Schon einmal war ein Argentinier Jubiläumsschütze: Yazalde in Deutschland 1974, als er das 900. Tor schoß. Auch zwei deutsche Jubilare weist die Statistik aus. Max Morlock schoß 1954 Tor Nummer 400, Gerd Müller 1970 in Mexiko Tor Nummer 800. Schütze des allerersten WM-Tores war 1930 in Uruguay der Franzose Lucien Laurant.

ENTDECKT

Ein einziges Tor, und ausgerechnet eines in der 90. und letzten Minute der Vorrunden-Gruppe D, durchkreuzte schon sicher geglaubte Achtelfinal-Ansetzungen und damit auch Reisepläne, Buchungen, Bestellungen. Das Tor zum 2:0 der Nigerianer durch Amokachi im Spiel gegen die Griechen wirbelte einfach alles durcheinander. Die Nigerianer selbst hatten nun nicht, wie »geplant«, Mexiko zum Kontrahenten, sondern plötzlich Italien. Argentinien ging damit zwar den Italienern aus dem Weg, bekam dafür die Rumänen.

INTERVIEW MIT HRISTO STOITSCHKOW

»Auf Brasilien mit meinem Freund Romario, mit dem ich in Barcelona prächtig harmoniere«, hoffte Bulgariens Spielmacher Hristo Stoitschkow für das Achtelfinale. »Romario und ich sind gute Freunde geworden.«, so der 28jährige Star im Team von Johan Cruyff, das in diesem Jahr im Europapokal-Finale der Landesmeister eine bittere 0:4-Niederlage gegen den AC Mailand erlitt – dann hieß es Bulgarien – Mexiko. Doch irgendwann wird man den Vorrunden-Erfolg bei der sechsten WM-Endrunde noch tüchtig auswerten.

Was gab den Ausschlag, daß Bulgarien zu den ersten beiden Siegen bei einer WM-Endrunde kam?
Nach dem 0:3-Schock gegen Nigeria haben wir alle zusammen Klartext gesprochen. Vielen stand das eigene Ego im Wege. Ich nehme mich nicht aus.

Im Gegensatz zu vergangenen WM-Turnieren hat sich Bulgarien aber schnell gefangen. Weshalb?
Da spielen die Auslandserfahrungen eine große Rolle. Sie haben das Selbstvertrauen enorm gesteigert. Nur dadurch haben wir schon in letzter Sekunde die Franzosen in der Qualifikation besiegt.

Mit drei Toren haben Sie wesentlichen Anteil am zweiten Platz in der Gruppe D. Lockt da noch die Krone des besten Torschützen?
Das ist zweitrangig, obwohl mich diese Auszeichnung nicht kaltläßt. Schade, daß der erkrankte Ljubo Penew, der Neffe unseres Trainers, nicht dabeisein kann. Ljubo wäre sehr wichtig als Alternative. Er ist ja ebenfalls in Spanien mit Toren sehr erfolgreich gewesen. Hoffentlich besiegt er den Krebs endgültig.

Bulgarien hatte in der Vergangenheit schon bekannte Spieler. Asparuchow oder Bonew. War einer für Sie ein Vorbild?
Von Georg Asparuchow hat mein Vater viel erzählt. Er muß schon ein toller Stürmer gewesen sein. Doch ich suche meinen eigenen Stil.

Wer war der stärkste Gruppenkontrahent?
Eindeutig Nigeria. Nicht nur, weil wir 0:3 verloren. Diese Mannschaft hat das Potential, Weltmeister zu werden.

1. Spieltag

ARGENTINIEN – GRIECHENLAND 4:0 (2:0)

21. 6. in Boston

Argentinien: Islas – Sensini, Caceres, Ruggeri, Chamot – Simeone, Redondo, Maradona (84. Ortega) – Balbo (81. Mancuso), Caniggia, Bastistuta.
Griechenland: Minou – Apastolakis, Kolitsidakis, Manolas, Kalitzakis – Tsalouchidis, Nioplias, Tsiantakis (45. Marangos), Kofidis – Machlas (60. Mitropoulos), Saravakos.
Tore: 1:0 Batistuta (2.), 2:0 Batistuta (45.), 3:0 Maradona (60.), 4:0 Batistuta (90., Handelfmeter).
Schiedsrichter: Arturo Angeles (USA).
Zuschauer: 53 486 (ausverkauft).
Gelbe Karten: Caceres – Tsalouchidis, Manolas.
Gelb/Rot: keine.
Rote Karten: keine.

NIGERIA – BULGARIEN 3:0 (2:0)

22.6. in Dallas

Nigeria: Rufai – N'Wanu – Okechukwu, Eguavoen – Finidi (13. Ezeugo), Siasia (21. Adepoju), Oliseh, Iroha, Amunike – Amokachi, Yekini.
Bulgarien: Mihailow – Hubtschew – Jankow, Iwanow – Kremenkliew, Borimirow (72. Jordanow), Letschkow (58. Sirakow), Balakow, Zwetanow – Stoitschkow, Kostadinow.
Tore: 1:0 Yekini (21.), 2:0 Amokachi (43.), 3:0 Amunike (53.).
Schiedsrichter: Rodrigo Badilla Sequeira (Costa Rica).
Zuschauer: 45 000.
Gelbe Karten: Amunike – Letschkow.
Gelb/Rot: keine.
Rote Karten: keine.

2. Spieltag

ARGENTINIEN – NIGERIA 2:1 (2:1)

25.6. in Boston

Argentinien: Islas – Sensini (87. Diaz), Caceres, Ruggeri, Chamot – Simeone, Redondo – Balbo (71. Mancuso), Maradona – Batistuta, Caniggia.
Nigeria: Rufai – N'Wanu – Eguavoen, Okechukwu – Finidi, Siasia (58. Adepoju), Emenalo, Oliseh (87. Okocha), Amokachi – Yekini, Amunike.
Tore: 0:1 Siasia (9.), 1:1 Caniggia (22.), 2:1 Caniggia (29.).
Schiedsrichter: Bo Karlsson (Schweden).
Zuschauer: 53 000.
Gelbe Karten: Caniggia – Oliseh, Eguavoen, Emenalo.
Gelb/Rot: keine.
Rote Karte: keine.

BULGARIEN – GRIECHENLAND 4:0 (1:0)

26.6. in Chicago

Bulgarien: Mihailow – Hubtschew – Iwanow, Zwetanow (77. Kirkjakow) – Kremenliew, Jankow, Letschkow, Sirakow, Balakow – Kostadinow (82. Borimirow), Stoitschkow.
Griechenland: Atmatzidis – Karataidis – Apostolakis, Kalitzakis, Karagiannis – Marangos, Hantzidis (45. Mitropoulos), Nioplias, Kofidis – Machlas, Alexoudis (58. Dimitriadis).
Tore: 1:0 Stoitschkow (5., Handelfmeter), 2:0 Stoitschkow (55., Foulelfmeter), 3:0 Letschkow (66.), 4:0 Borimirow (90.).
Schiedsrichter: Ali Mohamed Bujsaim (VA Emirate).
Zuschauer: 63 160.
Gelbe Karten: Hubtschew, Iwanow, Jankow, Borimirow – Alexoudis, Hantzidis, Mitropoulos.
Gelb/Rot: keine.
Rote Karte: keine.

3. Spieltag

GRIECHENLAND – NIGERIA 0:2 (0:1)

1. 7. in Boston

Griechenland: Karkamanis – Alexiou – Kalitzakis, Karagiannis, Alexantris – Hantzidis, Nioplias, Tsalouchidis, Metropoulos (72. Tsiantakis), Kofidis – Machlas.
Nigeria: Rufai – Keshi – Okechukwu, N'Wanu, Emenalo – Finidi (84. Adepoju), Siasia, Oliseh, Amunike – Amokachi, Yekini (69. Okocha).
Tore: 0:1 Finidi (45.), 0:2 Amokachi (90.).
Schiedsrichter: Leslie Mottram (Schottland).
Zuschauer: 45 000.
Gelbe Karten: Mitropoulos, Kalitzakis – Oliseh, Keshi.
Gelb/Rot: keine.
Rote Karten: keine.

ARGENTINIEN – BULGARIEN 0:2 (0:0)

1. 7. in Dallas

Argentinien: Islas – Caceres – Diaz, Ruggeri, Chamot – Balbo, Redondo, Rodriguez (68. Medina Bello), Simeone – Batistuta, Caniggia (26. Ortega).
Bulgarien: Mihailow – Hubtschew – Iwanow, Kremenliew – Letschkow (76. Borimirow), Balakow, Sirakow, Jankow, Zwetanow – Kostadinow (74. Kirjakow), Stoitschkow.
Tore: 0:1 Stoitschkow (61.), 0:2 Sirakow (90.).
Schiedsrichter: Neji Jouini (Tunesien).
Zuschauer: 63 998 (ausverkauft).
Gelbe Karten: Ruggeri, Rodriguez – Stoitschkow, Jankow, Iwanow, Balakow, Zwetanow.
Gelb/Rot: Zwetanow (67.).

ARGENTINIEN

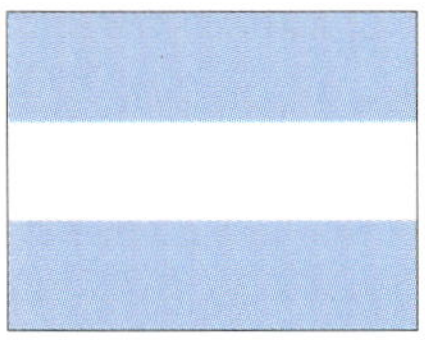

Fußballverband: gegründet 1893
Anschrift: Asociacion del Futbol Argentino, Viamonte 1366/76, 1953 Buenos Aires
Präsident: Julio H. Grondona
Bevölkerung: 32,5 Millionen
Aktive: 306 365
Zahl der Vereine: 3 035
WM-Endrunde: 1930, 1934, 1958, 1962, 1966, 1974, 1978, 1982, 1986, 1990
Größte Erfolge: Weltmeister 1978, 1986; Vizeweltmeister 1930, 1990
WM-Bilanz: 48 24 9 15 82:59 57:39

NIGERIA

Fußballverband: gegründet 1945
Anschrift: Nigeria Football Association, 146/148 Ogulana Drive, Surulere, Lagos
Präsident: Samson E. Omeruah
Bevölkerung: 88,5 Millionen
Aktive: 80 190
Zahl der Vereine: 326
WM-Endrunde: keine
Größte Erfolge: –
WM-Bilanz: –

GRIECHENLAND

Fußballverband: gegründet 1926
Anschrift: Elliniki Podosfairiki Omospondia, Singrou Avenue 137, GR-17121 Athinai
Präsident: Konstantinos Trivellas
Bevölkerung: 10,3 Millionen
Aktive: 402 500
Zahl der Vereine: 3 678
WM-Endrunde: keine
Größte Erfolge: –
WM-Bilanz: –

BULGARIEN

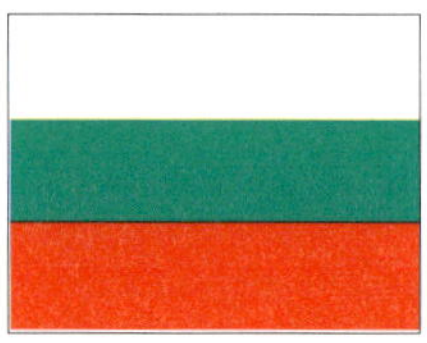

Fußballverband: gegründet 1923
Anschrift: Bulgarska Futbal Federatia, Karnigradska 19, BG-1000 Sofia
Präsident: Dimitar Largov
Bevölkerung: 9,0 Millionen
Aktive: 441 300
Zahl der Vereine: 4 328
WM-Endrunde: 1962, 1966, 1970, 1974, 1978, 1982, 1986
Größte Erfolge: Achtelfinale 1986
WM-Bilanz: 16 – 6 10 11:35 6:20

Aufgebote / Abschlußtabelle

ARGENTINIEN:

Tor:		
1 Sergio Goycoechea	17.10.63	River Plate
12 Luis Islas	22.12.65	Independiente
22 Norberto Scoponi	13. 1.61	Boca Juniors
Abwehr:		
2 Sergio Vazquez	23.11.65	Universidad Catolica
3 Jose Chamot	17. 5.69	US Foggia
4 Roberto Sensini	12.10.66	AC Parma
6 Oscar Ruggeri	26.12.62	San Lorenzo
13 Fernando Caceres	7. 2.69	Real Saragossa
15 Jorge Borelli	2.11.64	Racing Avellaneda
16 Hernan Diaz	26. 2.65	River Plate
Mittelfeld:		
5 Fernando Redondo	6. 6.69	CD Teneriffa
8 Jose Basualdo	20. 6.63	Velez Sarsfield
10 Diego Maradona	30.10.60	Newell's Old Boys
14 Diego Simeone	28. 4.70	FC Sevilla
18 Hugo Perez	6.10.68	Independiente
20 Leonardo Rodriguez	27. 8.66	Borussia Dortmund
21 Alejandro Mancuso	4.11.68	Boca Juniors
Angriff:		
7 Claudio Caniggia	9. 1.67	AS Rom
9 Gabriel Batistuta	1. 7.69	AC Florenz
11 Ramon Medina Bello	29. 4.66	Yokohama Marinos
17 Arnaldo Ortega	11.12.73	River Plate
19 Abel Balbo	1. 6.66	AS Rom

Trainer: Alfio Basile

GRIECHENLAND:

Tor:		
1 Antonios Minou	4. 5.58	Apollon Athen
15 Christos Karkamanis	22. 9.69	Aris Saloniki
20 Ilias Atmatzidis	24. 4.60	AEK Athen
Abwehr:		
2 Stratos Apostolakis	11. 5.64	Panathinaikos Athen
3 Thanasis Kolitsidakis	20.11.66	Panathinaikos Athen
4 Stelios Manolas	13. 7.61	AEK Athen
5 Ioannis Kalitzakis	10.12.66	Panathinaikos Athen
13 Vaios Karagiannis	25. 6.68	AEK Athen
18 Kyriakos Karataidis	4. 7.65	Olympiakos Piräus
21 Alexis Alexantris	21.10.68	AEK Athen
Mittelfeld:		
6 Panagiotis Tsalouchidis	30. 3.63	Olympiakos Piräus
8 Nikos Nioplias	17. 1.65	Panathianikos Athen
10 Tasos Mitropoulos	23. 8.57	AEK Athen
11 Nikos Tsiantakis	20.10.63	Olympiakos Piräus
12 Spyros Marangos	20. 2.67	Panathinaikos Athen
17 Minas Hantzidis	4. 7.66	Olympiakos Piräus
19 Savas Kofidis	21. 3.61	Aris Saloniki
22 Alexis Alexiou	8. 9.63	PAOK Saloniki
Angriff:		
7 Dimitris Saravakos	26. 7.61	Panathinaikos Athen
9 Nikos Machlas	16. 6.73	OFI Kreta
14 Vassilis Dimitriadis	1. 2.66	AEK Athen
16 Alexis Alexoudis	20. 6.72	OFI Kreta

Trainer: Alketas Panagoulias

NIGERIA:

Tor:		
1 Peter Rufai	24. 8.63	Go Ahead Eagles/NL
16 Alloy Agu	12. 7.65	FC Lüttich
22 Wilfred Agbonavbare	5.10.66	Rayo Vallecano
Abwehr:		
2 Augustine Eguavoen	19. 8.65	KV Kortrjik/Belgien
3 Ben Iroha	29.11.69	Vitesse Arnheim
4 Stephen Keshi	23. 1.62	ohne Verein
5 Okechukwu Uche	27. 9.67	Fenerbahce Istanbul
6 Chidi N'Wanu	1. 1.67	RSC Anderlecht
Mittelfeld:		
10 Augustine Okocha	14. 8.73	Eintracht Frankfurt
11 Emmanuel Amunike	25.12.70	Zamalek Kairo
13 Emeka Ezeugo	16.12.65	Honved Budapest
15 Sunday Oliseh	14. 9.74	FC Lüttich
19 Michael Emenalo	14. 7.65	ohne Verein
20 Uchenna Okafor	8. 8.67	ohne Verein
21 Mutiu Adepoju	22.12.70	Racing Santander
Angriff:		
7 Finidi George	15. 4.71	Ajax Amsterdam
8 Thompson Oliha	4.10.68	Africa Sports
9 Rashidi Yekini	23.10.63	Vitoria Setubal
12 Samson Siasia	14. 8.67	FC Nantes
14 Daniel Amokachi	30.12.72	FC Brügge
17 Victor Ikpeba	12. 6.73	AS Monaco
18 Efan Ekoku	8. 6.67	Norwich City

Trainer: Clemens Westerhof/Niederlande

BULGARIEN:

Tor:		
1 Borislaw Mihailow	12. 2.62	FC Mülhausen
12 Plamen Nikolow	20. 8.61	Lewski Sofia
Abwehr:		
2 Emil Kremenliew	13. 8.69	Lewski Sofia
3 Trifon Iwanow	27. 7.65	Xamax Neuchatel
4 Zanko Zwetanow	6. 1.70	Lewski Sofia
5 Peter Hubtschew	26. 2.64	Hamburger SV
15 Nikolaj Iljew	31. 3.64	Stade Rennes
16 Iljan Kirjakow	4. 8.67	Lerida/Spanien
Mittelfeld:		
6 Zlatko Jankow	7. 8.66	Lewski Sofia
9 Jordan Letschkow	19. 7.67	Hamburger SV
11 Daniel Borimirow	15. 1.70	Lewski Sofia
19 Georgi Georgijew	10. 1.63	FC Mülhausen
20 Krassimir Balakow	29. 3.66	Sporting Lissabon
Angriff:		
7 Emil Kostadinow	12. 8.67	FC Porto
8 Hristo Stoitschkow	8. 2.66	FC Barcelona
10 Nasko Sirakow	26. 4.62	Lewski Sofia
13 Iwailo Jordanow	22. 4.68	Sporting Lissabon
14 Bontscho Guentschew	7. 7.64	Ipswich Town
17 Peter Mitarski	15. 7.66	Pirin Blagojewgrad
18 Peter Alexandrow	7.12.62	Lewski Sofia
21 Welko Jotow	26. 8.70	Espanol Barcelona
22 Iwailo Andronow	14. 8.67	ZSKA Sofia

Trainer: Dimitar Penew

ABSCHLUSSTABELLE

1. NIGERIA	**3**	**2**	**–**	**1**	**6:2**	**6**
2. BULGARIEN	**3**	**2**	**–**	**1**	**6:3**	**6***
3. ARGENTINIEN	**3**	**2**	**–**	**1**	**6:3**	**6**
4. GRIECHENLAND	**3**	**–**	**–**	**3**	**0:10**	**0**

*Anmerkung: Bulgarien durch den Sieg im direkten Vergleich mit Argentinien Zweiter.

Zuschauer gesamt: 323 644.
Tore: 18.
Torjäger: Batistuta (Argentinien), Stoitschkow (Bulgarien) je 3, Caniggia (Argentinien), Amokachi (Nigeria) je 2.

DIEGO MARADONA:
»Es war nur Nasenspray. Ich schwöre es bei meinen Töchtern!«

DIE TRAGÖDIE DES DIEGO ARMANDO MARADONA

Am Ende flossen noch einmal Tränen. Den letzten Auftritt im internationalen Fußballgeschäft vollzog Diego Armando Maradona nicht auf dem Rasen, sondern in seinem Zimmer des Sheraton Hotels von Dallas. Dem Fernsehsender Canal 13 aus Buenos Aires, der ihn exklusiv für die WM eingekauft hatte, öffnete der Mann mit der flehenden Mimik eines Passionsengels sein Herz: »Die wissen nicht, was sie mir antun«, sprach Maradona mit feuchten Augen live in Argentiniens Wohnstuben, »es ist, als hätten sie mir die Beine abgeschnitten.« Gewissermaßen war es so, denn wenige Stunden zuvor war er des Dopings überführt worden. Insgesamt fünf Aufputschstoffe wurden nachgewiesen. Die versehentliche Einnahme eines Grippemittels, wie tags zuvor von Maradona behauptet, schied damit aus.

»Ich brauche keine Stimulanzien«, behauptete der Mega-Star störrisch. Und dann ein Satz, gezielt in die Herzen seiner Verehrer: »Sie haben mein Glück zerstört – und das Glück der Menschen, die mich lieben.« Das zeigte Wirkung. Umfragen zufolge glaubten viele Argentinier, daß Maradona Opfer einer Verschwörung sei.

Doch Verschwörungstheorien verbreitete der 33jährige Multimillionär nun schon seit Jahren. Am 26. April 1991, als die Polizei von Buenos Aires sein Apartement gestürmt und den Fußballgott mit zwei Freunden und einem Päckchen Kokain verhaftet hatte, wähnte er sich als Opfer einer Falle. Dabei verbüßte Maradona zu jener Zeit gerade eine 15monatige Sperre, weil ihm bei Dopingtests in Neapel Kokaingebrauch nachgewiesen worden war.

Die FIFA steht gewiß jenseits aller Verdächtigungen, sie hatte schon einmal nichts unversucht gelassen, den gefallenen Helden und Kassenmagneten wieder ins Millionenspiel einzugliedern. Bei seinem Comeback wollte Maradona das Rad zurückdrehen. Vergeblich, weil er dem menschlichen Irrtum aufsaß, er würde ewig unantastbar sein.

THOMAS KISTNER

ITALIEN

IRLAND

GRUPPE E

MEXIKO

NORWEGEN

DER LIEBE GOTT BLEIBT ITALIENER

Wer das Copyright auf diesen Namen besitzt, und ob der Begriff zuerst in englisch, spanisch oder italienisch ausgesprochen wurde, weiß bis heute kein Mensch. Tatsache ist dagegen, daß schon Minuten nach der Auslosung im Convention Center von Las Vegas jedermann mit »Group of death«, »gruppo del muerto« oder »divisione dello morte« etwas anfangen konnte.

Die Todesgruppe: Italien, Mexiko, Irland, Norwegen. Kein Schwacher, vier Starke. Noch nie in der Geschichte der WM-Turniere waren vier so ausgeglichene Teams in einen Topf geworfen worden. Und nur zwei, vielleicht drei würden die Vorrunde überleben.

War es Schicksal, daß es den WM-Neuling Norwegen erwischte? Und ist der liebe Gott doch ein Italiener oder wenigstens ein Freund des Papstes? Sie mußten zwar nach ihrem letzten Spiel immer noch zwei Tage zittern, ehe der Einzug der Squadra azzura in das Achtelfinale feststand – doch diese Leidenszeit war auszuhalten im Vergleich zu der nationalen Höchststrafe, die Arrigo Sacchi und seine Truppe sonst auf dem Flughafen von Rom erwartet hätte: Tomaten, faule Eier und ein paar Wochen lang Tag für Tag die verbalen Prügel der vereinigten italienischen Sportpresse. Indes: die Italiener überstanden wieder einmal die heikelste Situation, die man sich vorstellen konnte. »Die alte Gewandheit, Schiffbrüche zu überleben, rettete Italien vor dem Desaster«, brachte es die spanische Zeitung »El Pais« auf den Punkt.

Jede Mannschaft verbuchte einen Sieg und ein Unentschieden, jede Mannschaft verlor einmal. In jeder anderen Gruppe hätten vier Punkte und

Alles oder nichts? –
Nichts für den Norweger Flo (links), alles für den Italiener Maldini.

PRESSE-ECHO

»Die starken Iren ließen Italien verblüfft, abgewrackt und eingefallen im schönen Giants-Stadion zurück.«
»DIARIO 16« (Spanien)

»Die bestbezahltesten Götter der Fußballwelt litten angesichts einiger einfacher Sterblicher.«
»EL MUNDO« (Spanien) zu Italien – Irland

»Sogar die Pfosten spielten für unsere Rivalen«
»OVACIONES« (Mexiko) zu Norwegen – Mexiko

»Norwegen erweckte den Eindruck, es sei schon mit gepackten Koffern ins Stadion gekommen.«
»EL PAIS« (Spanien) zu Irland – Norwegen

»Vorsicht vor Mexiko, ein gehorsamer, disziplinierter Schüler, der seine Lektion genau kennt!«
»LA NACION« (Argentinien) zu Italien – Mexiko

Durch diese hohle norwegische Gasse muß er kommen: Hugo Sanchez (Mexiko).

ein neutrales Torverhältnis zum Weiterkommen gereicht. Nur die Todeskandidaten von Washington, New York und Orlando besaßen keinen Anspruch auf ein gerechtes WM-Verfahren. Als die Norweger nach dem 0:0 gegen Mexiko mit hängenden Köpfen aus dem Giants-Stadion in East Rutherford kamen, haderten sie mit diesem Modus. »Warum müssen ausgerechnet wir heimfliegen und schwächere Mannschaften bleiben im Wettbewerb?«, fragte Lars Bohinen. Doch bei aller Sympathie für die neue Fußballnation in Skandinavien und ihr hervorragendes Auftreten: Sie hätte halt nur ein einziges Tor mehr schießen müssen.

Irgendwie haben sie sich unter Wert verkauft. Zu brav. Sie wehrten sich kaum, als ihnen der ungarische Schiedsrichter Sandor Puhl im Auftaktspiel gegen Mexiko zwei Tore annullierte. Sie berauschten sich lieber an ihrem glücklichen Treffer und dem glücklichen Händchen des Trainers Egil »Drillo« Olson, der im richtigen Moment den Torschützen Kjetil Rekdal von der Bank auf den Platz schickte. Sie bekamen Angst vor der eigenen Courage. Wer gegen zehn Italiener ein Unentschieden verteidigen will, braucht nicht zu heulen, wenn er in Überzahl verliert. Und warum haben die »Norges« bei ihrer letzten Chance gegen Mexiko nicht alles auf eine Karte gesetzt und für dieses eine fehlende Tor auf Risiko gespielt?

Die Italiener wiederum konnten es nicht auf mangelnde internationale Erfahrung schieben und auf die fehlende akustische Unterstützung auch nicht, daß sie so vorsichtig zu Werke gingen. Denn obwohl sie in New York und Washington eine Atmosphäre antrafen, wie sie es in Rom oder Mailand gewohnt sind, traten Baggio und Co. äußerst zurückhaltend auf. War es die Angst des Favoriten vorm Versagen oder hatte sie der Treffer des kleinen Ray Houghton im Premierenspiel so geschockt? Der Schuß des schmächtigen Iren war als Bogenlampe über den zu weit vor der Linie postierten Gianluca Pagliuca hinweggesegelt. Aber offensichtlich brauchen Italiener solche Negativ-Erlebnisse, um ihr schablonenhaftes System abzustreifen. Gegen Norwegen weckte Torwart Pagliuca mit seinem zweiten verheerenden Fehler bei diesem Turnier die Kollegen aus all ihrer Zurückhaltung und Selbstgefälligkeit auf. Es ist hinterher viel über diese Dummheit des Torhüters, der für sein Handspiel außerhalb des Strafraums die rote Karte sah, diskutiert worden. Für noch mehr Diskussion aber sorgte die Reaktion Arrigo Sacchis, der Pagliuca durch Luca Marchegiani ersetzen – aber dafür einen Feldspieler vom Platz nehmen mußte. Ausgerechnet Roberto Baggio, den Weltfußballer des Jahres. Für italienische Verhältnisse ein Sakrileg. Denn noch nie hatte es ein Trainer gewagt, die Primadonna von Juventus Turin auszuwechseln. »Ich dachte, der hat die falsche Nummer gezogen«, erklärte der Mann mit dem göttlichen Zopf hinterher. Sacchi freilich konnte noch bessere Argumente vorbringen: » Ich wollte Roberto und unsere Mannschaft retten«, so der Trainer. Und er

WM-SPOT

312 Kinder aus 42 Ländern wurden in Zusammenarbeit mit dem Weltfußballverband als Fair-Play-Botschafter in die USA entsandt. Vor jedem Spiel trugen jeweils sechs von ihnen die leuchtend gelbe Fair-Play-Fahne in das Stadion. Aus Deutschland waren sechs Kinder dabei.

habe sich in diesem Fall gegen seinen größten Künstler und Regisseur entschieden, »weil ich Leute brauchte, die rennen und kämpfen können. Roberto Baggio aber ist unser schwächster Defensivspieler.« Der überraschend Ausgewechselte war hinterher immerhin so ehrlich, verlorene Form zu gestehen. »Ich bin nicht hundertprozentig fit. Eine Verletzung an der Achillessehne ist nicht ernsthafter Natur, aber schmerzhaft. Sie behindert mich im Training und im Spiel.« Eine Pause aber wollte Sacchi seinem großen Star, der zuletzt im November 1993 gegen Estland Länderspieltore erzielt hatte, nun auch wieder nicht gönnen. Der Trainer schloß mit seinem Star, den er einst als den »besten Fußballer auf unserem Planeten« bezeichnet hatte, vor dem entscheidenden Gang zwar Burgfrieden, was aber Roberto Baggio immer noch nicht in die Lage versetzte, gegen Mexiko den Spielfaden in die Hand zu bekommen.

Zu ihrem großen Glück besitzen die Italiener noch einen zweiten Baggio, Dino mit Vornamen, und auch vom Typ her eine ganz andere Version. Die Powernatur Baggio schlug sich gegen Norwegen in der 69. Minute Kopf voraus in eine Flanke – und brachte damit die fußballverrückte Nation wieder zurück ins Rennen um den WM-Titel. Ganz im Sinne der Tifosi und ihrer Lieblinge schien auch das Abschlußspiel gegen Mexiko im Robert. F. Kennedy-Stadion von Was-

Andy Townsend: »Schau mir in die Augen, Gianluca Pagliuca!«

Irlands goldener Torschütze gegen Italien: Ray Houghton (oben).

7 zu 7 – Erik Mykland mit Andy Townsend. 0:0 zwischen Norwegen und Irland.

hington zu laufen. Der eingewechselte Daniele Massaro demonstrierte die hohe italienische Ballschule, sauber gestoppt und dann unter der »Neonröhre« Jorge Campos durchgeschossen. Was den K.o. für Mexiko bedeutet hätte – und prompt heftige Attacken der Latinos auslöste.

Den strammen Rechtsschuß von Bernal nur elf Minuten später feierten die Muchachos dann wie eine Erlösung. Obwohl die Italiener ihre Gegner eine halbe Stunde in den Schwitzkasten nahmen, sie schafften es nicht. Der Ausgleichstreffer machte Mexiko zum Gruppensieger: Torverhältnis 3:3, Irland und Italien 2:2. »Wir haben getan, was wir tun konnten«, versuchte Luigi Apollini den eher bescheidenen Auftritt zu rechtfertigen. Giuseppe Signori bat höhere Mächte und die Konkurrenz um Beistand. »Wir hoffen, daß uns jetzt die anderen Mannschaften die Hand reichen.«.

Signore Signoris fromme Wünsche erreichten offensichtlich die Konkurrenz. Weil die Russen vier Stunden später in San Francisco Kamerun besiegten, war nach den Koreanern der zweite Gruppendritte gefunden worden, der weniger als vier Punkte aufwies und später dann auch ausschied.

Während die Italiener noch vorm Fernseher zitterten und beteten, hatten die Iren in New York ihren zweiten St. Patricks Day ausgerufen. Es fehlte nur noch, daß sie – so ist das am Nationalfeiertag sonst üblich – das Bier grün färbten. Doch getrunken haben sie mindestens genauso viel auf ihren alten Heiligen und die neuen Fußball-Helden und »cheers« auf die Tatsache, daß wenigstens ein Team aus dem Mutterland des Fußballs in Amerika noch mit von der Partie war. Und auch noch das Richtige. Gerade die Iren werden diese WM in langer Erinnerung behalten, vor allem die 19 000 angereisten Fans, die die Stadien mit einem riesigen Orange-Weiß-Rot überzogen. Da war der bejubelte »Blindschuß« des Ray Houghton, der die Italiener in die Knie zwang. Konn-ten da zwei sehenswerte Hinterhaltsschüsse eines Luis Garcia den Iren ihren überschwenglichen Optimismus nehmen? Und dann noch dies Bild: ein auf die Tribüne verbannter Jack Charlton, wie er per Funktelefon seine »Army« in das Achtelfinale dirigierte. Das »Bußgeld« in Höhe von 20 000 Schweizer Franken brachten übrigens seine Fans locker in einer Sammlung auf.

Irgendwie galt für alle, auch für die armen Norweger, der Schlußspruch von Italiens Fußballphilosophen Arrigo Sacchi über die »Todesgruppe«: Wer hier vier Punkte ge- wonnen hat, hätte in jeder anderen Gruppe sechs geholt.« ■

MARTIN HÄGELE

WM-SPOTS

Mit großem Erstaunen nahm der irische Fußballverband zur Kenntnis, daß das US-Finanzministerium vom WM-Gewinn des Verbandes 32 Prozent an Steuern verlangt. Die Iren rechneten sofort: bei Erreichen des Viertelfinals wären das 260 000 irische Pfund.

Italiens Trainer Arrigo Sacchi verbot seinen Spielern ihren heißgeliebten Espresso, weil er angeblich herausfand, daß der Genuß des starken Kaffees leistungsmindernd ist. Italienischen Rotwein akzeptierte er allerdings. 500 Liter wurden in die USA mitgenommen.

Mexikos 2:1-Erfolg über Irland wurde im 300. Länderspiel verbucht und brachte die Schützlinge von Trainer Miguel Meijia Baron wieder auf den Weg in das Achtelfinale zurück.

Der irische Schlußmann Pat Bonner feierte mit dem Achtelfinaleinzug seines Teams seinen 75. Länderspieleinsatz, womit er die alte Bestmarke von Liam Brady (72) noch weiter übertraf.

Die Alarmstimmung in Italiens Mannschaft nach dem mit 0:1 verunglückten Auftakt gegen die Iren hatte auch einen historischen Aspekt: es war die erste Startniederlage seit 1954.

»Dahin geht's für uns ins Achtelfinale.« (Die »Giraffe« Jack Charlton).

Drei glückliche Italiener: Massaro, Dino Baggio und Berti (von links) (Seite 87 oben).

Mit Haken und Ösen: Irvin (Irland) und Alves (Mexiko/Nummer 11). ▶

IM PORTRÄT: JACK CHARLTON

Die größte Auszeichnung, die Jack Charlton jemals erhalten hat, widerfuhr ihm drei Wochen vor dem Abflug nach Amerika.
In Anbetracht seiner Verdienste um den irischen Fußball ernannte die Stadt Dublin den 49jährigen zum »freeman of the city«. Das Besondere daran: Der Trainer war der erste Engländer, dem die Iren diese Ehre zukommen ließen. Der lange Jack wird auch einer der wenigen Ehrenbürger Dublins sein, der die Privilegien diese Standes auskostet.
Im Gegensatz etwa zu den in gleicher Weise geadelten Persönlichkeiten John F. Kennedy, Papst Johannes Paul II. oder Mutter Theresa. Charlton freut sich nämlich sehr darüber, daß er nun auch nach offiziellem Kneipenschluß und ohne Promillegrenze weitertrinken kann und nie mehr auf den »last call«, die letzte Bestellung, angewiesen ist.
Das Besondere an Jack Charlton, der als Spieler ein ziemlicher Holzbock war (im Gegensatz zu seinem Bruder Bobby, mit dem er 1966 Weltmeister wurde) ist die Tatsache, daß er fast immer gewinnt. Egal, ob das schön aussieht. »Wenn Pittbulls Ziehharmonika spielen«, titelte »Die Süddeutsche« nach dem 2:0-Sieg beim letzten deutschen WM-Test in Hannover über das von Charlton verordnete System: zwei Fünferreihen, und wie auf Pfiff stürzen sich fast alle Mann zur Hasenjagd auf den ballführenden Gegner.
Seit Jack Charlton 1986 das kleine Irland übernahm, hat er mit seiner Truppe die Ordnung im Fußball-Empire auf den Kopf gestellt. 1988 war Irland zum ersten Mal bei einer EM dabei, 1990 gab's das irische WM-Debüt, und, was vielleicht das allerwichtigste an dieser Bilanz ist – die Engländer haben in der Charlton-Ära nie mehr gegen Irland gewonnen. Daß er nun auch der erste Trainer ist, der wegen »unbotmäßigen Benehmens« und Schiedsrichterbeleidi gung bei einer WM-Endrunde die Rote Karte sah, gilt nur als ein Rekord mehr in der Karriere dieses volkstümlichen Typen.

IM BLICKPUNKT: MEXIKO

»Wir sind die echte Heimmannschaft hier«, sagte Jorge Campos bei der Ankunft in Washington. Das stimmte zwar nicht ganz – aber zu einem großen Teil. Diese Furcht vor einem zweiten »Hometeam« teilten FIFA und Organisationskomitee schon bei der Auslosung. Mexiko durfte nicht zu den USA in eine Gruppe kommen, und man unternahm auch alles, um die Mittelamerikaner nicht dort spielen zu lassen, wo sie ihre größten Kolonien haben: In Kalifornien und Florida.
In Europa hat man relativ wenig mitbekommen von dem Aufschwung, den Mexikos Fußball in den vergangenen Jahren unter Cesar Luis Menotti und Dr. Miguel Mejia Baron genommen hat. Bis auf die Stories von dem bunten Papagei Jorge Campos, der nicht nur Torwart, sondern auch Libero und im Notfall Mittelstürmer spielt und den der amerikanische Coach Bora Milutinovic deshalb für den komplettesten und besten Fußballspieler der Welt hält.
Andersherum kümmern sich die Mexikaner auch nicht groß um Europa. Daß die Norweger in der WM-Qualifikation England ausgeschaltet hatten, war den Fans in Mexiko-City kaum bewußt. Sie hatten Rune Bratseth und Co. ganz einfach unterschätzt. Mit welchem Feuer sie wirklich zur Sache gehen können, bewiesen sie beim Sieg über Irland (zweimal Garcia) und mit der souveränen Leistung gegen Italien.
Dabei führten sich auch die Fans in ihrer Wahlheimat so auf, wie sie das nach freudigen Fußball-Ereignissen zu Hause gewohnt sind. Leider zeigte die Polizei in den mexikanischen Vierteln von Los Angeles kein Verständnis für solche Art von Autoparaden und Hupkonzerten. Als die Sicherheitskräfte versuchten, die »Fiesta Mexikana« auf die Bürgersteige zu beschränken, werteten die »Torceadores« dies als Einschränkung ihrer nationalen Freiheit. Und obwohl das Los Angeles Police Departement Pfefferspray und Gummi-Geschosse gegen die Mexikaner einsetzte, gewannen die Mexikaner auch diesen Straßen-Fußball.

ENTDECKT

In den meisten Spielen traf jede Mannschaft genaugenommen auf zwei Gegner: den eigentlichen Rivalen und die Hitze. Sie war mörderisch und kräftezehrend wie noch bei keiner WM, so der allgemeine Tenor. Der erbarmungslose Kampf gegen die Sonne zwang zu immer neuen Ideen: Die Belgier probierten es mit Gel im Haar, die Niederländer testeten Kontaktlinsen. Die Deutschen erhielten wegen erhöhter Ozonkonzentration Bade- und Sonnenverbot. Die Schweizer wollten es ganz genau wissen. Wiegen vor und nach dem Spiel ergab: Die Mannschaft »schmolz« in der Sonne um rund 80 Pfund zusammen. Dabei spielten sie nicht einmal in der »Bratpfanne« Orlando. Dort waren pfiffige Zuschauer mit Turban auf dem Kopf anzutreffen. Die waren mit Eisbeutel präpariert. Allein bei zwei Begegnungen mußten sich etwa 450 Fußballanhänger in medizinische Betreuung begeben. Sie hatten bei 43 Grad Celsius einfach nur auf den Traversen gesessen.

1. Spieltag

ITALIEN – IRLAND
0:1 (0:1)
18. 6. in New York

Italien: Pagliuca – Tassotti, Costacurta, Baresi, Maldini – Donadoni, Dino Baggio, Albertini, Evani (46. Massaro) – Roberto Baggio, Signori (84. Berti).
Irland: Bonner – Irwin, McGrath, Babb, Phelan – Houghton (69. McAteer), Keane, Sheridan, Townsend, Staunton – Coyne (90. Aldridge).
Tor: 0:1 Houghton (12.).
Schiedsrichter: Mario van der Ende (Niederlande).
Zuschauer: 76 000 (ausverkauft).
Gelbe Karten: – / Phelan, Coyne, Irwin.
Gelb/Rot: keine.
Rote Karten: keine.

NORWEGEN – MEXIKO
1:0 (0:0)
19. 6. in Washington

Norwegen: Thorstvedt – Haaland, Bratseth, Berg, Björnebye – Flo, Bohinen, Mykland (78. Rekdal), Leonhardsen, Jakobsen (46. Halle) – Fjörtoft.
Mexiko: Campos – Gutierrez (70. Bernal), Juan Ramirez, Suarez, Jesus Ramirez – Valdez (46. Galindo), Ambriz, Luis Garcia, del Olmo – Sanchez, Alves.
Tor: 1:0 Rekdal (85.)
Schiedsrichter: Sandor Puhl (Ungarn).
Zuschauer: 53 200 (ausverkauft).
Gelbe Karten: Haaland, Leonhardsen – Suarez.
Gelb/Rot: keine.
Rote Karten: keine.

2. Spieltag

ITALIEN – NORWEGEN
1:0 (0:0)
23.6. in New York

Italien: Pagliuca – Benarrivo, Costacurta, Baresi (48. Apolloni), Maldini – Donadoni, Dino Baggio, Albertini – Signori, Roberto Baggio (22. Marchegiani), Casiraghi (69. Massaro).
Norwegen: Thorstvedt – Berg, Björneby, Bratseth, Haaland – Flo, Mykland, Leonhardsen, Bohinen, Rushfeldt (45. Jakobsen) – Fjörtoft (80. Rekdal).
Tore: 1:0 Dino Baggio (69.).
Schiedsrichter: Hellmut Krug (Deutschland).
Zuschauer: 74 624 (ausverkauft).
Gelbe Karten: Casiraghi – Björneby, Haland.
Gelb/Rot: keine.
Rote Karte: Pagliuca (22.).

MEXIKO – IRLAND
2:1 (1:0)
24.6. in Orlando

Mexiko: Campos – Rodriguez (80. Gutierrez), Juan Ramirez, Suarez, Del Olmo – Bernal, Ambriz, Luis Garcia, Garcia Aspe – Hermosillo (80. Salvador), Alves.
Irland: Bonner – Irwin, McGrath, Babb, Phelan – Houghton, Keane, Sheridan, Townsend, Staunton (68. McAteer) – Coyne (68. Aldridge).
Tore: 1:0 Luis Garcia (43.), 2:0 Luis Garcia (65.), 2:1 Aldridge (84.).
Schiedsrichter: Kurt Röthlisberger (Schweiz).
Zuschauer: 61 200 (ausverkauft).
Gelbe Karten: Del Olmo, Campos – Irwin, Phelan.
Gelb/Rot: keine.
Rote Karten: keine.

3. Spieltag

IRLAND – NORWEGEN
0:0
28. 6. in New York

Irland: Bonner – Gary Kelly, McGrath, Babb, Staunton – McAteer, Keane, Townsend (75. Whelan), Sheridan, Houghton – Aldridge (65. David Kelly).
Norwegen: Thorstvedt – Berg, Björneby, Bratseth, Johnsen – Halle (34. Jakobsen), Flo, Rekdal, Mykland, Leonardsen (68. Bohinen) – Sörloth.
Schiedsrichter: Jose Torres (Kolumbien).
Zuschauer: 76 322 (ausverkauft).
Gelbe Karten: Keane, Houghton, Gary Kelly – Sörloth, Johnson.
Gelb/Rot: keine.
Rote Karten: keine.

ITALIEN – MEXIKO
1:1 (0:0)
28. 6. in Washington

Italien: Marchegiani – Maldini, Costacurta, Apolloni, Benarrivo – Signori, Berti, Dino Baggio (66. Donadoni), Albertini – Roberto Baggio, Casiraghi (46. Massaro).
Mexiko: Campos – Rodriguez, Juan Ramirez, Suarez, Del Olmo – Bernal, Ambriz, Luis Garcia (83. Chavez), Garcia Aspe – Alves, Hermosillo.
Tore: 1:0 Massaro (48.), 1:1 Bernal (59.).
Schiedsrichter: Francisco Lamolina (Argentinien).
Zuschauer: 53 186 (ausverkauft).
Gelbe Karten: Albertini – Del Olmo, Luis Garcia, Garcia Aspe.
Gelb/Rot: keine.
Rote Karten: keine.

ITALIEN

Fußballverband: gegründet 1898
Anschrift: Federazione Italiana Giuoco Calcio, Via Gregorio Allegri 14, C.P. 2450, I-00198 Roma
Präsident: Antonio Mattarese
Bevölkerung: 57,8 Millionen
Aktive: 1,42 Millionen
Zahl der Vereine: 20 961
WM-Endrunde: 1934, 1938, 1950, 1954, 1962, 1966, 1970, 1974, 1978, 1982, 1986, 1990
Größte Erfolge: Weltmeister 1934, 1938, 1982; Vizeweltmeister 1970; Dritter 1990; Vierter 1978
WM-Bilanz: 54 31 12 11 89:54 74:34

IRLAND

Fußballverband: gegründet 1921
Anschrift: The Football Association of Ireland, 80 Merrion Square South, Dublin 2
Präsident: Michael Hyland
Bevölkerung: 3,5 Millionen
Aktive: 124 615
Zahl der Vereine: 2 367
WM-Endrunde: 1990
Größte Erfolge: Viertelfinale 1990
WM-Bilanz: 5 – 4 1 2:3 4:6

NORWEGEN

Fußballverband: gegründet 1902
Anschrift: Norges Fotballforbund, Ulleval Hageby, Postboks 3823, N-0805 Oslo
Präsident: Odd Flattum
Bevölkerung: 4,3 Millionen
Aktive: 300 000
Zahl der Vereine: 1810
WM-Endrunde: 1938
Größte Erfolge: Achtelfinale 1938
WM-Bilanz: 1 – – 1 1:2 0:2

MEXIKO

Fußballverband: gegründet 1927
Anschrift: Federación Mexicana de Fútbol Asociación, Abraham Gonzalez 74, C.P. 06600, Col Juarez, Mexico 6, F.F.
Präsident: Marcelino Garcia Paniagua
Bevölkerung: 85 Millionen
Aktive: 3,1 Millionen
Zahl der Vereine: 1 145
WM-Endrunde: 1930, 1950, 1954, 1958, 1962, 1966, 1970, 1978, 1986
Größte Erfolge: Viertelfinale 1970 und 1986
WM-Bilanz: 29 6 6 17 27:64 18:40

Aufgebote / Abschlußtabelle

ITALIEN:

Tor:		
1 Gianluca Pagliuca	18. 12. 66	Sampdoria Genua
12 Luca Marchegiani	22. 2. 66	Lazio Rom
22 Luca Bucci	13. 3. 69	AC Parma
Abwehr:		
2 Luigi Apolloni	2. 5. 67	AC Parma
3 Antonio Benarrivo	21. 8. 68	AC Parma
4 Alessandro Costacurta	24. 4. 66	AC Mailand
5 Paolo Maldini	26. 6. 68	AC Mailand
6 Franco Baresi	8. 5. 60	AC Mailand
7 Lorenzo Minotti	8. 2. 67	AC Parma
8 Roberto Mussi	25. 8. 63	AC Turin
9 Mauro Tassotti	19. 1. 60	AC Mailand
Mittelfeld:		
11 Demetrio Albertini	23. 8. 71	AC Mailand
13 Dino Baggio	24. 7. 71	Juventus Turin
14 Nicola Berti	14. 4. 67	Inter Mailand
15 Antonio Conte	13. 7. 69	Juventus Turin
16 Roberto Donadoni	9. 9. 63	AC Mailand
17 Alberigo Evani	1. 1. 63	Sampdoria Genua
Angriff:		
10 Roberto Baggio	18. 2. 67	Juventus Turin
18 Pierluigi Casiraghi	4. 3. 69	Lazio Rom
19 Daniele Massaro	23. 5. 61	AC Mailand
20 Giuseppe Signori	17. 2. 68	Lazio Rom
21 Gianfranco Zola	5. 7. 66	AC Parma

Trainer: Arrigo Sacchi

IRLAND:

Tor:		
1 Pat Bonner	24. 5. 60	Celtic Glasgow
22 Alan Kelly	11. 8. 68	Sheffield United
Abwehr:		
2 Denis Irwin	31. 10. 65	Manchester United
3 Terry Phelan	16. 3. 67	Manchester City
4 Kevin Moran	29. 4. 56	Blackburn Rovers
5 Paul McGrath	4. 12. 59	Aston Villa
11 Steve Staunton	19. 1. 69	Aston Villa
13 Alan Kernaghan	25. 4. 67	Manchester City
14 Phil Babb	30. 11. 70	Coventry City
Mittelfeld:		
6 Roy Keane	10. 8. 71	Manchester United
7 Andy Townsend	23. 7. 63	Aston Villa
8 Roy Houghton	9. 1. 62	Aston Villa
10 John Sheridan	1. 10. 64	Sheffield Wednesday
18 Ronnie Whelan	25. 9. 61	FC Liverpool
19 Alan McLoughlin	20. 4. 67	FC Portsmouth
21 Jason McAteer	18. 6. 71	Bolton Wanderers
Angriff:		
9 John Aldridge	18. 9. 58	Tranmere Rovers
12 Gary Kelly	25. 11. 65	Leeds United
15 Tommy Coyne	14. 11. 62	FC Motherwell
16 Tony Cascarino	1. 9. 62	FC Chelsea London
17 Eddie McGoldrick	30. 4. 65	Arsenal London
20 David Kelly	25. 11. 65	Wolverhampton Wanderers

Trainer: Jack Charlton/England

NORWEGEN:

Tor:		
1 Erik Thorstvedt	28. 10. 62	Tottenham Hotspur
12 Frode Grodaas	24. 10. 64	Lilleström SK
13 Ola By Rise	14. 11. 60	Rosenborg Trondheim
Abwehr:		
2 Gunnar Halle	11. 8. 65	Oldham Athletic
3 Erland Johnsen	5. 4. 67	FC Chelsea London
4 Rune Bratseth	19. 3. 61	Werder Bremen
5 Stig Inge Björnebye	11. 12. 69	Rosenborg Trondheim
14 Roger Nilsen	8. 8. 69	Sheffield United
15 Karl-Petter Löchen	14. 8. 66	Rosenborg Trondheim
18 Alf Inge Haaland	23. 11. 72	Nottingham Forest
20 Henning Berg	1. 9. 69	Blackburn Rovers
Mittelfeld:		
6 Jostein Flo	3. 10. 64	Sheffield United
7 Erik Mykland	21. 7. 71	Start Kristiansand
8 Oeyvind Leonhardsen	17. 8. 70	Rosenborg Trondheim
10 Kjetil Rekdal	6. 11. 68	Lierse SK/Belgien
11 Jahn Ivar Jakobsen	8. 11. 65	Young Boys Bern
17 Dan Eggen	13. 1. 70	Broendby Kopenhagen
19 Roar Strand	2. 2. 70	Rosenborg Trondheim
22 Lars Bohinen	8. 9. 69	Nottingham Forest
Angriff:		
9 Jan Aage Fjörtoft	10. 1. 67	Swindon Town
16 Göran Sörloth	16. 7. 62	Bursaspor/Türkei
21 Sigurd Rushfeldt	11. 12. 72	Tromsoe

Trainer: Egil Olsen

MEXIKO:

Tor:		
1 Jorge Campos	15. 10. 66	Universidad de Mexiko
12 Felix Fernandez	11. 1. 67	Atlante
22 Adrian Chavez	27. 6. 62	America
Abwehr:		
2 Claudio Suarez	17. 12. 68	Universidad de Mexiko
3 Juan Ramirez Perales	8. 3. 69	Universidad de Mexiko
4 Marcos Ambriz	7. 2. 65	Necaxa
18 Jose Luis Salgado	3. 4. 66	Autonoma Guadalajara
21 Raul Gutierrez	16. 10. 68	Atlante
Mittelfeld:		
5 Jesus Ramon Ramirez	5. 12. 69	Santos Laguna
6 Marcelino Bernal	27. 5. 62	Toluca
8 Alberto Garcia Aspe	11. 5. 67	Necaxa
13 Juan Carlos Chavez	18. 1. 67	Atlas Guadalajara
14 Joaquin del Olmo	20. 4. 69	Vera Cruz
15 Eduardo Espinoza	12. 4. 65	Guadalajara
16 Luis Valdez	1. 7. 65	Leon
17 Benjamin Galindo	11. 12. 60	Guadalajara
Angriff:		
7 Carlos Hermosillo	24. 8. 64	Cruz Azul
9 Hugo Sanchez	11. 7. 58	Rayo Vallecano
10 Luis Garcia	1. 6. 69	Atletico Madrid
11 Luis »Zague« Alves	26. 5. 67	America
19 Luis Miguel Salvador	22. 2. 68	Atlante
20 Jorge Rodriguez	11. 10. 70	Toluca

Trainer: Miguel Mejia Baron

ABSCHLUSSTABELLE

1. MEXIKO	**3**	**1**	**1**	**1**	**3:3**	**4**
2. IRLAND	**3**	**1**	**1**	**1**	**2:2**	**4***
3. ITALIEN	**3**	**1**	**1**	**1**	**2:2**	**4**
4. NORWEGEN	**3**	**1**	**1**	**1**	**1:1**	**4**

*Anmerkung: Irland ist trotz Punkt- und Torgleichheit mit Italien Zweiter, weil der direkte Vergleich mit 1:0 gewonnen wurde.

Zuschauer gesamt: 396 538
Tore: 8.
Torjäger: Luis Garcia (Mexiko) 2.

DER TORWART, DAS SONDERBARE WESEN …

Es hieß einmal, daß Torhüter und Linksaußen das haben müssen, was man eine »kleine Meise« nennt. Verständlicher: Sie sind ein wenig sonderbare Menschen. Linksaußen im klassischen Sinne gibt's nicht mehr, weil heutzutage solche Positionen durch ein aufrückendes Mittelfeld oder gar einen ganz normalen Verteidiger wahrgenommen werden. Man könnte daraus den logischen Schluß ziehen, daß sich die Zahl der Sonderbaren um fünfzig Prozent verringert hat. Es bleibt nämlich nur noch der Torwart. Wir wissen von diesem Mann, daß er die einzige Position einnimmt, die im Lauf der Jahrzehnte und Systemveränderungen unumstritten blieb. Das gilt heutzutage nur noch bedingt, weil es Trainer gibt, die die Meinung vertreten, daß der Torhüter eine Art zweiter Libero darstellen soll – kurz: Man hat seinen Aufgabenkreis entscheidend erweitert. Dem Beobachter, der seine Torhüter-Schulweisheit von solchen Leuten wie Toni Turek, Lew Jaschin, Gordon Banks, Sepp Maier oder auch Dino Zoff bezog, fällt es schwer, sich daran zu gewöhnen. Und er mag nicht daran glauben, daß es den Torhütern und ihrem Hang zum Sonderbaren gut getan hat. Sie kommen mit der Doppelbelastung offensichtlich nicht richtig zurecht. Es hat nämlich in der Vergangenheit große Weltmeisterschaften gegeben, die von großen Torhütern geprägt wurden. Und jetzt? Man nehme beispielsweise einen Mann wie jenen Songo'o aus Kamerun, dem die Russen in der Vorrunde gleich Stücker sechs einschenkten – einige davon rutschten ihm »durch die Hosenträger«, wie man es früher nannte. Sein Vorgänger Bell sah auch nicht glücklicher aus, so daß er von seinem Staatspräsidenten persönlich abberufen wurde. Oder jenen überraschend beleibten Meola in den Reihen der Amerikaner mit dem netten Fuchsschwänzchen, der sich oft dorthin stellte, wo er den Ball nie und nimmer fangen konnte – es heißt, er will Schauspieler werden. Nur: Einen Torwart sollte er besser nicht spielen. Man könnte auch jenen Señor Campos aus Mexiko (im Foto in Aktion gegen Norwegen) anführen, der den bescheidenen Anspruch stellte, einer der besten Torhüter der Welt zu sein. Sonst nichts. Man sagt ihm nach, daß er viel lieber als Mittelstürmer spielt – nach der Begegnung mit den Norwegern hätten ihn sein Team wohl am liebsten auf diesem Posten gesehen. Es gab bis auf Belgiens Michael Preud' homme wohl fast keinen unter diesen letzten Männern, die diesen Monat fehlerfrei überstanden. Warum es so war, daß die Torhüter bei der Weltmeisterschaft in Amerika nicht gerade ihren besten Jahrgang hatten, weiß kein Mensch zu sagen. Vielleicht ist das auch das Sonderbare an ihnen.

ULRICH KAISER

UMBRO
adidas
adidas

BELGIEN

SAUDI-ARABIEN

GRUPPE F

MAROKKO

NIEDERLANDE

DIE KÖNIGE WAREN IMMER DABEI

Am Ende verstanden alle Vier die Welt nicht mehr. Die Niederländer, die trotz interner Querelen und schwacher Leistungen in der Vorrunde plötzlich als Gruppen-Sieger dastanden. Die Saudis, die als ein mit 500:1 gewetteter Außenseiter angereist waren, als Neuling der WM-Endrunde vor allem nur zu Lernzwecken dabei sein wollten, und unaufhaltsam zum Favoritenschreck aufstiegen. Die Belgier, die sich als erste Elf für die Zwischenrunde qualifizierten und am Ende trotz zweier Siege nur Gruppen-Dritter waren. Und die Marokkaner, die in allen drei Partien mutigen, herzerfrischenden Fußball zeigten und trotzdem Prügelknabe und Punktlieferant für die anderen Teams spielten.

Ausgefochten wurde die Gruppe der Irrungen und Wirrungen in den hochsommerlichen Waschküchen Amerikas an der Ostküste: dreimal Orlando, zweimal Washington, einmal New York. Ein Wettbewerbsvorteil für die arabischen Teams, die Gluthitze auf ihren heimischen Hartplätzen gewöhnt sind? Der erste Spieltag brachte fast eine Bestätigung diese These. Zwar gewannen die Niederlande und Bel-

PRESSE-ECHO

Vor der späteren Begeisterung für den Soccer stand in den US-Sportkolumnen die Ironie. »Fußball zu hassen ist so amerikanisch wie Apfelstrudel«, schrieb »USA Today«, und die »Washington Post« meinte: Fußball ist ein Spiel, das wir unseren Kindern beibringen, bis sie alt genug sind für etwas Interessantes.« Kolumnist Tony Kornheister prophezeite gar: »Solange sie nicht die Regeln ändern, so daß man seine Hände benutzen kann, wird Fußball hierzulande nie ein großer Sport werden.«

Ein Tor, das WM-Geschichte macht: Saeed Owairans unwiderstehliches Solo von der Mittellinie zum alles entscheidenden 1:0 Saudi-Arabiens gegen Belgien. Seine Freude danach ist dem 25jährigen anzusehen (oben).

Ein Sprinter und ein Flieger: Belgiens Lorenzo Staelens (rechts) mit dem Niederländer Frank Rijkaard.

gien ihre Auftaktpartien, doch sowohl Saudi-Arabien beim 1:2 als auch Marokko beim 0:1 boten den ehrfürchtigen Europäern respektlosen Widerstand.

Saudi-Arabiens König Fahd hatte seinen Kickern nach geglückter WM-Qualifikation weitere 100 000 Dollar plus eine schwäbische Luxus-Limousine pro Kopf für die Endspielteilnahme in Aussicht gestellt. Und im Auftaktspiel der Saudis gegen die Niederlade in Washington vor 52 525 Zuschauern sah es über 86 der 90 Minuten so aus, als könne Durchlaucht seinen Kickern besser gleich eine Ladung Rolls-Royce über den Atlantik schicken. Denn der David vom Persischen Golf hatte den orangefarbenen Fußball-Goliath in die Enge gedrückt.

Es bedurfte schon eines gewaltigen Wüstensturmes, bis die Niederländer gegen Schluß der Partie doch noch in Tritt kamen. Und es brauchte einen noch gewaltigeren Patzer von Torwart Mohammed Al Deayea, um »Oranjes« glücklichen Sieg zu sichern: In der 86. Minute tauchte der saudische Keeper orientierungslos unter einem Flankenball Ronald de Boers hindurch, und der überraschte Gaston Taument hinter ihm brauchte das Leder nur noch von den Rastalocken ins leere Netz springen zu lassen. Das späte Tor zum 2:1 stellte eine Partie auf den Kopf, deren Beginn die rund 50 mitgereisten Mitglieder der saudischen Königsfamilie auf der Tribüne hatte hüpfen und tanzen lassen – als wäre Saddam Hussein soeben noch mal aus Kuwait vertrieben worden. Fuad Amin (19.), brachte die Underdogs nach einem Freistoß von Al Dosari in Führung, und die Tulpenländer hielten eine Halbzeit lang nur rustikale Mittel dagegen. Dazu gehörte, daß Saudi-Arabiens »Wüsten-Pele«, der 35jährige Majed Abdullah Mohammed, nach einigen Kabinettstückchen dermaßen ungehobelt wurde, daß er nach der Pause in der Kabine blieb. Nach dem Seitenwechsel wandelte sich das Bild allmählich: Oranje-Mittelfeldspieler Wim Jonk, der auch bei Arbeitgeber Inter Mailand als Mann für ein wichtiges Tor gilt, krönte eine feine Einzelleistung mit dem Ausgleich (50.). Danach aber mühte sich der zweimalige WM-Finalist stümperhaft. Jungstar Dennis Bergkamp, den viele als neuen Maradona erwartet hatten in der USA, ging beim WM-Debüt im Mittelfeld unter. Und

Riesen Einwurf von Stan Valckx (Niederlande), Riesen-Beifall bei »Riesen«-Hitze – und – am Ende Riesen-Enttäuschung nach dem 0:1 gegen Belgien.

Trainer Dick Advocaat draußen auf der Bank bereitete sich auf hitzige Presseanfragen vor: Ob ihm nicht seine beiden Superstars Marco van Basten (verletzt in Mailand geblieben) und Ruud Gullit (beleidigt in Amsterdam schmollend) an allen Ecken und Kanten fehlten? Ob er nicht Angst habe, noch während der WM abgelöst

PRESSE-ECHO

»Allah half nicht! Zweimal die Latte und ein herausragender Torwart Preud' homme verhinderten den verdienten Ausgleich.« »TUTTOSPORT« (Italien) zu Marokko – Belgien

»Die athletischen Saudis schienen die Remis-Prämie schon davonzutragen, doch ein Fehler ihres Torhüters ließ die Niederländer das erreichen, was sie durch eigene Kraft nicht schafften.« »LA NACION« (Argentinien)

»Scifo's Belgier preßten die ›Oranje‹. Eine Glanzstunde auch für den phantastischen belgischen Torhüter Preud' homme.« »TUTTOSPORT« (Italien)

»Das Derby des Islam geht an die Schlaueren« »GAZZETTA DELLO SPORT« (Italien) zu Saudi-Arabien – Marokko

»In der Bratpfanne von Orlando wurden die Niederländer vom belgischen Chefkoch Preud'homme geschmort.« »DE VOLKSKRANT« (Niederlande)

»Es schien ein Märchen aus 1000 und einer Nacht zu sein, aber es wurde wahr. Die Belgier wußten nicht, wie die arabische Hürde zu nehmen ist.« »PAGINA/12« (Argentinien) zu Saudi-Arabien – Belgien

zu werden vom übermächtigen Schattenspender Johann Cruyff? Al Deayeas Fehlgriff erlöste den niederländischen Bondscoach fürs erste aus düsterer Grübelei.

Auch beim Spiel in Orlando stand der Auftakt-Held im Tor. Allerdings im Gehäuse der siegreichen Belgier – Michel Preud'homme trieb Marokkos Angreifer mit seinen Paraden zur Verzweiflung. »Er war wie ein Ungeheuer«, stöhnte Mohammed Chaouch verzweifelt, nachdem der Keeper selbst seinen Gewaltschuß in der 70. Minute gegen den Torbalken gelenkt hatte. »Ich brachte eine Fingerspitze an den Ball«, erläuterte Preud'homme hernach und beschrieb die Taubheit des Torwarts beim Flug nach der Kugel: »Wenn du in der Luft bist, hörst du kein Geräusch auf der Welt, du siehst nichts, es ist wie in einem Traum.« So war der Aufschrei der 60 790 Fans nach seiner Rettungstat der beeindruckendste Lärm, den Preud'homme zuvor niemals gehört hat.

Als einziger Torschütze, in der 11. Minute, war auf der Gegenseite Belgiens Angreifer Degryse in Erscheinung getreten. Danach rannten die Kicker aus Rabat und Casablanca vehement an, scheiterten aber mit elf Schüssen nach der Pause stets an Belgiens Keeper – dem Mann, der Marokko mit der Fingerspitze stoppte.

Und nicht nur Marokko. Preud' homme war nur fünf Tage später, erneut in Orlando, der große Matchgewinner. 61 000 Fans hatten sich eingefunden, um die 117. Neuauflage der alten niederländisch-belgischen Fußballrivalität mitzuerleben – die zugleich ihre Uraufführung auf der WM-Bühne erlebte. Es ging mithin um mehr als nur drei Punkte, die Straßen in der Benelux-Heimat waren leergefegt, die Niederländer griffen an, auf den Spuren des »Fußball total« aus vergangener Glanzzeit. Doch die Flamen und Wallonen brillierten mit einer exzellent durchorganisierten Dekkung und klug durchdachten Kontervorstößen. »Oranjes« Abwehr um den schußgewaltigen, doch hüftschweren Libero Ronald Koeman hatte ihre Not mit den gefährlichen Spitzen Degryse und Weber, einem kurz vor WM-Meldeschluß eingebürgerten Kroaten,

Asien gegen Afrika, Saudi-Arabien gegen Marokko – Owairan mit Triki.

Ein Kroate stürmt nun für Belgien: Josip Weber (links) im Spitzentanz mit Frank de Boer (Niederlande).

dem Torjäger Nummer 1 der ersten Liga. Auf der Gegenseite regelte Preud' homme den Strafraumverkehr. Der Wallone fuhr erneut seine Hände nach Belieben aus, stets weit genug, daß es ihm mit den Fingerspitzen reichte, den Ball abzuwehren. Allein fünf Weltklasse-Paraden wurden auf der Pressetribüne notiert, und in der Schlußminute wiederholte er sein Kunststück aus dem Vorspiel: Er lenkte einen Gewaltschuß von Overmars an die Torlatte, rettete seinem Team erneut spektakulär den 1:0-Sieg. Getroffen für Belgien hatte diesmal Vorstopper Philippe Albert. Nach 65 Minuten nahm er einen Eckball an und trat die Kugel auf den kurzen Torpfosten. Der dort postierte Jan Wouters reagierte zu spät, ganz Belgien versank im Freudentaumel. Und Dick Advocaat mußte seine dickfellige Gelassenheit – wie viele seiner Kollegen – spielen lassen, um dem Ansturm heimischer Journalisten standhalten zu können. Gegen Belgien verlieren – das ist wie eine Art Landesverrat.

Derlei Animositäten kennen die moslemischen Brüder Marokko und Saudi-Arabien (noch) nicht. Die rannten in aller Freundschaft vor rund 72 000 Zuschauern in New York gegeneinander an. Jaber (8.) verwandelte einen an ihm verschuldeten Elfmeter, Chaouch (27.), glich für Marokko aus, nachdem sein Teamkollege Bahja mit rasantem Dribbling die Saudi-Abwehr förmlich paralysiert hatte, riskierte Arabiens nimmermüde Mittelfeldbiene Fuad Amin einen 25-m-Schuß, der heftig einer Bananenflanke ähnelte und in elegantem Kurvenflug Marokkos Keeper Azmi auf dem falschen Fuß erwischte. König Fahd aber kabelte seine majestätischen Glückwünsche in die Neue Welt.

Hoheit scheuten auch vor der dritten und abschließenden Gruppen-Runde keinerlei Telephonkosten, der Monarch wies die Kicker seines argentinischen Trainers Jorge Solari im Einzelgespräch auf die staatstragende Bedeutung des kommenden WM-Auftrags gegen Belgien hin. Die Belgier indes hatten ihr Gruppenziel schon erreicht mit sechs Punkten, und sie waren gedanklich wohl bereits mit denkbaren Achtelfinal-Gegnern befaßt, als sich der saudische Mittelfeldspieler Saed Al Owairan nach sechs Minuten in Maradona verwandelte. Und das war's auch schon, die euphorisierten Saudis verteidigten den 1:0Vorsprung mit Händen und Füßen. Der König durfte Jagdfalken Herzen, die flügellahmen Belgier aber fielen auf Platz drei zurück. »Wenn es nicht um's Überleben geht«, so Belgiens Tagespresse, »dann verliert unsere Auswahl sogar gegen elf alte Damen, die mit Teetassen in der Hand spielen.«

Fast hätten sich auch die Niederländer solche Schmähschriften zugezogen. Erst zwölf Minuten vor dem Abpfiff in Orlando gelang Linksaußen Roy der erlösende Treffer zum 2:1 gegen elf tapfer fightende Marokkaner. Überraschender Lohn der Angst für Oranjes Löwen: Platz eins in der Gruppe F. Die wäre fast zur Fallgrube geworden, weil Saudi-Arabien die Fußball-Welt eroberte. ■

THOMAS KISTNER

WM-SPOTS

Die niederländischen Souvenirhersteller reagierten nach dem spektakulären Rücktritt von Ruud Gullit aus der Auswahl sehr schnell. »Gullit ist gegangen, wir gehen trotzdem« hieß der neue Slogan auf den T-Shirts zur WM.

In der Rangliste der Wett-Quoten belegten die Saudis mit der Quote 1:4 000 den letzten Platz, sie reisten auch als letztes Team an, gehörten dann aber erstaunlicherweise nicht zu den ersten acht, die wieder die Heimreise antreten mußten. Bandor Bin Sultan, Saudi-Arabiens Botschafter in den USA, erklärte das so: »Die Mischung zwischen arabischen Spielern und argentinischem Trainer stimmt.«

Von den letzten zehn Duellen gegen die Belgier hatten die Niederländer nur zwei verloren. In Orlando schafften die »Roten Teufel« dann aber im 117. Vergleich ihren 39. Erfolg.

IM BLICKPUNKT: SAUDI-ARABIEN

Alles, was man vor dem Endrunden-Start gewußt hatte über den WM-Neuling Saudi-Arabien, war der vielbelächelte Umstand, daß die Wüstensöhne schon fünfeinhalb Wochen vor Beginn der Veranstaltung als erstes Team überhaupt ihr Trainingsquartier in den USA bezogen. Nach dem dritten und letzten Gruppenspiel aber war der Schleier gelüftet um die Kicker aus 1001 Nacht: Saudi-Arabien schickte sich an, beim World Cup 1994 in jene Senkrechtstarter-Rolle zu schlüpfen, die vier Jahre zuvor Kamerun unter dem stürmischen Applaus aus aller Fußballwelt gespielt hatte. Mit Allah, Geld und vielen Trainern waren die Saudi's ausgezogen, als erste arabische Mannschaft überhaupt in der Geschichte der Fußballweltmeisterschaft die Gruppenspiele der Endrunde zu überstehen. Die Qualifikation wurde mit einem einheimischen Coach geschafft, nach dem entscheidenden 4:3-Sieg über Iran aber wurde Mohammed Al-Kharrasi gefeuert. Es kam Leo Beenhakker, über dessen grußlose Arroganz die Spieler rasch ins Meutern verfielen. Sultan Ben Fahd, Königssohn und Chef des saudischen Verbandes, schickte den Niederländer nach kurzer Zeit zurück ins Tulpenland. Gemunkelt wurde dabei, daß das Königshaus angesichts der WM-Auslosung verhindern wollte, gegen Gruppengegner Niederlande mit einem niederländischen Trainer anzutreten.
Es kam Coach Jorge Solari, der aus Argentinien seine Cousins Eduard und Georg als Assistenten mitbrachte. Solari verordnete eisernen Drill, sandte die Karawane von Trainingscamp zu Trainingscamp und ließ zahllose Testspiele absolvieren. Doch stark gemacht hat die finanziell verwöhnten Saudi-Arabier in den USA weder knallharte Trainingsfron noch märchenhafter Prämiensegen (allein für die WM-Qualifikation kassierte jeder Kicker 100 000 Dollar): Allein die Aussicht, für Allah und das Vaterland Ehre einlegen zu können, trieb Solaris Kicker an.

ENTDECKT

Mit Frank und Ronald de Boer stand wieder ein Brüderpaar im niederländischen WM-Aufgebot. Gegen Belgien (0:1) und Saudi-Arabien (2:1) waren die 24jährigen Zwillinge vom Rekordmeister Ajax Amsterdam gemeinsam dabei, gegen Marokko (2:1) spielte Frank allein. Die de Boers sind nach Gerry und Arnold Muhren, die allerdings nie zusammen in der Nationalmannschaft standen, Willy und Rene van de Kerkhof, Erwin und Ronald Koeman sowie Richard und Rob Witschge das fünfte Brüderpaar, das für die »Elftal« aufliefen.

CHRONIK

»Questra« heißt bei der WM '94 das runde Streitobjekt, und die Medienvertreter mußten wieder acht geben, den Ball nicht »Leder« zu nennen. Das bis zu 453 Gramm schwere Kunststoff-Etwas (Umfang 68 bis 71 cm) kommt wie seine Vorgänger »Telstar« (1970/74), »Tango« (1978), »Tango Espana« (1982), »Azteka« (1986) und »Etrusco Unico« (1990) aus einem Haus. »Bei Fernschüssen flattert er furchtbar. Wird er scharf geschossen, sucht er sich selbst seinen Weg. Das hat's früher nicht gegeben«, urteilt Deutschlands Torwart-Trainer Sepp Maier.

Eine Szene, die für den Fair-Play-Geist der 94er WM-Endrunde spricht: versöhnliche Geste zwischen Hamzah Falatah (Saudi-Arabien/rechts) und Belgiens Torhüter Michael Preud'homme.

So feiert Saudi-Arabien seine Fußball-Söhne! ▶

IM PORTRÄT: DENNIS BERGKAMP

Zwei Männer malten ihre Figuren auf das saftige grün der Citrus Bowl. Dennis Bergkamp steppte zwei Schritte nach links, kurze Drehung. Marokkos Smahi Triki steppte zwei Schritte nach rechts, kurze Drehung. Bergkamp tänzelte zurück. Triki tänzelte vorwärts. Bergkamp hielt inne. Triki hielt inne.
So sieht das aus, wenn einer der weltbesten Fußballer hautnah bewacht wird: Ein paar Sekunden Walzer, ein paar Sekunden Tango, ein paar Sekunden Step. 42 Minuten lang waren die beiden in perfekter Schrittlänge. Dann ließ Triki einen Schritt aus. Schon stand sein blonder Partner frei vorm Tor, schoß den Ball zum 1:0 ins Netz. Und vollführte einen neuen Tanz, einen mit Jubelsprüngen und Gebrüll. Denn dies war der Moment, auf den die niederländischen Fußballfans warteten, seit sie erstmals von jenem neuen Jungstar gehört hatten, der erst auf der Fußballjugendschule von Ajax, dann unter den Fittichen von Star-Coach Johan Cruyff heranreifte. Bergkamps erstes WM-Tor leitete das Auftreten der Niederländer in Gruppe F ein. Er hat sich später erneut von Triki befreit, seinen Paß verwertete Roy zum 2:1-Siegtor. »Dennis«, lobte Kollege Roy, »wird einer der größten Fußballer der Welt.«
Doch Bergkamps Gespür für den Balltanz hatte sowieso nie jemand angezweifelt. Fraglich war nur, ob der 25jährige ein Team auch führen kann. Die nationalen Journalisten sprechen über ihn ungefähr wie über Bambi: Scheu sei er und bockig. 1992 war er bester Spieler des Landes, 1993 auf dem dritten Rang bei der Weltfußballer-Kür hinter Baggio, dem Italiener Romario, dem Brasilianer. Doch als ihm Real Madrid ein Millionenangebot machte, sagte er: »Ich bin nicht reif, allein in einer fremden Stadt zu leben.« Vergangenes Jahr fühlte er sich reif für Inter Mailand – allerdings nur im 33,5-Millionen-Mark-Paket mit dem Ajax-Kumpel Wim Jonk. Im Lire-Land blieb er drei Monate lang ohne Torerfolg. Inter wurde, nach Bergkamps Leistungsaufschwung, noch UEFA-Cup-Sieger, doch der Star fremdelt weiter: »Italien warf mich in den Rachen des Löwen.« Nun träumt er von Juventus. Und Oranjes Fans von einem neuen Cruyff. Bergkamp beherrscht jedenfalls jeden Tanz.

1. Spieltag

BELGIEN – MAROKKO 1:0 (1:0)

19. 6. in Orlando

Belgien: Preud'homme – de Wolf – Smidts, Grun – Staelens, van der Elst, Scifo, Degryse, Boffin (86. Borkelmans) – Nilis (54. Emmers), Weber.
Marokko: Azmi (87. El Achraf) – Naybet – Abdellah, Triki, El Hadrioui – Hababi, Azzouzi, El Hadaoui (68. Bahja), Daoudi – Hadji, Chaouch (82. Samadi).
Tor: 1:0 Degryse (11.).
Schiedsrichter: Jose Torres Cadena (Kolumbien).
Zuschauer: 60 790.
Gelbe Karten: Grun, Weber – Naybet, Daoudi, Azzouzi.
Gelb/Rot: keine.
Rote Karten: keine.

NIEDERLANDE – SAUDI-ARABIEN 2:1 (0:1)

21.6. in Washington

Niederlande: de Goey – Koeman – van Gobbel, Frank de Boer – Rijkaard, Jonk, Wouters; Overmars (58. Taument), Bergkamp, Ronald de Boer, Roy (88. van Vossen).
Saudi Arabien: Al Deayea – Al Dosari, Al Khlawi, Madani, Al Jawad – Al Bishi, Amin, Jebreen, Al Muwallid – Owairan (70. Saleh), Majed Mohammed (45. Falatah).
Tore: 0:1 Amin (19.), 1:1 Jonk (51.), 2:1 Taument (87.).
Schiedsrichter: Diaz Vega (Spanien).
Zuschauer: 50 000.
Gelbe Karten: van Gobbel, Frank de Boer – Al Dosari, Al Jawad, Amin.
Gelb/Rot: keine.
Rote Karten: keine.

2. Spieltag

BELGIEN – NIEDERLANDE 1:0 (0:0)

25. 6. in Orlando

Belgien: Preud'homme – de Wolf – Albert, Grun (60. Smidts), Borkelmans – Emmers (77. Medved), van der Elst, Scifo, Staelens – Degryse, Weber.
Niederlande: de Goey – Koeman – Valckx, Frank de Boer – Wouters, Rijkaard, Jonk – Taument (64. Overmars), Bergkamp, Ronald de Boer (46. Witschge), Roy.
Tor: 1:0 Albert (65.).
Schiedsrichter: Renato Marsiglia (Brasilien).
Zuschauer: 61 200 (ausverkauft).
Gelbe Karten: Borkelmans – Wouters, Jonk, Witschge, Rijkaard, Bergkamp.
Gelb/Rot: keine.
Rote Karte: keine.

SAUDI-ARABIEN – MAROKKO 2:1 (2:1)

25.6. in New York

Saudi-Arabien: Al Deayea – Al Alanazi (29. Zebermawi), Al Khlawi, Madani, Al Jawad – Al Bishi, Amin, Jebreen, Al Muwallid – Owairan, Al Jaber (79. Al Ghesheyan).
Marokko: Azmi – Naybet – Abdellah (56. El Ghrissi), Triki, El Hadrioui – Hababi (73. Hadji), Azzouzi, El Khalej, Daoudi – Bahja, Chaouch.
Tore: 1:0 Al Jaber (7., Foulelfmeter), 1:1 Chaouch (27.), 2:1 Amin (45.).
Schiedsrichter: Philip Don (England).
Zuschauer: 72 404.
Gelbe Karten: Jebreen, Al Muwallid, Amin, Al Deayea – El Hadrioui, Naybet.
Gelb/Rot: keine.
Rote Karte: keine.

3. Spieltag

MAROKKO – NIEDERLANDE 1:2 (0:1)

29. 6. in Orlando

Marokko: Alaoui – Negrouz – Azzouzi (61. Daoudi), Triki, El Hadrioui – Bouyboud (46. Hadji), El Khalej, Samadi, Hababi – Nader, Bahja.
Niederlande: de Goey – Koeman – Valckx, Frank de Boer – Winter, Jonk, Wouters, Witschge – Overmars (57. Taument), Bergkamp, van Vossen (67. Roy).
Tore: 0:1 Bergkamp (43.), 1:1 Nader (47.), 1:2 Roy (77.).
Schiedsrichter: Alberto Tejada Noriega (Peru).
Zuschauer: 50 000.
Gelbe Karten: Nader, El Khalej, Bouyboud, Hababi, Samadi – Wouters.
Gelb/Rot: keine.
Rote Karten: keine.

BELGIEN – SAUDI-ARABIEN 0:1 (0:1)

29. 6. in Washington

Belgien: Preud'homme – de Wolf – Albert, Smidts – Medved, van der Elst, Scifo, Staelens, Boffin – Wilmots (59. Weber), Degryse (24. Nilis).
Saudi-Arabien: Al Deayea – Zebermawi, Al Khlawi, Madani, Al Jawad – Owairan (63. Al Dosari), Al Bishi, Jebreen, Saleh – Mohammed (46. Al Muwallid), Falatah.
Tor: 0:1 Owairan (5.).
Schiedsrichter: Hellmut Krug (Deutschland).
Zuschauer: 52 959.
Gelbe Karten: Scifo, Smidts – Madani, Saleh.
Gelb/Rot: keine.
Rote Karten: keine.

BELGIEN

Fußballverband: gegründet 1895
Anschrift: Union Royale Belge des Sociétés de Football Association, 145 Avenue Houba de Strooper, B-1020 Bruxelles
Präsident: Michael d'Hooghe
Bevölkerung: 10 Millionen
Aktive: 423 100
Zahl der Vereine: 2 112
WM-Endrunde: 1930, 1934, 1938, 1954, 1970, 1982, 1986, 1990
Größte Erfolge: Vierter 1986; 2. Finalrunde 1982
WM-Bilanz: 25 7 4 14 33:49 18:32

NIEDERLANDE

Fußballverband: gegründet 1889
Anschrift: Koninklijke Nederlandische Voetbalbond, Woudenbergseweg 56-58, Postbus 515, NL-3700 Am Zeist
Präsident: Jo W. van Marle
Bevölkerung: 15,0 Millionen
Aktive: 965 300
Zahl der Vereine: 7079
WM-Endrunde: 1934, 1938, 1974, 1978, 1990
Größte Erfolge: Vizeweltmeister 1974, 1978
WM-Bilanz: 20 8 6 6 35:23 22:18

MAROKKO

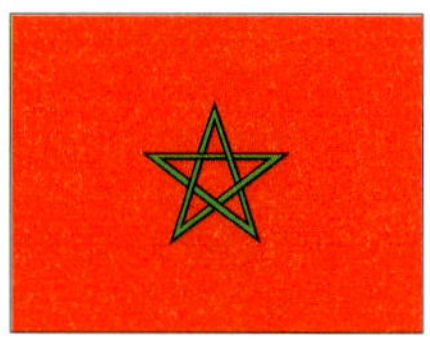

Fußballverband: gegründet 1955
Anschrift: Fédération Royale Marocaine de Football, Av. Ibn Sina, C.N.S. Bellevue Agdal, B.P.51, Rabat
Präsident: Zemmouri El Houssine
Bevölkerung: 27,7 Millionen
Aktive: 19 768
Zahl der Vereine: 350
WM-Endrunde: 1970, 1986
Größte Erfolge: Achtelfinale 1986
WM-Bilanz: 7 1 3 3 5:8 5:9

SAUDI-ARABIEN

Fußballverband: gegründet 1959
Anschrift: Saudi Arabia Football Federation, Al-Mather Quarter (Ol. Compl.), P.O. Box 5844, Riyadh 11432
Präsident: Faisal Bin Fahad
Bevölkerung: 14,7 Millionen
Aktive: 9 600
Zahl der Vereine: 120
WM-Endrunde: keine
Größte Erfolge: –
WM-Bilanz: –

Aufgebote / Abschlußtabelle

BELGIEN:

Tor:		
1 Michel Preud'homme	24. 1.59	KV Mechelen
12 Filip De Wilde	5. 7.64	RSC Anderlecht
20 Dany Verlinden	15. 8.63	FC Brügge
Abwehr:		
2 Dirk Medved	15. 9.68	FC Brügge
3 Vital Borkelmans	1. 6.63	FC Brügge
4 Philippe Albert	10. 8.67	RSC Anderlecht
5 Rudi Smidts	12. 8.63	FC Antwerpen
13 Georges Grun	25. 1.62	AC Parma
14 Michel de Wolf	19. 1.58	RSC Anderlecht
22 Pascal Renier	3. 8.71	FC Brügge
Mittelfeld:		
6 Lorenzo Staelens	30. 4.64	FC Brügge
7 Franky van der Elst	30. 4.61	FC Brügge
10 Enzo Scifo	12. 2.66	AS Monaco
15 Marc Emmers	25. 2.66	RSC Anderlecht
16 Danny Boffin	10. 7.65	RSC Anderlecht
19 Eric van Meir	28. 2.68	SC Charleroi
21 Stefan van der Heyden	3. 7.69	FC Brügge
Angriff:		
8 Luc Nilis	25. 5.67	RSC Anderlecht
9 Marc Degryse	4. 9.65	RSC Anderlecht
11 Alexander Czerniatynski	28. 7.60	KV Mechelen
17 Josip Weber	16.11.64	Cercle Brügge
18 Marc Wilmots	22. 2.69	Standard Lüttich

Trainer: Paul van Himst

NIEDERLANDE:

Tor:		
1 Ed de Goey	20.12.66	Feyenoord Rotterdam
13 Edwin van der Star	29.10.70	Ajax Amsterdam
22 Theo Snelders	7.12.63	FC Aberdeen
Abwehr:		
2 Frank de Boer	15. 5.70	Ajax Amsterdam
4 Ronald Koeman	21. 3.63	FC Barcelona
14 Ulrich van Gobbel	16. 1.71	Feyenoord Rotterdam
18 Stan Valckx	20.10.63	Sporting Lissabon
21 John de Wolf	10.12.62	Feyenoord Rotterdam
Mittelfeld:		
3 Frank Rijkaard	30. 9.62	Ajax Amsterdam
5 Rob Witschge	22. 8.66	Feyenoord Rotterdam
6 Jan Wouters	17. 7.60	PSV Eindhoven
8 Wim Jonk	12.10.66	Inter Mailand
15 Danny Blind	1. 8.61	Ajax Amsterdam
16 Arthur Numan	14.12.69	PSV Eindhoven
20 Aaron Winter	1. 3.67	Lazio Rom
Angriff:		
7 Marc Overmars	29. 3.73	Ajax Amsterdam
9 Ronald de Boer	15. 5.70	Ajax Amsterdam
10 Dennis Bergkamp	10. 5.69	Inter Mailand
11 Brian Roy	12. 2.70	US Foggia
12 John Bosman	1. 2.65	RSC Anderlecht
17 Gaston Taument	1.10.70	Feyenoord Rotterdam
19 Peter van Vossen	21. 4.68	Ajax Amsterdam

Trainer: Dick Advocaat

MAROKKO:

Tor:		
1 Khalil Azmi	23. 8.64	Raja Casablanca
12 Said Dghay	14. 1.64	Olympique Casablanca
22 El Achraf Alaoui	17. 6.66	KAC Marakesch
Abwehr:		
2 Nacer Abdellah	3. 3.66	KSV Waregem
3 Abdelkrim El Hadrioui	6. 3.72	FAR Rabat
5 Smahi Triki	Jahrgang 67	Chateauroux
6 Noureddine Naybet	10. 2.70	FC Nantes
18 Rachid Negrouz	10. 4.72	Mouloudia Oujda
Mittelfeld:		
4 Tahar El Khalej	16. 6.68	KAC Marakesch
7 Moustafa El Hadji	16.11.71	AS Nancy
8 Rachid Azzouzi	10. 1.71	MSV Duisburg
10 Mustapha El Hadaoui	28. 7.61	SCO Angers
11 Rachid Daoudi	21. 2.66	WAC Casablanca
14 Ahmed Masbahi	17. 1.66	KAC Marakesch
21 Aziz Mohamed Samadi	21. 3.70	FAR Rabat
Angriff:		
9 Mohamed Chaouch	12.12.66	OGC Nizza
13 Ahmed Bahja	21.12.70	KAC Marakesch
15 El Arbi Hababi	12. 8.67	Olympique Khouribga
16 Hassan Nader	8. 7.65	SC Farense/Portugal
17 Abdeslam El Ghrissi	5. 1.62	Raja Casablanca
19 Adelmajid Bouyboud	24.10.66	WAC Casablanca
20 Hassan Kachloul	19. 2.73	Olympique Nimes

Trainer: Abdellah Ajri Blinda

SAUDI-ARABIEN:

Tor:		
1 Mohammed Al Deayea	2. 8.72	Al Tai
21 Hussein Al Sadig	15.10.73	Al Qadissia
22 Ibrahim Al Helwah	18. 8.72	Al Riyadh
Abwehr:		
2 Abdullah Al Dosari	1.11.69	Al Ittihad
3 Mohammed Al Khlawi	1. 9.71	Al Ittihad
4 Abdullah Zebermawi	15.11.73	Al Ahli
5 Ahmed Madani	6. 1.70	Al Ittihad
13 Mohamed Al Jawad	28.11.62	Al Ahli
15 Saleh Al Dawod	24. 9.68	Al Shabab
17 Yasir Altaifi	10. 5.71	Al Riyadh
18 Awad Alanazi	24. 9.68	Al Shabab
Mittelfeld:		
6 Fuad Amin	13.10.72	Al Shabab
7 Fahad Al Ghesheyan	1. 8.73	Al Helal
8 Fahad Al Bishi	10. 9.65	Al Nassr
14 Khalid Al Muwallid	23.11.71	Al Ahli
19 Hamzah Saleh	19. 4.67	Al Ahli
Angriff:		
9 Majed Mohammed	11. 1.59	Al Nassr
10 Saeed Owairan	19. 8.67	Al Shabab
11 Fahad Mehalel	11.11.70	Al Shabab
12 Sami Al Jaber	11.12.72	Al Helal
16 Talal Jebreen	25. 9.73	Al Riyadh
20 Hamzah Falatah	9.10.72	Uhud

Trainer: Jorge Solari/Argentinien

ABSCHLUSSTABELLE

1. NIEDERLANDE	**3**	**2**	**–**	**1**	**4:3**	**6***
2. SAUDI-ARABIEN	**3**	**2**	**–**	**1**	**4:3**	**6**
3. BELGIEN	**3**	**2**	**–**	**1**	**2:1**	**6**
4. MAROKKO	**3**	**–**	**–**	**3**	**2:5**	**0**

*Anmerkung: Niederlande ist trotz Punkt- und Torgleichheit mit Saudi-Arabien Tabellen-Erster, weil der direkte Vergleich mit 2:1 gewonnen wurde.

Zuschauer gesamt: 347 353.
Tore: 12.
Torjäger: Amin (Saudi-Arabien) 2.

WM-STÄDTE & STADIEN

BOSTON: Irischer als Dublin. Mit der legendären »Mayflower« kamen die ersten Iren im 18. Jahrhundert nach New England, und noch heute wird in Boston nichts entschieden, ohne daß irisch-stämmige Politiker ihr »Yes« dazu geben. Am größten ist die Konzentration der Iren übrigens bei der Polizei. Boston, die amerikanische Handelsmetropole im Bundesstaat Massachusetts, ist eine traditionsbewußte Stadt, in der solides Handwerk noch zählt. In vielen Bereichen erinnert die 4,1-Millionen-Metropole, die die berühmte Harvard University beherbergt, stark an Europa.
Für die sportlichen Schlagzeilen sorgten in den 80er Jahren vor allem die Celtics, die sich in der NBA mit den Los Angeles Lakers fast ein Jahrzehnt lang ein faszinierendes Fernduell lieferten. Die Celtics mit ihrem Star Larry Bird, dem besten weißen Spieler der letzten Jahrzehnte, verkörpert dabei – typisch für die Mentalität in Boston – den hart arbeitenden Teil, während die Lakers für die Show sorgten.

FOXBORO STADIUM
(1961 erbaut / 61 000 Plätze / Spielfeld: 130 m lang, 75 m breit): sechs WM-Begegnungen – vier der Gruppen C und D sowie je ein Viertel- und Halbfinalspiel.

NEW YORK/EAST RUTHERFORD: Man sagte New York und meinte New Jersey. Im dicht bevölkerten New York City, wo auf einer dreizehn Meilen langen Insel sieben Millionen Menschen leben, war kein Platz für Fußball, weshalb der »World Cup« nach East Rutherford ausweichen muß. New York City ist die Medien-Hauptstadt

SAN FRANCISCO: Glück ist, die »Golden Gate Brigde« zu sehen. San Francisco ist die Metropole des Nebels. Selbst im Hochsommer wabert das dicke Grau vom Meer her über die Stadt. Sein kältester Winter, schrieb Mark Twain, sei ein Sommer in San Francisco gewesen. Das Meer diktiert das Klima in der Stadt. Das Verrückte daran: Während der Rest von Kalifornien unter der sommerlichen Hitzewelle leidet, kann San Francisco einen Pullover tragen. Wenn es einmal gerade nicht neblig ist, zeigt sich San Francisco von einer Sonnenseite – eine Beauty auf vielen Hügeln, die auch auf innere Werte stolz ist, hat sie doch mit Standford und Berkeley zwei der renommiertesten Universitäten des Landes. Jahrelang wurde San Francisco jedoch vor allem um Joe Montana beneidet. Dank ihm waren die San Francisco 49er das beste Football-Team Amerikas. Montana ist nach Kansas gegangen, die 49er geblieben, der Nebel auch – ach, und noch etwas: Achtung, Erdbeben!

STANFORD STADIUM
(1921 erbaut / 86 019 Plätze / 170 m lang, 107 m breit): sechs WM-Begegnungen – vier der Gruppen A und B sowie je ein Achtel- und Viertelfinalspiel.

CHICAGO: Die Geburtsstadt des Wolkenkratzers. Vor rund 50 Jahren begannen die Hochhäuser von Chicago aus ihren Siegeszug rund um die Welt, heute ist die drittgrößte Stadt der USA, die viel Kunst zu bieten hat – 34 Museen und 150 Theater – vor allem das Zentrum der amerikanischen Landwirtschaft: Fast alles, was die

DETROIT: Eine Stadt, zwei Welten ... Die »innere City« gehört den Schwarzen, die Vorstädte den Weißen. Dementsprechend ist auch die Grenze zwischen den Sportarten zu ziehen: innen Basketball, Baseball und Football, außen die nobleren Golf, Tennis und sogar ein wenig Soccer. In Detroit begann die Karriere von Musik-Mega-Star Michael Jackson mit der legendären Familien-Band »Jackson Five«. Detroit ist der Motor der amerikanischen Automobil-Industrie (General Motors, Chrysler, Ford). Die 4,7-Millionen-Stadt liegt noch in Amerika und dennoch beinahe im Ausland, denn auf der anderen Seite des Detroit-Rivers fängt Kanada an. Detroit ist rauh und nur ganz selten herzlich. Als die Detroit Pistons 1989 und 1990 Basketball-Meister wurden, besiegten sie den Rest der NBA nicht durch technische Feinheiten, sondern durch die geballte Muskelkraft siegeshungriger »Bösewichte«.

PONTIAC SILVERDOME
(1975 erbaut/72 794 Zuschauer/Spielfeld: 102 m lang, 67 m breit), einzig überdachtes WM-Stadion: vier WM-Spiele der Gruppen A und B.

WASHINGTON D.C.: Amerikas Hauptstadt ist auf einem trocken gelegten Sumpf gebaut. In Washington sind die zwei Gesichter Amerikas zu sehen wie in kaum einer anderen Stadt. Nur ein paar hundert Meter von der beeindruckenden Fassade des Weißen Hauses entfernt blüht der Drogen-

Amerikas (und damit der Welt) An der Madison-Avenue werden die neusten Werbe-Trends kreiert, an Wall Streets Börse die Geldpolitik gemacht. New York ist Freiheitsstatue, Manhattan, Madison Square Garden, Hudson-River. New York gilt auch als Sporthauptstadt des Landes: die Knicks gehören zur NBA-Creme, die Rangers spielen Eishockey, die Jets und Giants Basketball, die Yankees Baseball. Die US Open der Tennis-Spieler finden in New York statt (in Queens), der New-York-Marathon ist weltberühmt. Selbst Fußball hatte hier einst Hochkonjunktur, als Beckenbauer und Pele zauberten. Dies, um präzise zu sein, war in New Jersey, im Giants Stadium.

GIANTS STADIUM

(1976 erbaut/76 891 Plätze/Spielfeld: 136 m lang, 70 m breit): sieben WM-Begegnungen: vier der Gruppen E und F sowie je ein Achtel-, Viertel- und Halbfinale.

DALLAS: Wo die Ölbarone herrschen ... Im Riesenstaat Texas verkörpert Dallas den alteingesessenen vornehmen Geld-Adel. Man spricht ein wenig kultivierteres Englisch als in anderen Teilen des Südens, und man trägt gerne konservativ-klassisch. Dallas ist mehr als nur ein netter Hintergrund für die vielen kleinen Gemeinheiten auf der Southfork-Ranch. Die Finanzmetropole ist berühmt wegen ihres brutal heißen Sommers. Man erinnert sich an Dallas, wenn man von John F. Kennedy spricht – JFK wurde hier 1963 erschossen. Dallas ist vor allem große, schön ist es nicht. Ein paar Wolkenkratzer im Zentrum, Vorstädte, die nicht enden wollen, und dies alles vernetzt durch ein gigantisches Spinnennetz von vielspurigen Highways. Dallas ist auch die Heimat von »America's Team«: Die Cowboys sind die Bayern Amerikas. In den beiden letzten Jahren gewannen Sie den »Super-Bowl«, was für die Football-verrückten Amis allemal mehr zählt als sämtliche Fußball-WM zusammen.

COTTON BOWL

(erbaut 1930/72 000 Plätze/Spielfeld: 151 m lang, 72 m breit): sechs WM-Begegnungen – vier der Gruppen C und D sowie je ein Achtel- und Viertelfinalspiel.

Kornkammer im Midwesten produziert, wird nach »Chi« gebracht und dort umgeschlagen. In Chicago sind die Winter bitterkalt, die Sommer drückend heiß. Der riesige Michigan-See dominiert das Klima. Sportlich gesehen ist Chicago eine Großmacht. Die Bulls mit Superstar Michael Jordan gewannen drei NBA-Basketball-Meisterschaften hintereinander, die populären Cubs und die White Sox gehören zur Baseball-Elite, die Bears spielen Football, die Blackhawks Eishockey.

Und: Die Fernseh-Familie von Al und Peggy Bundy wohnt in der Stadt, die einst der Gangster-Boß Al Capone in den 20er Jahren unsicher gemacht hat.

SOLDIER FIELD

(erbaut 1922/66 814 Plätze / Spielfeld: 133 m lang, 80 m breit): fünf WM-Begegnungen – vier der Gruppe C und D, darunter das Eröffnungsspiel.

ORLANDO: Mickey-Mouse-City. Was wäre Orlando ohne Mickey? Ein trostloses Provinznest mitten in Florida, neun Monate pro Jahr gepeinigt von einer lähmenden feuchten Hitzewelle. Kein Meer in Sicht, keine Berge, nichts, außer ein paar Häusern und ansonsten gähnende Langeweile. Dank Mickey, der Maus, ist alles anders. Orlando ist das Zentrum einer blühenden Unterhaltungs-Maschine. Seit kurzem hat Orlando eine zweite Attraktion: Ihr Name: Shaq Shaq O'Neal. 2,16 Meter groß, 130 Kilogramm schwer, Schuhgröße 55, Basketball-Spieler. Der große Walt Disney hätte ihn nicht besser erfinden können: ein sanfter Riese mit nettem Lächeln. Shaq ist auf dem Wege, der erste Sportler zu werden, der als eigentlicher Unterhaltungs-Konzern eigenständig funktioniert. Natürlich spielt Shaq nebenbei auch noch ganz gut Basketball, aber in der Nachbarschaft von Disney World werden Slam-Dunks und Playoff-Games zur Nebensache. Shaq – ein Märchen wie aus Disney-Land.

CITRUS BOWL

(erbaut 1976/70 188 Plätze/Spielfeld: 125 m lang, 73 m breit): fünf WM-Begegnungen – vier der Gruppen E und F sowie ein Achtelfinale.

handel, wird geschossen und gemordet, weshalb die Stadt auch despektierlich »Capitol of Crime« genannt wird. In Washington steht aber auch die »Library of Congress«, ein großartiges Sammelwerk amerikanischer Kultur. Das größte Museum des Landes findet man in dieser Stadt (das Smithsonian), ein wichtiger Teil der Weltpolitik wird hier gemacht. Die Washington Radskins sorgten dafür, daß die Metropole nicht zum sportlichen Niemandsland verkommt (1983, 1988, 1992 Super-Bowl-Gewinner), denn sowohl im Basketball (Bullets) wie im Eishockey (Capitols) ist kein Staat zu machen.

ROBERT F. KENNEDY STADIUM

(erbaut 1961 / 56 600 Plätze / Spielfeld: 136 m lang, 75 m breit): fünf WM-Begegnungen – vier der Gruppen E und F sowie ein Viertelfinalspiel.

LOS ANGELES: Der Moloch. Smog. Hitze. Der tägliche Verkehrskollaps. Erdbeben. Rassen-Unruhen. Aber die zweitgrößte Stadt der USA hat auch Beverly Hills, wo sich die Schönen und Reichen vorstellen, wie schlimm es wäre, häßlich und arm zu sein. Los Angeles ist das Nervenzentrum der Westküste und das Herz der Film-Industrie. Aus der Traumfabrik Hollywood kommen die Stoffe, die denen in East L.A. das Elend etwas erträglicher machen. Insgeheim hoffen sie sowieso alle, irgendwann ein klein wenig von dem Glitzer und Glamour abzukriegen, der L.A. so anziehend macht, das aus allen Nähten platzt. Der Sport ist so etwas wie der Katalysator in Los Angeles. Wayne Gretzky brachte Eishockey nach Kalifornien, und Magic Johnson Lakers verzauberten fast ein Jahrzehnt lang die Basketball-Fans.

ROSE BOWL

(erbaut 1922/102 083 Plätze /Spielfeld: 132 m lang, 75 m breit; größtes aller neun WM-Stadien): acht WM-Begegnungen – vier der Gruppen A und B, je ein Achtel- und Halbfinalspiel sowie das Spiel um Platz 3 und das WM-Endspiel.

Achtelfinale

SIEBEN ZU EINS FÜR EUROPA

Es geschah in Minute elf, und es waren nur ein paar Sekunden, die eine ganze Fußballnation von ihrem Trauma befreiten; ein paar Sekunden erlösten die Nation vom Spott des gesamten Erdballs, nur emotionsloser Zweckfußball einer Interessengemeinschaft Preßschlag & Sichel GmbH würde den Weg ins Endspiel plätten. Ein paar Sekunden in Minute elf versöhnte die Deutschen mit ihrem Nationalteam.

Und das ging so: Zuspiel auf Rudi Völler knapp hinter dem Mittelkreis, Ellenbogen ausgefahren, ein, zwei schnelle Schritte, kurzer Blick, schneller Paß auf Jürgen Klinsmann, schnurstracks weiter, der Blondschopf legt per Hackentrick zurück – ahhh, ohhh – Völler nimmt auf, Körpertäuschung, ein Belgier verliert wild rudernd das Gleichgewicht, Klinsmann stürmt heran wie Hermes, der Götterbote. Vorlage, Linksschuß ins lange Eck, 2:1 für Deutschland. Jubel, Trubel. Doppelter Doppelpaß, blindes Vertrauen, blindes Verständnis – es war »eine kleine Krönung« (Jürgen Klinsmann), sein Tor wie das gesamte Spiel. Die vierte Partie der Deutschen im Turnier war

PRESSE-ECHO

»Nigeria saß am gedeckten Tisch, aber die Italiener aßen den Nachtisch.«
»LA NACION«
(Argentinien)

»Die Italiener hatten schon gegen Norwegen bewiesen, daß sie besonders gefährlich sind, wenn sie in einer unmöglichen Situation stecken.«
»L'EQUIPE« (Frankreich)
zu Nigeria – Italien

»Der Zauberer Hagi ließ Argentinien verschwinden, und Maradona weinte auf der Tribüne«
»CORRIERE DELLA SERA«
(Italien)
zu Rumänien – Argentinien

»Rudi freute sich und feierte wie ein Jüngling mit Klinsmann, Matthäus, Sammer und Brehme, alles Gäste des Altersheims für ehemalige Schauspieler italienischer Bühnen.«
»CORRIERE DELLO SPORT« (Italien)
zu Deutschland – Belgien

»Es war ein wunderschönes Abenteuer, das als Erinnerung niemals sterben wird.«
»SONNTAGS-BLICK«
(Schweiz)
zu Spanien – Schweiz

»Mihailow hypnotisierte die Mexikaner beim Elfmeterduell.«
»CORRIERE DELLO SPORT« (Italien)
zu Mexiko – Bulgarien

Jordan Letschkow's unhaltbarer Elfer zum 4:2 gegen Mexiko. »Wir haben im Ausland Erfahrungen gewonnen, früher sind wir auseinandergefallen nach Ostblock-Mentalität«, kommentierte der Bulgare den Einzug ins Viertelfinale (oben).

Brasiliens Torschütze Bebeto (Mitte) zum 1:0 gegen die USA: »24 Jahre lang ist es her, daß wir den Weltmeistertitel hatten. Nun wollen wir ihn dem brasilianischen Volk zurückgeben.«

die erste, in der sich Deutschland als Titelverteidiger zu erkennen gab.

3:2 (3:1) wurde Belgien geschlagen. Völler, der alte Kämpfer, hatte noch einmal alles geboten, was sein Repertoire hergibt, zwei Tore geschossen. Es war eine Befreiung, Matthias Sammer etwa lief einfach weiter, als der Schlußpfiff ertönte, direkt hinein in die Arme von Berti Vogts. Lange Sekunden hielt er den Bundestrainer eng umschlungen. Die Liebesbezeugung Sammers, der Vogts in der Vergangenheit einige Male den Fehdehandschuh hingeworfen hatte, galt einem Mann, der in der Vorrunde von seinen eigenen Leuten in Schieflage gebracht und nun durch den überzeugenden Sieg herausgepaukt worden war.

Vogts war ein hohes Risiko eingegangen mit vier gelernten Vorstoppern, mit etlichen Personalverschiebungen in seiner Elf. Doch die vermeintlich defensive Mannschaft spielte herzerfrischend offensiv, und die Umstellungen griffen allesamt. Der junge Martin Wagner graste die linke Spielfeldseite rücksichtslos ab, wo der alternde Andreas Brehme in den Spielen zuvor den Gegnern viel Raum gelassen hatte. Der brillante Rudi Völler ersetzte den blassen Karlheiz Riedle, und der ungemein zweikampfstarke Thomas Helmer gab der Abwehr Halt.

Die defensive Abteilung der Belgier dagegen fand selten die in der Vorrunde, etwa gegen die Niederlande, gezeigte Ordnung. Doch davon wollte ihr Trainer Paul van Himst nicht reden, er konzentrierte seine Wut auf den Schweizer Referee Röthlisberger, der ein Foul von Helmer an Josip Weber im Strafraum in eine korrekte Aktion umdeutete. Es hätte Elfmeter geben müssen, aber das Weiterkommen der Deutschen wird durch die Fehlentscheidung nicht befleckt; es war verdient.

Der Spielplan hatte den Deutschen das Recht gegeben, als erste ins Viertelfinale einzuziehen. Sie waren die Vorreiter, und je größer ihre Gefolgschaft wurde, desto stärker erkannte man zwei Trends. Der Wichtigere läßt sich am einfachsten in Zahlen ausdrücken: 7:1 für Europa. Die alte Macht des Fußballs zeigte unerwartet Größe. Viel war geredet worden vor

Erfolg befreit, Erfolg öffnet Herzen und Köpfe: Und die Niederländer Frank Rijkaard (Mitte) und Ed de Goey hatten ihn gegen Irland: 2:0!

dieser WM von den Emporkömmlingen aus Afrika und Asien, von der neuen Stärke der Südamerikaner. Doch nun, da die WM mit dem K.O.-System so richtig losging, ging sie für die vermeintlichen Hoffnungen schnell zu Ende. Eine einzige außereuropäische Mannschaft kam weiter, das Viertelfinale mutierte zur Europameisterschaft mit brasilianischer Gastbeteiligung.

Ansonsten fiel auf, und dies ging mit der europäischen Renaissance einher, daß einige der Großen, die in der Vorrunde noch wankten, nun marschierten. Deutschland genauso wie die Niederlande; die Favoriten meldeten in den Achtelfinalspielen ihre Ansprüche an. Bis auf einen. Argentinien meldete sich ab.

Diesmal weinte niemand um Argentinien. Dazu hatte der Gegner viel zu gut gespielt. Sicherlich taten auch die Südamerikaner das ihre dazu, daß diese Partie Fußball die bis dato beste des Turniers war. Hauptdarsteller aber waren die Rumänen, und als Trainer Anghel Iordanescu nach dem 3:2 (2:1)-Sieg verkündete, es sei »der größte Erfolg in Rumäniens Geschichte nach der Revolution«, da wagte im ersten Moment niemand zu widersprechen.

Diego Armando Maradona, den sie einen Gott nannten, und der nach seiner Dopingaffäre nunmehr ein gestürzter Fußballgott ist, sah von der Pressetribüne aus seinen Kollegen beim Untergang zu. Und doch gab es Leute, die behaupteten: Maradona spielt im falschen Trikot und in der Person von Gheorghe Hagi. Einmal mehr brachte Hagi seine ballsicheren Mitspieler mit der Brillanz eines Schachgroßmeisters in Stellung, Maradona in seine besten Tagen hätte es genauso gekonnt, aber kann man besser Fußball spielen als Hagi an diesem Tag? Iordanescu, der Engel mit Vornamen heißt, erhob Hagi mit Maradona und dem Niederländer Johan Cruyff dreieinig in den höchsten Fußballhimmel.

Auch ohne den gesperrten Torjäger Florin Raducioiu hatte Hagi die geeigneten Spielpartner zur Hand, diesmal vor allem Illie Dumitrescu. Nach elf Minuten hatte er Argentiniens Torwart Islas erstmals ausgetrickst. Gabriel Batistuta ließ sich drei Minuten später im rumänischen Strafraum fallen, den geschenkten Elfmeter verwandelte er selbst, konnte sich aber nicht lange freuen. In Minute 17 hatte Dumitrescu, von Hagi in Szene gesetzt, schon wieder getroffen. Hagi selbst rannte Mitte der zweiten Hälfte über das halbe Spielfeld und schoß das 3:1.

Die Argentinier weinten nicht nach dieser Niederlage. Fernando Redondo sprach abgeklärt, als er frisch geduscht aus der Umkleidekabine kam: »Die Sperre von Diego war ein schwerer Schlag für uns und in gewisser Weise wurde nicht nur Maradona, sondern auch unser Team bestraft. Doch unser Ausscheiden hat mit der Sache nichts zu tun. Das war eben einfach Fußball.« Nur der letzte Satz des Spielregisseurs war eine Fehleinschätzung. Einfach Fußball? Es war

»Andersson, Du bist ein Märchen«, feierte der römische »Corriere dello Sport« überschwenglich Schwedens zweifachen Torschützen (Mitte) gegen Saudi-Arabien.

»Heute gewinnst du und bist happy, morgen verlierst du und bist am Boden. Nie kannst du sicher sein, was kommt«, so Sergi Barjuan (Spanien/links), der hier von Torwart Marco Pascolo (Schweiz) beim 3:0 im Achtelfinale gebremst wird.

Fußball, wie man ihn nur in Ausnahmen sieht, voller Feuer, ohne taktisches Zaumzeug.

Solchen Fußball sah man in Dallas, wo sich Schweden und Saudi-Arabien verglichen, nicht. Solchen Fußball wollten die Schweden auch gar nicht zeigen. – »So lange wie möglich bei Kräften bleiben«, hatte Trainer Tommy Svensson die Taktik bei gut 40 Grad Celsius festgelegt. Kontrolliert spielen, langsam spielen, hatten sich die Skandinavier vorgenommen, und dann kurzfristig auf schnellen Angriff umgeschaltet. Neunzig Minuten später kam Stürmer Martin Dahlin zu dem Schluß: »Vernünftig haben wir gespielt. Und das war super für uns.« Die Aufwand-Ertrags-Rechnung der Schweden stimmte auf alle Fälle. 3:1 siegten sie, wobei die Araber ihnen allerdings auch sehr behilflich waren.

Deren Akku war leer, restlos leer. Dreimal waren die Wüstenkicker in der Vorrunde konstant über ihr Leistungslimit hinausgegangen. Jedes Spiel der Vorrunde habe Substanz gekostet, »die war nicht mehr aufzubauen«, kommtentierte ihr Trainer, der Argentinier Jorge Solari.

Mehr als sie je hätten erwarten dürfen, habe man erreicht. »Ich habe so etwas noch nie erlebt; mit welchem Herz sie spielen. Für ihr Land, für die königliche Familie geben sie alles.«

Auch dem Mann mit dem roten Kopf und seinen wilden und doch so netten Iren tat der Abschied weh. Jack Charlton, die Sonne Floridas hatte ihn erbarmungslos verbrannt, hielt seinen Abschiedstoast nach dem 0:2 gegen die Niederlande, so wie man das erwartet hatte. »Das ist das Ende einer Episode, aber nicht das Ende der Welt«, sagte er. Traurig und stolz zugleich, wehmütig und glücklich in einem, verabschiedete sich der Trainer mit den Tugenden seiner Mannschaft: immer kämpferisch, immer aufrecht, auch im Angesicht der Niederlage. Kein Wort verlor Charlton darüber, daß zwei katastrophale Fehler der Abwehr beziehungsweise des Torhüters Pat Bonner zu den Toren von Dennis Bergkamp und Wim Jonk geführt hatten. »Meine Jungs haben alles gegeben«, sagt Charlton nur. Das letzte,

WM-SPOTS

Kuriose Spielunterbrechung im Achtelfinale zwischen Mexiko und Bulgarien. In der 21. Minute stürzte der Mexikaner Bernal bei einer Abwehraktion ins eigene Tor, worauf eine Stange brach und das Netz zu Boden stürzte. Nur sieben Minuten später war unter dem Jubel der 70 000 Zuschauer im New Yorker Giants-Stadion ein neues Gehäuse installiert.

Die US-Fernsehgesellschaft ABC verzeichnete bei der Übertragung des Achtelfinalmatches zwischen den USA und Brasilien einen Einschaltquotenrekord für Fußball in der US-Fernsehgeschichte: 32 Millionen Zuschauer!

»Wir vergessen nie unser Volk. Jetzt steht Rumänien auf der Fußball-Landkarte«, sagte Kaptän Gheorge Hagi nach dem sensationellen 3:2 gegen Argentinien.

was er offiziell mitzuteilen hatte, war: »Ich glaube, es wird heute eine gute Nacht.«

Selbige Aussage wird man mit Sicherheit außerhalb von Bulgarien von niemanden in Europa zu hören kriegen, der sich zu nachtschlafender Zeit das Spiel Bulgarien gegen Mexiko angeschaut hat. Oh nein, das war keine gute Nacht. Hristo Stoitschkow hatte die Bulgaren ziemlich früh in Führung gebracht, Garcia Aspe ziemlich früh für Mexiko ausgeglichen. 1:1 stand es nach 18 Minuten, 1:1 nach 120 Minuten. Dazwischen geschah nahezu nichts Nennenswertes, von zwei gelb-roten sowie sieben gelben Karten mal abgesehen. Und bei den Mexikanern passierte dann noch nicht einmal im Elfmeterschießen irgendetwas; einzig und allein Suarez traf, Bulgarien gewann 3:1.

Zumindest spannender waren 120 Minuten Italien gegen Nigeria. Daß es soweit kommen würde, hatte so ziemlich niemand mehr gedacht zwischen der 80. und 89. Minute. Selbst Arrigo Sacchi war sich sicher: »Nun sind wir ausgeschieden« – und der ist immerhin Nationaltrainer Italiens. Die Squadra war angerannt, verzweifelt, vehement, seit dem 0:1 durch Amunike (26.). Und mit jeder Minute, mit jedem Angriff schien sich das Gefühl, sie schaffen es nicht mehr, in Wissen zu steigern.

Doch plötzlich stand Roberto Baggio da, acht Meter vor dem nigeriani-

Auch eine Beschwörung vor Spielbeginn half den Nigerianern nichts. Gegen Italien verspielten sie das glückliche Ende ...

Der Trommler war einer von 534 646 Zuschauern im Viertelfinale – WM-Rekord!

schen Tor, markierte neunzig Sekunden vor Abpfiff den Ausgleich. In der Verlängerung lief die Partie dann so, wie solche Spiele meistens laufen. Die Italiener schoben plötzlich ganz souverän die Kugel hin- und her, bekamen einen Elfmeter, und Robby Baggio? – wer sonst – verwandelte ihn. Zu Hause in Italien fanden sie das schön, aber mehr auch nicht. Denn »wer waren diese Nigerianer?« fragte die Zeitung «Corriere dello Sport« und gab die Antwort selbst: »Niemand. Wie haben sie selbst zu Giganten gemacht.« Sacchi war das ziemlich egal. »Ich schaue voraus«, sagte er. Die Spanier, ganz überlegener 3:0-Sieger über die Schweiz in einer ziemlich einseitigen Partie, warteten schon in der nächsten Runde.

Die Iberer mußten sich wirklich nicht bis zum letzten ausgeben, der Gerechtigkeit halber muß aber festgestellt werden, daß sie Madame Fortuna über die volle Zeit auf ihrer Seite hatten. Den Eidgenossen indes stand schon vor dem Anpfiff das Pech stramm zur Seite. Alain Sutter mußte das Aufwärmen abbrechen, konnte trotz Spritze nicht spielen, weil der gebrochenen kleine Zeh im linken Fuß höllisch schmerzte. Und klar war von vornherein: ein Sutter in der Form dieser WM-Tage war nicht zu ersetzen. Auf dem Rasen wurde dann bald das schwache Abwehrverhalten gegen einen klug konternden Gegner augenscheinlich. Gelegentlich erinnerte die Schweizer Hintermannschaft an ein hervorragendes Produkt aus eigenem Lande, das sie in den USA big hole cheese zu nennen pflegen: Sie waren löchrig wie Schweizerkäse.

Die Viertelfinal-Europameisterschaft war somit komplett. Einlaß in diesen Kreis verschafften sich noch die Brasilianer. Besser: sie schlichen sich hinein. Coach Carlos Alberto Parreira lachte sich zwar nach der Partie gegen die USA fast über seinen eigenen Witz kaputt, sein Torhüter Taffarel »hätte sich das Spiel auch auf der Video-Leinwand anschauen können«, während der Partie allerdings hatte Parreira nichts zu lachen. Die Brasilianer spielten die Amerikaner schwindlig, immer schön hin und her; daß sie den Ball auch mal ins Tor schießen sollten, schien Parreiras Jungs jedoch nicht zu interessieren. Es war hohe Kunst, nur brotlos. Bis die Verhältnisse klar waren, vergingen 74 ermüdende Minuten. Bebeto traf für Brasilien, daß die US-Boys treffen würden, schien unmöglich. Sie kamen nicht aus der eigenen Hälfte heraus.

So blieb nur die Vorstellung, was gewesen wäre, wenn ... Der Streifen wäre zu schön gewesen, er hätte vermutlich eine ganze Reihe nervlich zerrütteter Drehbuchautoren zu Füßen der berühmter Hollywood-Buchstaben zurückgelassen: Unabhängigkeitstag in den USA, eine Nation flaggt rot-weiß-blau und sitzt aufgewühlt vor dem Fernseher, dabei auch Mister President mit Familie, Dosenbier und Nüßchen – und drüben an der Westküste zwingen elf furchtlose Soccer-Boys den vorgewetteten WM-Champion Brasilien in die Knie. »Wir können uns nicht vorstellen«, sagte Thomas Dooley, der stärkste US-Spieler, »was passiert wäre«, hätten sie wirklich gewonnen. Man wird es nie erfahren. Die Party ist vorbei. »Jetzt«, sagte Thomas Dooley zum Abschied, »fliegen wir heim und feiern unsere Niederlage.« ■

LUDGER SCHULZE

VON DER SCHWIERIGKEIT, BANKHALTER ZU SEIN ...

Sie hocken dort auf der Bank und hoffen. Das heißt: Sie dürfen eigentlich nicht hoffen – es wäre ja die Hoffnung darauf, daß sich einer von den Mannschaftskameraden böse verletzt oder so miserabel spielt, daß ihn der Trainer vom Feld holen muß. Ist einer, der nicht hoffen darf, hoffnungslos? Das nun auch wieder nicht, denn ein Hoffnungsloser, der auf der Reservebank sitzt, ist ja wohl offensichtlich kein besonders guter Ersatz für einen, der soeben die Hoffnung zumindest für diesen Tag fahren ließ. Es ist gar nicht so einfach, sich in das Innenleben eines Banksitzers zu versetzen. Dort, wo angeblich die Seele ist, soll er wohl mitspielen, mitfiebern, mitleiden, mitärgern, mitschimpfen, mitjubeln. Alles schön und gut – und vielleicht macht der Trainer sogar ein Geheimtraining mit seinen Reservisten, welches sicherlich sehr interessant zu beobachten wäre.
Vielleicht läßt er einen Psychologen kommen, der ihnen die richtige innere Einstellung verpaßt, die man in dieser Situation braucht.
Besser: Der Psychologe müßte dafür sorgen, daß sie überhaupt keine Einstellung haben – emotionslos den eigenen Ehrgeiz unterdrückend – ein Ziel im Auge, das andere erreichen – aber trotzdem immer bereit, sofort umzuschalten. Aber der Mensch – und dazu gehören auch Fußballspieler, was gerne vergessen wird – ist keine Nachttischlampe, die man ein- und ausknipsen kann, je nach Bedarf. Es ist in der Tat sehr schwierig. Manche dieser Reservisten werden ja als Joker berühmt, wovon man aber auch nicht so genau weiß, was davon zu halten ist. Ein Joker ist eine Glückskarte – aber allein mit Glück geht es nicht auf die Dauer. Außerdem haben es weder Spieler noch Trainer gern, wenn man ihnen sagt, sie hätten weiter nichts als Glück gehabt. Wenn der Trainer einen aufs Spielfeld schickt, der nach einer Minute ein Tor schießt, könnte man allerdings schon ein bißchen diese Meinung vertreten – der Trainer aber wird sagen, er habe sich lange und genau überlegt, welchen von der Bank er als Joker nehmen soll. Kein Mensch kann ihm das Gegenteil beweisen.
Öfter heißt es, daß eine Reservebank sehr gut besetzt ist. Dafür können sich die, die darauf hocken, überhaupt nichts kaufen und es erhöht weder das Einkommen noch die Transfersumme und lediglich geringfügig das Ansehen. Was soll einer, der vier Wochen auf der Ersatzbank saß, sagen, wenn er zu Hause beim Bäcker die Brötchen kauft und gefragt wird, warum er denn nie gespielt hat? Es ist in der Tat kein beneidenswertes Leben, das die, die da hocken, zu führen haben. Nicht einen einzigen blauen Fleck können sie als Beweis ihres Dabeisein vorzeigen. Es ist längst an der Zeit, den Ersatzspieler des Jahres zu wählen.

ULRICH KAISER

KARLHEINZ FELDKAMP ÜBER DIE DEUTSCHEN BANKHALTER:
»Die Spieler, die nicht auf der Bank sitzen wollen, hätten ja zu Hause bleiben können!«
(auf dem Foto: Martin Wagner, Stefan Kuntz, Andreas Möller und Rudi Völler in ihrer bankhaltenden Rolle/von links)

adidas
7
13
adidas

REIF(E)*SPRÜCHE

Er wird mehr und mehr zur Kultfigur im amerikanischen Fußball: Alexi Lalas. Für seine Haarfarbe kann er nichts, was er daraus macht, ist zumindest für die Fotografen interessant.

Auch der Sambaband ist das Trommeln etwas vergangen.

Brasilien, der große Favorit, spielt nicht berauschend in dieser ersten Halbzeit und fällt eher aus der Rolle.

Die Brasilianer leben nicht von der eigenen Kunst. Schlimmer kann es eigentlich nicht kommen.

Die Brasilianer spielen Hallenhandfußball, immer an der amerikanischen Abwehr entlang.

Nach Chancen steht es jetzt 4:1 für Brasilien, aber wir sind nicht beim Eiskunstlaufen, Noten gibt es nicht.

Den 100-m-Lauf gewinnt Romero nicht gegen eine Schildkröte, aber die ersten fünf bis sechs Meter, und die braucht ja ein Stürmer.

Für mich der mit Abstand beste Mann auf dem Platz – der Schiedsrichter.

Wenn Sie mal ein Beispiel für Minimalismus suchen, dann nehmen Sie dieses Spiel.

Es war nicht das rauschende Fußballfest, aber als Pauschaltourist kann man vielleicht auch nicht mehr verlangen.
(zu USA – BRASILIEN)

** Marcel Reif, ZDF-Reporter*

Roberto Baggio, Weltfußballer 1993: »Ich habe nicht für Sacchi gespielt, sondern für Italien.«

Rudi Völler, nach seinem 14. WM-Spiel (Nummer 13): »Wer noch nie ein WM-Tor geschossen hat, der kennt auch nicht das absolute Gefühl dafür. Es entsteht für einen Augenblick eine völlige Leere im Gehirn.« (Seite 115 oben)

Matthias Sammer (Nummer 16), der einzige Ostdeutsche im deutschen Team: »Ich bin immer da, wo ich gebraucht werde, ich bin einer, der hilft.« ▶

IM BLICKPUNKT: ROBERTO BAGGIO

Das Schicksal von Schöngeist und Schönspieler war eins. Ohne Roberto Baggio wäre Arrigo Sacchi nach dem Viertelfinale vermutlich nicht mehr italienischer Nationalcoach. Und ohne Sacchi hätte sich Baggio vielleicht nie von dem Tief erholt, in das er ausgerechnet in den wichtigsten Wochen seiner Karriere gerutscht war. Zuerst hatte der Schöngeist den Schönspieler gedemütigt, indem er ihn gegen die Norweger schon vor der Pause vom Platz holte. Italien hatte nach Pagliucas roter Karte nur noch zehn Spieler auf dem Platz, und Sacchi traute Baggio, dem Schönspieler, nicht zu, unter diesen verschärften Bedingungen seinen Mann zu stehen. Der Trainer behielt recht, Italien gewann 1:0. Baggio biß sich auf die Zunge und schwieg. Seine Antwort kam am 5. Juli. Sie rettete Arrigo Sacchi den Kopf. Knapp zwei Minuten vor dem Ausscheiden gegen Nigeria erzielte Baggio mit einem präzisen Flachschuß den Ausgleichstreffer. »Wir waren bereit abzureisen«, sagte Baggio später, »ich habe die Jungs wieder aus dem Flugzeug geholt.« Was von diesen deshalb besonders geschätzt wurde, weil italienische Versager am Flughafen in der Regel von den erbosten Tifosi mit faulen Tomaten empfangen werden.
Daß die Italiener ihren Amerika-Aufenthalt verlängern konnten, dazu bedurfte es erneut einer Großtat des Schönspielers. Baggio verwandelte den entscheidenden Elfmeter mit kühlem Kopf zum 2:1. Es war seine Rache für die Schmäh, die über dem vom Glück verlassenen Superstar gleich kübelweise vergossen worden war. Neu war dies für Baggio nicht. 1 000 Flaschen »Cerasuolo« und »Montepulciano d'Abruzzo« der besten Jahrgänge bekam der 27jährige Stürmerstar von Juventus Turin nach seinen beiden Toren gegen Nigeria gewissermaßen als Zielwasser geschenkt ...
Für einen wie ihn gibt es nur schwarz und weiß, dazwischen ist kein Platz. Für nichts, wobei Baggio auch mit dem Trubel in guten Tagen seine liebe Mühe hat. »Ich kann mit meiner kleinen Tochter nicht spazieren gehen«, klagte er kürzlich, »die Fans lassen mir in Italien keinerlei Freiheit«. Der Preis des Triumphes. Aber immer noch besser als faule Tomaten.
»Ich bin nicht der Retter des Vaterlandes, ich bin kein Blender und auch kein Versager, ich bin kein Champion, ich bin nur Roberto Baggio«, belehrte er seine Kritiker.

IM PORTRÄT: RUDI VÖLLER

Es war Denkmalschändung. Und es war ganz alleine seine eigene Schwäche, weshalb der Sockel unter Rudi Völler zu wackeln begann. Denn das WM-Turnier schritt voran und Ruuudiii, der in die Herzen gestürmt war, wie seit Uwe Seeler (»uns' Uwe«) niemand mehr, fand keinen Tritt. Nicht selten schien es in den ersten Tagen so, als bereue Völler seine Entscheidung, nach 85 Länderspielen, 44 Toren und fast zwei Jahren Abstinenz mit 34 Jahren noch einmal zurückgekehrt zu sein ins Nationaltrikot. Beim Test in Toronto gegen Kanada lief er bindungslos nebenher, fühlte sich »mit Argusaugen beobachtet: Was kann der noch, was hat der noch drauf?« Nicht genügend, wurde allgemein vermutet, als Völler auch im zweiten WM-Vorrundenspiel gegen Spanien nach seiner Einwechslung (62.) im Chicagoer Glutofen dahinschmolz. Erste Mitleidsbekundungen gingen ein, und Bundestrainer Berti Vogts wurde als missionarischer Scharlatan verdächtigt, als er gebetsmühlengleich verkündete: »Der Tag wird kommen, an dem Rudi Völler für uns sehr wichtig wird.« Er kam, als ein Nieselregen über Chicago niederging.
Die Amerikaner hielten in der offiziellen WM-Statistik folgendes fest: Min 5, 13 Völler, R: Shot – Inside area – Goal, 1:0. Oder auch: Min 39, 13 Völler, R: Header (Kopfball) – Inside Area (Strafraum) – Goal, 3:1. Zwei Tore schoß »Tante Käthe« beim 3:2-Achtelfinalsieg gegen Belgien. Ein weiteres, das 2:1 durch Klinsmann, bereitete er traumhaft vor, und hinterher verwirrte er die amerikanische Polizei genauso wie zuvor die belgische Abwehr. Vorneweg Völler, hintendran die drängelnde Pressemeute, so etwas hatte Wachtmeister Jaglowski von der Chicago Police noch nie gesehen, »das ist ja wie bei Michael Jordan«. Der zurückgetretene Basketballstar der Chicago Bulls ließ sich durch seine Wurfstatistik beschreiben. Shot – Inside area – Goal. Rudi Völler läßt sich so nicht fassen. In Wirklichkeit war es ein einziger Aufschrei, der durchs Stadion, durch Deutschlands Wohnzimmer und Kneipen hallte: Ruuudiii – das Comeback des Jahres.
Übrigens: Als einziger WM-Spieler duzt er den Bundestrainer. Der hatte ihm beim Abschied am 14. Oktober 1992 zugesagt, daß für Rudi immer ein Platz im Team frei sei.
Rudi kam. Und wie!

STATEMENT

Der Dortmunder Mittelfeldspieler Mathias Sammer über seine Rolle in der Mannschaft und wie er sich selbst sieht: »Erst im Erfolg erlebst du, wie wichtig eine Mannschaft ist, wie wichtig Zusammenhalt ist. Dann erkennst du erst, wie schief es läuft, wenn du nur Einzelkämpfer hast. Es ist wichtig, daß es Typen gibt, die Spiele ganz allein entscheiden und welche, die sich total reinknallen und nicht so im Vordergrund stehen. Ich beiße mich in meine Rollen hinein. Durch Leistung kommt die Anerkennung automatisch.
Ich wollte schon mit zwanzig in Dresden kein Vorbild sein. Warum auch? Man muß nur versuchen, seinen Charakter umzusetzen. Früher hab ich nur eine Position spielen können: Mittelstürmer. Immer zum Tor, immer in eine Richtung. Ich hab' keinen Meter nach hinten gemacht. Aber irgendwann lernst du die Gesetzmäßigkeiten kennen, und die mußt du halt respektieren und anwenden.«

Statistik Achtelfinale

DEUTSCHLAND – BELGIEN 3:2 (3:1)

2. 7. in Chicago
Deutschland: Illgner – Matthäus (46. Brehme) – Helmer, Kohler – Berthold, Häßler, Buchwald, Sammer, Wagner – Völler, Klinsmann (86. Kuntz).
Belgien: Preud'homme – de Wolf – Grun, Albert – Emmers, van der Elst, Scifo, Staelens, Smidts (66. Boffin) – Weber, Nilis (77. Czerniatynski).
Tore: 1:0 Völler (5.), 1:1 Grun (8.), 2:1 Klinsmann (11.), 3:1 Völler (39.), 3:2 Albert (90.).
Schiedsrichter: Kurt Röthlisberger (Schweiz).
Zuschauer: 60 246.
Gelbe Karten: Helmer, Wagner – Albert.
Gelb/Rot: keine.
Rote Karten: keine.

SPANIEN – SCHWEIZ 3:0 (1:0)

2. 7. in Washington

Spanien: Zubizarreta – Alkorta, Nadal, Abelardo, Camarasa – Ferrer, Goicoechea (62. Beguiristain), Bakero, Hierro (76. Otero), Sergi – Luis Enrique.
Schweiz: Pascolo – Hottiger, Herr, Geiger, Quentin (58. Studer) – Ohrel (73. Subiat), Bregy, Sforza, Bickel – Knup, Chapuisat.
Tore: 1:0 Hierro (15.), 2:0 Luis Enrique (74.), 3:0 Beguiristain (86., Foulelfmeter).
Schiedsrichter: Mario van der Ende (Niederlande).
Zuschauer: 53 200.
Gelbe Karten: Goicoechea, Ferrer, Camarasa, Bakero – Hottiger, Studer, Subiat, Pascolo.
Gelb/Rot: keine.
Rote Karten: keine.

ENTDECKT

Das Achtelfinale Mexiko – Bulgarien war das insgesamt neunte WM-Spiel, das durch ein Elfmeterschießen entschieden wurde. Der Elfmeter-Modus wurde 1982 in Spanien eingeführt, und Uli Stielike war der erste Schütze, der vom Punkt versagte. Dennoch gewann die DFB-Elf den Krimi mit 5:4 gegen Frankreich und brachte sich in das Endspiel. Auch in weiteren zwei Duellen erwiesen sich die DFB-Schützen als die nervenstärkeren.

Die bisherigen Elfmeter-Duelle: **Halbfinale, 1982 in Sevilla:** Deutschland – Frankreich 5:4 (3:3 n.V.); **Viertelfinale, 1986 in Guadalajara:** Brasilien – Frankreich 3:4 (1:1 n.V.); **in Monterrey:** Deutschland – Mexiko 4:1 (0:0 n.V.); **in Puebla:** Spanien – Belgien 4:5 (1:1 n.V.); **Achtelfinale, 1990 in Genua:** Irland – Rumänien 5:4 (0:0 n.V.); **Viertelfinale in Florenz:** Argentinien – Jugoslawien 3:2 (0:0 n.V.); **Halbfinals, in Neapel:** Argentinien – Italien 4:3 (1:1 n.V.); **in Turin:** Deutschland – England 4:3 (1:1 n.V.).

Trainer Bora Milutinovic (USA): »Ich bin traurig, aber gleichzeitig auch glücklich, weil wir uns mit einer guten Leistung aus diesem Turnier verabschiedet haben. Meine Spieler haben eine großartige Weltmeisterschaft gespielt.«

SAUDI-ARABIEN – SCHWEDEN 1:3 (0:1)

3. 7. in Dallas

Saudi-Arabien: Al Deayea – Madani – Zebermawi, Khlawi, Al Jawad (55. Al Ghesheyan) – Amin, Al Bishi (63. Al Muwallid), Owairan, Saleh – Al Jaber, Falatah.
Schweden: Ravelli – Nilsson, Patrik Andersson, Björklund (55. Kaamark), Ljung – Brolin, Thern (70. Mild), Schwarz, Ingesson – Kennet Andersson, Dahlin.
Tore: 0:1 Dahlin (6.), 0:2 Kennet Andersson (51.), 1:2 Al Ghesheyan (85.), 1:3 Kennet Andersson (88.).
Schiedsrichter: Renato Marsiglia (Brasilien).
Zuschauer: 57 000.
Gelbe Karten: Muwallid – Ljung, Thern, Nilsson.
Gelb/Rot: keine.
Rote Karten: keine.

RUMÄNIEN – ARGENTINIEN 3:2 (2:1)

3. 7. in Los Angeles

Rumänien: Prunea – Belodedici – Petrescu, Prodan, Mihali, Selymes – Munteanu, Lupescu, Popescu, Hagi (86. Galca) – Dumitrescu (90. Papura).
Argentinien: Islas – Caceres – Sensini (63. Medina Bello), Ruggeri, Chamot – Redondo, Ortega, Basualdo, Simeone – Balbo, Batistuta.
Tore: 1:0 Dumitrescu (12.), 1:1 Batistuta (16., Foulelfmeter), 2:1 Dumitrescu (18.), 3:1 Hagi (57.), 3:2 Balbo (75.).
Schiedsrichter: Pierluigi Pairetto (Italien).
Zuschauer: 93 000.
Gelbe Karten: Hagi, Selymes, Dumitrescu – Ruggeri, Redondo, Chamot, Caceres.
Gelb/Rot: keine.
Rote Karten: keine.

NIEDERLANDE – IRLAND 2:0 (2:0)

4. 7. in Orlando

Niederlande: de Goey – Koeman – Rijkaard, Valckx, Frank de Boer – Winter, Jonk, Witschge (79. Numan) – Overmars, Bergkamp, van Vossen (70. Roy).
Irland: Bonner – Garry Kelly, McGrath, Babb, Phelan – Houghton, Keane, Sheridan, Townsend, Staunton (64. McAteer) – Coyne (75. Casarino).
Tore: 1:0 Bergkamp (12.), 2:0 Jonk (42.).
Schiedsrichter: Peter Mikkelsen (Dänemark).
Zuschauer: 61 200 (ausverkauft).
Gelbe Karte: Koeman.
Gelb/Rot: keine.
Rote Karten: keine.

MEXIKO – BULGARIEN 1:1 (1:1, 1:1) n.V. 1:3 (Elfmeterschießen)

5. 7. in New York

Mexiko: Campos – Rodriguez, Juan Ramirez, Suarez, Ramon Ramirez – Bernal, Ambriz, Luis Garcia, Garcia Aspe – Alves, Galindo.
Bulgarien: Mihailow – Hubtschew – Kremenliew, Kirjakow – Borimirow, Balakow, Sirakow (104. Guentschew), Letschkow, Jordanow – Kostadinow (118. Mitarski), Stoitschkow.
Tore: 0:1 Stoitschkow (8.), 1:1 Garcia Aspe (19., Foulelfmeter).
Elfmeterschießen: Garcia Aspe über das Tor, Balakow gehalten, Bernal gehalten, 0:1 Guentschew, Rodriguez gehalten, 0:2 Borimirow, 1:2 Suarez, 1:3 Letschkow.
Schiedsrichter: Jamal Al-Sharif (Syrien).
Zuschauer: 70 000.
Gelbe Karten: Suarez, Garcia Aspe, Ramon Ramirez – Jordanow, Kirjakow.
Gelb/Rot: Garcia (58.) – Kremenliew (47.).
Rote Karten: keine.

BRASILIEN – USA 1:0 (0:0)

4. 7. in San Francisco

Brasilien: Taffarel – Jorginho, Aldair, Marcio Santos, Leonardo – Dunga, Mauro Silva, Mazinho, Zinho (69. Cafu) – Bebeto, Romario.
USA: Meola – Clavijo, Balboa, Lalas, Caligiuri – Ramos (46. Wynalda), Sorber, Dooley, Perez (66. Wegerle), Jones – Stewart.
Tor: 1:0 Bebeto (74.).
Schiedsrichter: Joel Quiniou (Frankreich).
Zuschauer: 86 000 (ausverkauft).
Gelbe Karten: Mazinho, Jorginho – Clavijo, Dooley.
Gelb/Rot: Clavijo (86.).
Rote Karte: Leonardo (42.).

NIGERIA – ITALIEN 1:2 (1:0, 1:1) n. V.

5. 7. in Boston

Nigeria: Rufai – Eguavoen – Okechukwu, N'Wanu, Emenalo – Finidi, Okocha, Oliseh, Amunike (58. Oliha) – Amokachi (35. Adepoju), Yekini.
Italien: Marchegiani – Mussi, Costacurta, Maldini, Benarrivo – Signori (64. Zola), Berti (46. Dino Baggio), Donadoni, Albertini – Roberto Baggio, Massaro.
Tore: 1:0 Amunike (27.), 1:1 Roberto Baggio (88.), 1:2 Roberto Baggio (102., Foulelfmeter).
Schiedsrichter: Arturo Brizio Carter (Mexiko).
Zuschauer: 54 000.
Gelbe Karten: Emenalo, Adepoju, Oliseh, N'Wanu – Massaro, Costacurta, Signori, Dino Baggio, Maldini.
Gelb/Rot: keine.
Rote Karte: Zola (76.).

IM BLICKPUNKT: SCHWEIZ

Das Dumme an einer Weltmeisterschafts-Endrunde ist, daß mit dem Achtelfinale bis auf den Sieger alle Mannschaften mit einer Niederlage das Turnier beenden, mit einer Niederlage, die häufig das zuvor Erreichte in den Hintergrund drängt. Bei den Schweizern hielt sich dennoch der Frust in Grenzen. Nach dem 0:3 gegen Spanien im Achtelfinale ließ zwar Trainer Roy Hodgson seine bereits zur Tradition gewordene Medienschelte los und bewies dabei, daß sich sein (Schimpf)-Wortschatz in den drei WM-Wochen um einige recht derbe amerikanische Ausdrücke vergrößert hatte, aber als er sich wieder beruhigt hatte, bot der Verlierer aus der Schweiz ein alles in allem doch recht friedliches Bild. Ciriaco Sforza stänkerte ein wenig über die Taktik, und fand, zu viele Bälle seien über die Köpfe der Mittelfeldspieler hinweg blind nach vorne gedroschen worden, aber das war's dann auch schon.
Vor allem die routinierten Spieler im Kader, alte Kämpfer wie Georges Bregy (36), Andy Egli (34) oder Alain Geiger (34), hatten sich längst damit abgefunden, ihre Karriere ohne eine WM-Endrunde abschließen zu müssen. Deshalb kam die Qualifikation für »USA 1994« für sie wie ein Geschenk des Himmels, eine Zusatzzahl zum Lotto-Sechser. Aus diesem Grund überwog am Schluß der Schweizer USA-Expedition die Genugtuung darüber, überhaupt dabeigewesen zu sein, und erst noch sicher die 2. Runde erreicht zu haben. Der Abschied allerdings fiel reichlich unspektakulär aus. Ohne Alain Sutter, dem bei weitem besten Spieler, waren die Schweizer gegen Spanien, einem traditionellen Angstgegner, chancenlos. »Wir waren nicht darauf vorbereitet, wie Spanien spielen würde«, gestand Libero Geiger. Fatal wirkte sich für die Schweizer aus, daß ihr Parade-Sturmduo Chapuisat/Knup unter Ladehemmung litt. Mit Ausnahme des Sieges über Rumänien blieben die beiden deutschen Bundesliga-Söldner wirkungslos.
Ein Tor in drei Spielen gegen USA, Kolumbien und Spanien: das war nun wirklich zu wenig, um ein Schweizer WM-Wunder möglich zu machen.

SEPP, JACK, BERTI UND DIE ANDEREN

Es ist zwar nicht die Regel, aber es kommt ziemlich oft vor, daß die Trainer früher selbst ganz ordentliche Kicker waren. Das ist trotz aller theoretischer Kenntnisse, die durch Lizenzen und Diplome bestätigt wurden, sicherlich kein Fehler. Sie können dann aus ihrer Praxis leichter nachempfinden, wie man sich so fühlt. Die Voraussetzungen für einen guten Trainer liegen allerdings wohl kaum ausschließlich darin, die richtigen Leute aufzustellen, nachdem denen vorher ein System erklärt wurde, welches ihnen so ganz fremd auch nicht sein kann. Der gute Trainer muß sich ja auch mit seinem Volk auf den Rängen vertragen – selbst wenn das manche rundweg ableugnen. Der Engländer Jack Charlton beispielsweise, der in Irland irischer als die Iren wurde, hat in einer neuen Heimat mehr Popularität genossen als jeder Einheimische vor ihm. Das, was ihn auszeichnet, ist das, was man Charisma nennt – auf Deutsch heißt das Gottesgabe. Manche haben »es«, manche nicht. Der Deutsche Hans-Hubert »Berti« Vogts hatte es da ungleich schwerer – und das kann nicht nur an den Medien gelegen haben. Der Österreicher Ernst Happel, der jede Mannschaft trainierte, die das nötige Kleingeld für ihn aufbrachte, war sicherlich ebenfalls nicht besonders leutselig, aber er hatte »es« ebenfalls. Mit dem Abstand der Jahrzehnte darf man es ja zugeben, daß Sepp Herberger die schönsten Platitüden von sich gab, die heute noch als der Weisheit letzter Schluß wiedergegeben werden. »Der Ball ist rund.« Hennes Weisweiler wäre zu nennen, der »es« ebenfalls hatte – er wäre wahrscheinlich auch ein guter Nationaltrainer geworden. Eine seltsame Parallele zeigt sich bei allen diesen Leuten: Charlton, Weisweiler, Happel, Vogts waren als Spieler keineswegs die technisch eleganten Typen, sondern ganz schöne Klopper, bei denen es sich jeder Angreifer überlegte, ob er sich auf einen weiteren Zweikampf einlassen sollte. Kaum wurden sie allerdings zum Lehrer, galten sie als Verfechter eines Spiels, bei dem die Kenner gerne ins Schwärmen geraten. Warum das so ist, läßt sich gar nicht so einfach erklären. Ist es die Sehnsucht, den eigenen alten Ruf vergessen zu machen? Oder was? Wie jedermann weiß, hat ein Mann namens Franz Beckenbauer so Fußball gespielt, wie es in seinem Lande niemand zuvor und bisher auch danach je tat. Als man ihn mangels Diplom nicht zum Bundestrainer, sondern zum Teamchef machte, erreichte er zweimal ein WM-Finale, eines davon gewann er. Und warum dieser Erfolg? Weil er seinen Spielern auch sagte, sie sollen ein bißchen härter zur Sache gehen. Es ist schwierig, darin eine Logik zu erkennen. Aber vielleicht liegt darin eines der Geheimnisse des Erfolges, von ihm, von Sepp, Jack, Berti und den anderen.

ULRICH KAISER

ARRIGO SACCHI, GELERNTER BUCHHALTER UND SCHUHVERKÄUFER, BETREUT SEIT OKTOBER 1991 DIE ITALIENISCHE NATIONALMANNSCHAFT: »Fußball soll ein Spektakel sein, mit viel Tempo, mit viel Bewegung. Dann gibt Fußball dem Leben wie die Religion eine neue Dimension.«

MARTIN HÄGELE

Die Ära Hans-Hubert Vogts

Vielleicht sollte man die Geschichte vom Bundestrainer Hans-Hubert Vogts, den alle Welt nur Berti nennt, in einer amerikanischen Umkleidekabine beginnen. Denn immer, wenn es um die Einschätzung dieses Mannes geht, wird jene Story aufgewärmt werden. Und die Spieler, die an jenem 10. Juni 1993 dabei waren im Glutofen des Robert F.-Kennedy-Stadions von Washington, werden noch in Jahren davon reden.

Wie sie bei Halbzeit gedemütigt in der Kabine hockten! Nichts als Ärger in ihren Köpfen. Ärger, Wut und Frust. Noch nie war eine deutsche Nationalmannschaft ähnlich deklassiert oder vorgeführt worden wie die Weltmeister von Rom. »Die schlachten uns ab«, schrie Lothar Matthäus.

3:0 für Brasilien. Und droben auf der Pressetribüne schwitzte Paul Breitner. Der ehemalige Kumpel aus der Weltmeisterelf von ’74, der zum schärfsten Kritiker des Bundestrainers geworden war, formulierte für »Bild« gerade den Abgesang auf Vogts: »Weg mit Berti«.

Der Werkzeugmacher-Lehrling Hans-Hubert Vogts träumte im WM-Jahr 1966 davon, selbst einmal bei einer Weltmeisterschaft mitzuspielen.

Der wirkte in diesem Augenblick ziemlich ruhig. Zumindest nach außen. Ganz sachlich korrigierte Vogts Taktik und Fehler: ein paar Umstellungen im Mittelfeld, Matthias Sammer blieb auf der Bank, dafür wurde Stürmer Karlheinz Riedle eingewechselt. »Ich habe den Bundestrainer in dieser Situation bewundert«, so Jürgen Klinsmann hinterher.

Wie sie eine Stunde später nach dem fast sensationellen 3:3 wieder zusammensaßen. Ausgelaugt, keine Kraft mehr zum Jubeln. Und wie dann ganz langsam ihr Stolz zurückkam, sie sich auf einmal wieder lustig machen konnten. Über die Schlagzeilen und Titel, die schon unterwegs waren in die Heimat. Und nach hektischen Telefonaten erst gestoppt und dann umgedreht werden mußten.

Kein Nachruf für Berti. Und wenn man etwas feststellen konnte an dem Mann, der an diesem schwülsten, feuchtesten und heißesten Sommertag des Jahres '93 in Washington schon zum öffentlichen Abschuß freigegeben schien, dann waren es nur minimalste Äußerlichkeiten. Seine Stimme hatte ein leichtes Timbre, und die Augen blitzten ein bißchen mehr bei der Analyse, als er sagte: »Ich kann mich nicht erinnern, daß jemals eine deutsche Nationalmannschaft einen 0:3-Rückstand herumgerissen hat – schon gar nicht gegen Brasilien.«

Jeder Bundestrainer braucht solch eine Legende in seiner Vita. Fürs eigene Selbstbewußtsein genauso wie als ultimativen Schutz vor den Kritikastern. Sepp Herberger war unantastbar durchs »Wunder von Bern«. Helmut Schön lebte lange von seinen 72er Europameistern und deren »Sternstunden in Wembley«. Jupp Derwall beschwor immer wieder den »Geist von Sevilla« (Sieg im WM-Halbfinale über Frankreich im Elfmeterschießen nach 1:3-Rückstand). und Franz Beckenbauer küßte das Glück scheinbar immer.

Daß dieser Liebling aller Menschen und Medien, der schon im Alter von 25 Jahren als »Kaiser Franz« tituliert wurde, ausgerechnet sein Vorgänger sein mußte, ist das große Handicap in der Trainerkarriere des Berti Vogts. Hans-Hubert Vogts hat nichts Majestätisches an sich, er sieht aus nach Durchschnittsbürger mit kleiner Konfektionsgröße – und das macht ihm womöglich nicht einmal etwas aus. Berti Vogts hat sich arrangiert damit, ungerecht behandelt zu werden.

Der Mann im Schatten. Der Verteidiger Berti. Der »Terrier«. Der Konservative aus Korschenbroich, Postleitzahl 41352. Daß er früher ein Mitläufer war. So steht's in seiner Akte.

Und auf den ersten Blick besitzt Berti Vogts eine recht sonderbare Logik. Ziemlich altbacken. Doch je länger man sich damit beschäftigt, desto häufiger muß man ihm recht geben.

Das öffentliche Bild des Bundestrainers hat sich in den vergangenen vier Jahren nur ganz, ganz langsam verändert. Um sein Image richtig umzukrempeln »müßte ich das WM-Finale 5:0 gewinnen«, sagt Vogts und nimmt die Zeitgeist-Bewegung auf

1970 ging sein WM-Traum in Erfüllung: Platz 3 in Mexiko, nachdem die Engländer im Viertelfinale (siehe Szene) 3:2 nach Verlängerung bezwungen hatte.

die Schippe: »Es ist ja schon negativ, daß ich immer noch mit der gleichen Frau verheiratet bin. Soweit sind wir inzwischen.«

Als Assistent Berti nach dem 90er WM-Titelgewinn zum Chef befördert wurde – »Wir sind über Jahre nicht mehr zu besiegen. Es tut mir leid für den Rest der Welt, aber es ist so«, hatte »Kaiser Franz«, die Lichtgestalt, zuvor vollmundig verkündet – trat Vogts den neuen Job mit einer gewissen Naivität an. Er kam als ziemlich empfindsamer Pädagoge aus dem Nachwuchsbereich. Doch spätestens als die Musterschüler des einstigen DFB-Jugendtrainers erwachsen wurden, merkte auch Vogts, daß im materiell ausgerichteten Profi-Alltag sentimentale Pfadfinder-Mentalität und fast väterliche Anhänglichkeit nichts zu suchen haben.

Eine Erkenntnis, die Berti Vogts wehgetan hat. Über zwei Jahre hat dieser Prozeß gedauert. Beckenbauers Nachfolger hielt für alle und alles den Buckel hin. Nach schlechten Länderspielen traf ihn die Kritik, er aber besorgte den Spielern noch Alibis für die schwachen Auftritte. Erst die Niederlage im EM-Finale gegen Dänemark und die peinliche Lektion durch die Brasilianer vor Weihnachten '92 in Porto Alegre (3:1) änderte den Stil von Vogts Menschenführung: »Ich muß lernen, daß als Bundestrainer für mich nicht mehr die Erziehung der Spieler, sondern allein deren Leistung zählt. Ich war zu oft zu vertrauensvoll.«

Inzwischen herrscht gesunde Distanz zwischen Chef und Spielern. Keiner traut sich mehr – wie anfangs Stefan Effenberg – einen besonderen Führungsanspruch und die zentrale Position auf dem Platz zu fordern. »Dann kann er gleich in Florenz bleiben«, sagt Vogts. Und jeder glaubt ihm diese Härte.

Doch mehr als durch seine klare Linie in Personalfragen hat Berti Vogts die Spieler mit seiner Medienpolitik überzeugt. Wie überlebt einer in dieser Szene, der mit dem Satz »Ich bin nicht käuflich« beim Amtsantritt schon eine Kriegserklärung an die »Bild«-Zeitung schickt? Im Gegensatz zum Informanten Franz Beckenbauer hat sich dessen Nachfolger das gegenseitige Wohlverhalten mit dem auflagenstärksten Meinungsmacher nicht abkaufen lassen. Und obwohl ihm das Boulevardblatt mehrmals die Macht von fünf Millionen Spucke demonstriert hat, ist Berti Vogts nie umgefallen.

Er kungelt weder rechts noch links. Und trotzdem fühlt er sich ständig von Argwohn umzingelt. Die täglichen Pressestunden mit dem Bundestrainer im WM-Quartier fürchteten viele Berichterstatter im Vorfeld schon als journalistischen Gulag. Ein bißchen lockerer ist er freilich schon geworden.

Dabei entspringen die häufig gekünstelten Gags und die gelegentlich verkrampfte Rhetorik auf dem Podium eher der Vogtsschen Schutzhaltung. Bloß keinen zu nahe heranlassen, ja nichts Intimes preisgeben.

Es gibt keine Homestories vom prominentesten Bürger des nieder-

Mit 27 Jahren Krönung seiner Laufbahn: Hans-Hubert Vogts (vorn rechts) wird mit Deutschland in München am 7. 7. 1974 Weltmeister.

rheinischen Städtchens Korschenbroich. Lediglich ein paar private Fotos mit Ehefrau Monica, Sohnemann Justin und Hund. Und wenn die Familie Vogts auf den Galapagos-Inseln Schildkröten streichelt oder stundenlang in Alaska auf einem Baum sitzt, bis der Braunbär am Fuße des Stammes wieder abbrummt, dann ist nie ein Fotograf dabei. Im Gegensatz zu fast allen Sport-VIPs will sich Vogts nicht vermarkten lassen.

Die paar, die ihn näher kennen, sollen ihn als Mensch messen. Alle andern an seiner Arbeit. Und auf dem Weg zu seiner Meisterprüfung, da ist Vogts überzeugt, befindet er sich auf der richtigen Spur. Auch wenn er an diesem Punkt gelegentlich die Ironie

überzieht: »Ich komme entweder als Weltmeister oder als Vaterlandsverräter heim.«

Die Mannschaft, die über Chicago, Dallas, New York nach Los Angeles fliegen sollte, um dort als erster Champion den Titel auf einem andern Kontinent zu verteidigen, stand im Kopf von Vogts schon lange zuvor fest.

Daß die deutsche USA-Equipe fast genauso aussieht wie auf dem Poster von Rom, er also nur das Erbe von Beckenbauer verwaltet hätte, dieser Vorwurf trifft Vogts fast genauso wie der Hinweis, es handle sich bei den 90er-Helden mittlerweile um eine Altherren-Auswahl.

»Unsachlich« nennt Vogts die Diskussion um die Geburtsdaten seiner Stars, die wie Lothar Matthäus (33), Andreas Brehme (33), Guido Buchwald (33), Rudi Völler (34) den Schnitt der Mannschaft an die Dreißiger-Grenze herangebracht haben. Weiß denn eigentlich keiner, daß die Leistungsanalytiker gerade bei dieser Altersgruppe die besten Ausdauerwerte diagnostiziert haben? Und könnte nicht bei den speziellen klimatischen Verhältnissen der WM '94 in Amerika die Routine von großem Nutzen sein? Vogts: »Bei 40 oder 50 Grad nachmittags um drei kann man nicht 90 Minuten powern. Da braucht man Leute, die das Tempo dosieren.«

Vogts hat zwar Visionen – aber bitte nicht bei der WM! Denn obwohl er in seinem Innersten ein absoluter Fußball-Ästhet ist – genau das Gegenteil des »lebenden Rasenmähers Modell Berti« –, muß er als Bundestrainer realistisch denken. Liebend gerne hätte der Idealist Vogts der Welt im Juni und Juli die total neue deutsche Fußballschule vorgeführt.

Leider konnte er das nicht. Obwohl er Talente getestet hat wie noch kein Bundestrainer vor ihm. 25 Mann in vier Jahren. Richtig im Sieb hängen geblieben sind eigentlich nur Thomas Strunz, Stefan Effenberg, Matthias Sammer und Mario Basler. Vogts: »Viele Spieler haben eine Chance bekommen, die meisten haben ihre Chance verschenkt.«

Seine Bilanz nach 41 Länderspielen: 25 gewonnen, neun Unentschieden, sieben Niederlagen. Zum Vergleich die Beckenbauer-Statistik im gleichen Zeitraum: 21 Siege, neun Remis, elfmal verloren. Doch wer macht sich schon die Mühe, die beiden Trainer einmal nur an Hand nackter Resultate zu vergleichen?

Sie sind nun einmal gegensätzliche Charaktere. Beckenbauer fällte seine Entscheidungen nach Gefühl. Allein aus dem Bauch. Berti Vogts ist ein Kopfmensch. und sie werden, erst recht nach dem Krach im Meisterschaftsfinale, solche entgegengesetzten Pole bleiben. Egal, wieviel Bier der persönliche Vermittler, in diesem Fall Bundeskanzler Helmut Kohl, zur Versöhnung der beiden ausgibt …

Und egal, wie das nun ausgeht mit unserem »Bundesberti«. Der Mann hat nach Problemen zu Beginn seiner Ära seine Person, seine Prinzipien und den Leitsatz seines Entdeckers und Lehrmeisters bestätigt. Wie hatte der weise »Hennes« Weisweiler bei »Borussia Mönchengladbach dem kleinen Berti doch immer gesagt: »Wenn du weißt, was du willst, und dich entschieden hast, weil du von einer Sache überzeugt bist, dann mußt du deinen Wege gehen mit aller Konsequenz und allen Widerständen zum Trotz. Spiele können verlorengehen und Spieler dich enttäuschen. Doch gegen deine Überzeugung darfst du nicht handeln. Nur so erreichst du das Beste für dich und die Mannschaft.« ■

»Er ist ein unheimlich verläßlicher Mensch und ein guter Mann«, so Monika Vogts über ihren Berti, für den Sohn Justin, der im Herbst in die Schule kommt, wichtiger ist als alle Schlagzeilen über ihn. ▶

96 Länderspiele (Debüt beim 0:1 gegen Jugoslawien am 3.5.1967), zwanzigmal Deutschlands Mannschaftskapitän (letztmals beim 2:3-WM-Spiel am 21. 6. 1978 gegen Österreich) – eine beeindruckende Visitenkarte des Bundestrainers Hans-Hubert Vogts.

LÄNDERSPIEL – STATISTIK

1990

1.	29. 8.	Lissabon	Portugal – Deutschland	1:1	
2.	10.10.	Stockholm	Schweden – Deutschland	1:3	
3.	31.10.	Luxemburg	Luxemburg – Deutschland	2:3	(EM-Q)
4.	19.12.	Stuttgart	Deutschland – Schweiz	4:0	

1991

5.	27. 3.	Frankfurt/Main	Deutschland – Sowjetunion	2:1	
6.	1. 5.	Hannover	Deutschland – Belgien	1:0	(EM-Q)
7.	5. 6.	Cardiff	Wales – Deutschland	1:0	(EM-Q)
8.	11. 9.	London	England – Deutschland	0:1	
9.	16.10.	Nürnberg	Deutschland – Wales	4:1	(EM-Q)
10.	20.11.	Brüssel	Belgien – Deutschland	0:1	(EM-Q)
11.	18.12.	Leverkusen	Deutschland – Luxemburg	4:0	(EM-Q)

1992

12.	25. 3.	Turin	Italien – Deutschland	1:0	
13.	22. 4.	Prag	CSFR – Deutschland	1:1	
14.	30. 5.	Gelsenkirchen	Deutschland – Türkei	1:0	
15.	2. 6.	Bremen	Deutschland – Nordirland	1:1	
16.	12. 6.	Norrköping	Deutschland – GUS	1:1	(EM-E)
17.	15. 6.	Norrköping	Deutschland – Schottland	2:0	(EM-E)
18.	18. 6.	Göteborg	Deutschland – Niederlande	1:3	(EM-E)
19.	21. 6.	Stockholm	Deutschland – Schweden	3:2	(EM-E)
20.	27. 6.	Göteborg	Deutschland – Dänemark	0:2	(EM-E)
21.	9. 9.	Kopenhagen	Dänemark – Deutschland	1:2	
22.	14.10.	Dresden	Deutschland – Mexiko	1:1	
23.	18.11.	Nürnberg	Deutschland – Österreich	0:0	
24.	16.12.	Porto Alegre	Brasilien – Deutschland	3:1	
25.	20.12.	Montevideo	Uruguay – Deutschland	1:4	

1993

26.	24. 3.	Glasgow	Schottland – Deutschland	0:1
27.	14. 4.	Bochum	Deutschland – Ghana	6:1
28.	10. 6.	Washington	Brasilien – Deutschland	3:3
29.	13. 6.	Chicago	USA – Deutschland	3:4
30.	19. 6.	Detroit	Deutschland – England	2:1
31.	22. 9.	Tunis	Tunesien – Deutschland	1:1
32.	13.10.	Karlsruhe	Deutschland – Uruguay	5:0
33.	17.11.	Köln	Deutschland – Brasilien	2:1
34.	15.12.	Miami	Deutschland – Argentinien	1:2
35.	18.12.	San Francisco	USA – Deutschland	0:3
36.	22.12.	Mexiko City	Mexiko – Deutschland	0:0

1994

37.	23. 3.	Stuttgart	Deutschland – Italien	2:1
38.	27. 4.	Abu Dhabi	VAE – Deutschland	0:2
39.	29. 5.	Hannover	Deutschland – Irland	0:2
40.	2. 6.	Wien	Österreich – Deutschland	1:5
41.	8. 6.	Toronto	Kanada – Deutschland	0:2

EM – Q = Europameisterschaft-Qualifikation
EM – E = Europameisterschaft-Endrunde

FINE
das

adidas
13
13
5
6

VIERTELFINALE

PRESSE-ECHO

»Ein echter Giganten-Mord im Giants-Stadion.« »THE INDEPENDENT« (England)

»Stoitschkow und Letschkow sind für immer die Helden einer Nation, die bis vor zwei Wochen noch kein Spiel einer WM gewann.« »FRANCE-SOIR« (Frankreich)

»Deutschland trat mit der ältesten und lustlosesten Auswahl an.« »LA VANGUARDIA« (Spanien) zu Deutschland – Bulgarien

»Roberto Baggio war fast überhaupt nicht im Spiel, aber mit einem einzigen Manöver sicherte er seinem Team den Sieg. Genau wie gegen Nigeria.« »CLARIN« (Spanien)

»Die schwarze Geschichte des spanischen Fußballs setzte sich fort.« »EL MUNDO« (Spanien) zu Italien – Spanien

»Mit einem Schlußakkord voller Kampfgeist und Dramatik nahm die niederländische Elf unter Tränen Abschied von der WM.« »DE VOLKSKRANT« (Niederlande)

»Brasilien hat bewiesen, daß es das Zeug zum vierfachen Weltmeister hat.« »JORNAL DO BRASIL« (Brasilien) zu Niederlande – Brasilien

»Rumänien wurde Opfer seiner eigenen Philosophie: Tore mit gleicher Leichtigkeit erzielen wie kassieren.« »EL PAIS« (Spanien) zu Rumänien – Schweden

VERRÜCKT UND DRAMATISCH

Im Prinzip, so hat Carlos Alberto Parreira gesagt, im Prinzip mache ihm sein Job als brasilianischer Nationaltrainer Spaß.

Manchmal allerdings, hat Parreira hinzugefügt, manchmal komme er sich vor wie ein zum Tode Verurteilter.

Es ist anzunehmen, daß Berti Vogts weiß, was Parreira gemeint hat.

Im Viertelfinale scheidet sich bei einer Weltmeisterschaft die Spreu vom Weizen. Die Trainer, die unter die letzten vier kommen, können nicht allzuviel falsch gemacht haben. Ein einziges Spiel kann in dieser Phase die Ansichten eines ganzen Volkes ändern. Arrigo Sacchi beispielsweise, Berti Vogts italienischer Leidensgenosse, mußte vor dem Viertelfinale gegen Spanien lesen, daß ihn rund achtzig Prozent der italienischen Fußball-Fans für den falschen Mann zur falschen Zeit am falschen Platz hielten: zu komplizierte Taktik, kein Stil, der Italiens verhätschelten Fußballern das Siegen ermöglicht.

Sie mußten ihre Meinung radikal ändern. Italien schlug Spanien mit 2:1 und stand im Halbfinale. Mit oder trotz Arrigo Sacchi: Was spielt das

Zwei bulgarische Kunststöße in drei Minuten: 1:1 Hristo Stoitschkow (76.) – oben; 1:2 Jordan Letschkow (79.) – Das Aus für Titelverteidiger Deutschland.

schon für eine Rolle? Was zählt, ist das Ergebnis, und dies gab dem Mann mit dem kahlgrauen Schädel Recht.

Außer Sacchi konnten auch noch Carlos Alberto Parreira, Tommy Svensson und Dimitar Penew ihren Amerika-Aufenthalt verlängern.

Berti Vogts war nicht unter den vier Glücklichen. Deutschland scheiterte an Bulgarien, was eine der größten Sensationen dieser ohnehin verrückten WM war. Eine Niederlage wie die gegen die Bulgaren hinterläßt natürlich ihre Spuren. Bodo Illgner sorgte für den ersten Krach unmittelbar nach dem Spiel. »Trainer«, hatte er Vogts noch in der Kabine anvertraut, »das war mein letztes Länderspiel für Deutschland.« Berti Vogts hatte den Eindruck, dies sei ein Gespräch unter vier Augen gewesen, nichts, was für die Öffentlichkeit bestimmt war. Daß er Illgner zum Weitermachen bewegen wollte, ist nicht anzunehmen, denn während der ganzen Weltmeisterschaft konnte der Kölner nie den Eindruck eines Torhüters der internationalen Klasse erwecken. Dies änderte sich auch gegen Bulgarien nicht. Zumindest beim Freistoß-Tor kann man Illgner keinen Freispruch erteilen – unhaltbar war Stoitschkows »Stoß« nicht. Als Vogts vor die Presse trat, galt eine der ersten Fragen dem Rücktritt von Illgner. Der Torhüter hatte seine Entscheidung brühwarm der Journaille verkündet, und Hans-Hubert Vogts, der gute Mensch von Büttgen, fühlte sich wieder einmal verschaukelt und enttäuscht. Illgner verzichtete konsequenterweise auch auf eine Teilnahme am Grillabend, bei dem die Mannschaft gemeinsam Abschied nehmen wollte von Amerika. Illgner hatte keine Lust auf Barbecue, und natürlich auch Stefan Effenberg nicht, dessen Rausschmiß vielleicht das Bulgarien-Spiel entschieden hat. Nach Sammers verletzungsbedingtem Fehlen fehlte ein lautstarker Mann fürs defensive Mittelfeld – einer wie Stefan Effenberg, zum Beispiel.

Tapfer richtete der Bundestrainer in der Stunde der bitteren Niederlage den Blick nach vorn. Vogts sprach davon, daß er weitermachen wolle, und vom Neuaufbau im Hinblick auf die Europameisterschaft 1996. Vogts wußte sehr wohl, daß das mit dem

Berti Vogts: »Alles Gute in Japan, Guido!«

Weitermachen längst nicht mehr seine Entscheidung war, sondern eine Frage der Belastbarkeit der DFB-Oberen.

Würden sie dem Druck standhalten können?

Die Sache mit dem Neuaufbau kann man so stehen lassen, wie sie Berti Vogts dargestellt hat. Von denen, die gegen Bulgarien verloren – es waren übrigens bis auf Wagner, Helmer, Möller und den eingewechselten Strunz die gleichen, die vor vier Jahren in Italien das WM-Endspiel gewonnen hatten – gibt mindestens die Hälfte ihren Abschied. Von Bodo Illgner war bereits die Rede, Rudi Völler, der noch einmal Erinnerungen geweckt hatte an den Ruuuuuuuudi der guten Tage, sagte ebenfalls Servus. Andy Brehmes zweiter Abschied von der Nationalmannschaft wird der letzte sein. Guido Buchwald hat sich zwar eine Freigabe-Klausel in seinen Vertrag im Yen-Paradies Japan schreiben lassen, aber daß ihm der DFB noch einmal ein Rückflug-Ticket nach Frankfurt buchen wird, ist höchst unwahrscheinlich.

Lothar Matthäus, normalerweise ein Mann des schnellen Statements, beschloß, diesmal zuerst in Ruhe über seine Zukunft als Nationalspieler nachzudenken. Im Halbfinale hätte er einen WM-Rekord (22 Spiele bei Endrunden) aufgestellt, und in ein paar

Monaten den Länderspiel-Weltrekord des Engländers Peter Shilton angreifen können. Weil Matthäus sich zu gern in den Rekordlisten verewigt sähe, werden die Bestmarken bei der Entscheidungsfindung des 33jährigen sicherlich eine Rolle spielen. »Diese Mannschaft«, sagte Vogts, »kann man wieder aufbauen.« Es bleibt ihm – oder seinem Nachfolger – nichts anderes übrig, der große Schnitt wird nicht zu vermeiden sein.

An diesem 10. Juli 1994 verabschiedete sich in New York eine ganze Generation deutscher Fußballer, die trotz der Niederlage gegen Bulgarien als eine der erfolgreichsten in die Annalen des DFB eingehen wird.

Wie sensationell der Sieg der Bulgaren war, zeigen ein paar Zahlen, die vor allem die statistikverrückten Amerikaner enorm beeindruckten. Vor dieser WM hatte Bulgarien in sechzehn World-Cup-Spielen kein einziges Mal gewonnen – sechs Unentschieden waren das Höchste gewesen, was die Männer aus Sofia erreicht hatten. Daß die Mannschaft von Dimitar Penew überhaupt in Amerika dabei sein durfte, war eines der größten Wunder der WM-Qualifikation. Eine halbe Minute vor Schluß des allerletzten Spiels gegen Frankreich schienen die USA-Tickets für die Stars der »grande nation« so sicher zu sein wie das amerikanische Gold in Fort Knox, ehe ein Mann namens Emil Kostadinow mit einem einzigen Schuß ins Netz die Bank sprengte – 2:1 für Bulgarien in Paris, der Triumphbogen war für eine Nacht nach Sofia versetzt worden.

Und jetzt stand Bulgarien im Halbfinale. Nach dem Sieg gegen Deutschland druckte die amerikanische Tageszeitung »USA today« eine Karte ab, die dem geneigten US-Leser eine Ahnung geben sollte, wo er denn, bitte schön, Bulgarien geographisch einzuordnen habe. Das historische Ausmaß des Sieges über Deutschland ließ zu Hause sogar die Politiker-Elite zu Fußball-Fachfragen Stellung nehmen. Staatspräsident Shelyu Shelew führte den Zwergen-Aufstand gegen den Weltmeister auf die Auslandser-

»Viva, Brasilia!« (Romario)

»Forza Italia!« (Pagliuca) ▶

fahrung der meisten bulgarischen Spieler zurück. Erst die Demokratie, so Shelev, habe es den besten Kickern des Landes ermöglichst, in den wichtigsten Ligen Europas den nötigen Feinschliff zu kriegen. »Was wir heute gesehen haben«, rief Shelew voller Glückseligkeit aus, »war wirklich kein Zufall.«

Eine hundertprozentige Übereinstimmung mit den 8,8 Millionen Bulgaren war ihm in diesem Moment fraglos gewiß.

Während man in Sofia jubelte, mußten in Bukarest die Träume vom ganz großen Coup begraben werden. Als Schwedens Torhüter Thomas Ravelli den entscheidenden Elfmeter von Belodedici hielt, haben sie beim Weltfußball-Verband FIFA vermutlich eine Flasche vom Allerfeinsten geköpft. Wie ein Damokles-Schwert hatte ein mögliches Osteuropa-Finalduell zwischen den konterstarken Rumänen und den konterstarken Bulgaren über diesen Viertelfinals gehangen. Bei allem Respekt vor den Herren Hagi, Stoitschkow und Co. wäre ein solches Endspiel als Werbeträger für den Fußball etwa so geeignet gewesen wie es die Touristen-Morde für den Fremdenverkehr von Florida sind.

Belodedicis Fehlschuß machte die Wiederholung einer Sternstunde für den schwedischen Fußball möglich. So, wie 1958 im Endspiel von Stockholm, hieß diesmal im Halbfinale von Pasadena die Paarung Schweden gegen Brasilien. Bis es soweit war, mußten die Akteure aus Stockholm und Göteborg erst einmal eine Achterbahn der Gefühle überstehen, auf der ihnen beinahe übel geworden wäre. In einem von der nackten Angst beherrschten Spiel, dem letzten bei dieser WM im altehrwürdigen Stanford-Stadion von Palo Alto, stand es bis zur 88. Minute 1:0 für Schweden, ehe Raducioiu mit seinem dritten Treffer bei diesem Turnier die Verlängerung erzwang. »Reichlich naiv«, fand Tomas Brolin, bei Parma spielender Stürmer-Star, das Verhalten seiner Teamkollegen. Als dann Raducioiu auch noch das 2:1 gelang, schien Schwedens Traum ausgeträumt, doch wenn's darauf ankam,

WM-SPOT

Die neue US-Profiliga »Major League Soccer« (MLS) bangt um ihre Existenz: Wenige Tage vor dem WM-Finale in Los Angeles kam aus dem US-Team die Nachricht, daß sich der für April 1995 vorgesehene Start zur ersten Saison um mindestens vier Monate, vielleicht sogar um ein Jahr verzögern wird. Das Problem: Keine Spieler, keine Sponsoren, keine Investoren.

»Alles ist doch nur ein Spiel«, so die tröstende Geste des Schweden Joachim Björklung für die untröstlichen rumänischen Verlierer.

hatten die Nordländer bei dieser WM stets ihren »Funkturm«, auf den sie sich verlassen konnten. Dies war auch gegen Rumänien nicht anders: Flanke, Kopftor, Jubel von Kennet Andersson. Bei EURO 92 mußte er sich noch als hüftsteifer Ballfriedhof verspotten lassen. Bei »USA 1994« war er einer der Stars, und zwar nicht nur wegen seiner Kopfballstärke. Andersson, konservativ geschätzte 1,90 m lang, scheint auch das Fußballspielen inzwischen gelernt zu haben. Worauf führt er selbst seine Steigerung zurück? »Alles eine Frage des Kopfes. Ich habe heute das Selbstvertrauen, das mir in den letzten Jahren gefehlt hatte.«

Zum Beispiel bei der WM 1990. Damals mußten sich die Schweden selbst von Costa Rica vorführen lassen. Mit 1:2 verloren sie sogar gegen die elf Zwerge aus Mittelamerika und schieden sang- und klanglos aus, ohne auch nur einen einzigen Punkt gewonnen zu haben. So gesehen war bereits das Erreichen des Achtelfinals ein Erfolg für die Schweden, das Viertelfinale genossen sie als Sahnehäubchen auf dem Kuchen, alles weitere mußte den Skandinaviern sowieso vorgekommen sein wie die Zusatzzahl zum Lottosechser.

Das Glück, das viele (neidische?) Konkurrenten traditionellerweise bei der deutschen Mannschaft zu finden glauben, heftete sich bei diesem World

Kampf bis zum letzten Schweiß – das war Italien gegen Spanien, ehe ein Genie alles entschied: Roberto Baggio (Nummer 10) erzielt das siegbringende 2:1 (Foto rechts).

Cup mit beinahe penetranter Hartnäckigkeit an die Fersen der Italiener. Zuerst der verhinderte Achtelfinal-K.o. gegen die großen, schwarzen Männer aus Nigeria, dann erneut die Gnade des späten Tores, wiederum erzielt von Roberto Baggio: Der Mann mit dem neckischen Zöpfchen schickte zuerst die Nigerianer und dann die Spanier nach Hause, und rettete mit diesem zweiten entscheidenden Treffer endgültig auch seine ganz persönliche Reputation als millionenschwerer Superstar der Serie A. Vielen Landsleuten von Baggio & Baggio (das erste Tor gegen Spanien schoß Dino Baggio, mit Roberto weder verwandt noch verschwägert) wurde die Glückssträhne der »Squadra Azzura« langsam, aber sicher unheimlich, und mancher erinnerte sich mit wohligem Schaudern zurück an die Weltmeisterschaft 1982 in Spanien. Damals hatten die italienischen Maurermeister vor Torhüter Dino Zoff so lange den Laden dicht gemacht, bis vorne im Angriff Paolo Rossi sein Visier endlich richtig eingestellt hatte. Zuerst wurden die Italiener beschimpft und verhöhnt, am Schluß ließen sie sich als Weltmeister feiern, und Rossi wurde Torschützenkönig. »Mit so viel Glück«, glaubte Giorgio Chinaglia, ein ehemaliger italienischer Nationalspieler und später Teamkollege von Franz Beckenbauer bei Cosmos New York, »werden wir, wenn das anhält, noch Weltmeister.« Eine Prognose, die nach dem Viertelfinale auch viele von der zeternden achtzigprozentigen Mehrheit teilte, die ein paar Tage zuvor in der Meinungsumfrage Arrigo Sacchi endgültig und unwiderruflich das Vertrauen entzogen hatte.

Das beste Viertelfinal-Spiel boten wie erwartet Brasilien und die Niederlande. Daß es am Schluß 3:2 für Brasilien hieß, war in Ordnung, und Carlos Alberto Parreira durfte die nächsten Tage bis zum Halbfinale gegen die Schweden wieder etwas ruhiger angehen. Daß ausgerechnet Branco den entscheidenden Freistoß-Treffer erzielte, muß Parreira vorgekommen sein wie ein Geschenk des Himmels. Im letzten Moment war Branco vor dem Turnier aus dem brasilianischen Team geflogen. Der um fünf Jahre jüngere Leonardo erbte den Platz des Linksverteidigers und wurde quasi über Nacht zum Star, ehe er sich gegen Amerika im Achtelfinale zu einer Tätlichkeit hinreißen ließ und Tab Ramos mit einem Ellbogen-Schlag ins Krankenhaus schickte. Branco (30), von ständigen Rückenproblemen geplagt, kehrte in die Mannschaft zurück und wankte gegen die Niederländer am Schluß mehr über den Platz, als daß er gerannt wäre. Vor dem entscheidenden Schuß in der 80. Minute schaute er kurz zur Anzeigetafel hoch. Der Gedanke, sich eventuell noch über zwei mal fünfzehn Minuten Verlängerung quälen zu müssen, schien ihm offenbar derart unerträglich zu sein, daß er seine letzte Kraft in diesen Freistoß investierte. Branco zielte so genau, daß zwischen dem Ball und dem Torpfosten bestenfalls noch zwei Zentimeter Raum blieben.

Kaum hatte sich Branco vom allgemeinen Jubel erholt, wurde er erlöst und durfte schweren Schrittes frühzeitig vom Platz schlurfen. Carlos Alberto Parreira drückte ihn dankbar an seine Brust.

Der Gang zum Schafott war ihm (noch einmal) erspart geblieben. ■

MATTHIAS ERNE

WEIT ENTFERNT IN AMERIKA

Das Lied der deutschen WM-Kicker

Es gibt einen Moment, da kannst du nicht falsch liegen,
Wenn Dein Herz in Amerika ankommt
Und Du weißt, das Spiel beginnt,
Das wird Dein Leben ändern
in Amerika.
Es ist ein Land so wild und frei,
das nach Dir und mir ruft
Bereit für die Aktion
Das ist der Weg, wie es sein muß
Und Du wirst herausfinden, wenn Du dort bist,
Daß Du Freunde findest in Amerika.
Heute, Okay.

(Refrain)
Weit entfernt in Amerika
Werden wir es schaffen,
Finden wir die Chance und nutzen sie
Zu spielen in Amerika
Wir werden es packen
Also los und wirbel sie durcheinander
Du wirst für den Glanz kämpfen
Also spiel'
Also auf und ran – Es ist in Ordnung
Weit entfernt in Amerika
Weit entfernt in Amerika
Also los.

Es ist das Paradies harter Männer
Nimm' den letzten Ritt in Amerika
Ein Regenbogen in Deinen Augen
Auf der anderen Seite von Amerika
Es ist ein Land so groß und weit
Das Dich im Innern tief berührt
Jedermann schaut zu
Alles was Du tun mußt ist, es zu versuchen
Nimm' Deinen Traum und halte ihn fest
Dann bekommst Du alles, was Du willst in Amerika
Heute nacht, in Ordnung.

(Refrain)
Weit entfernt in Amerika
Werden wir es schaffen,
Finden wir die Chance und nutzen sie
Zu spielen in Amerika
Wir werden es packen
Also los und wirbel sie durcheinander
Du wirst für den Glanz kämpfen
Also spiel'
Also auf und ran – Es ist in Ordnung
Weit entfernt in Amerika
Weit entfernt in Amerika
Also los.

adidas
9

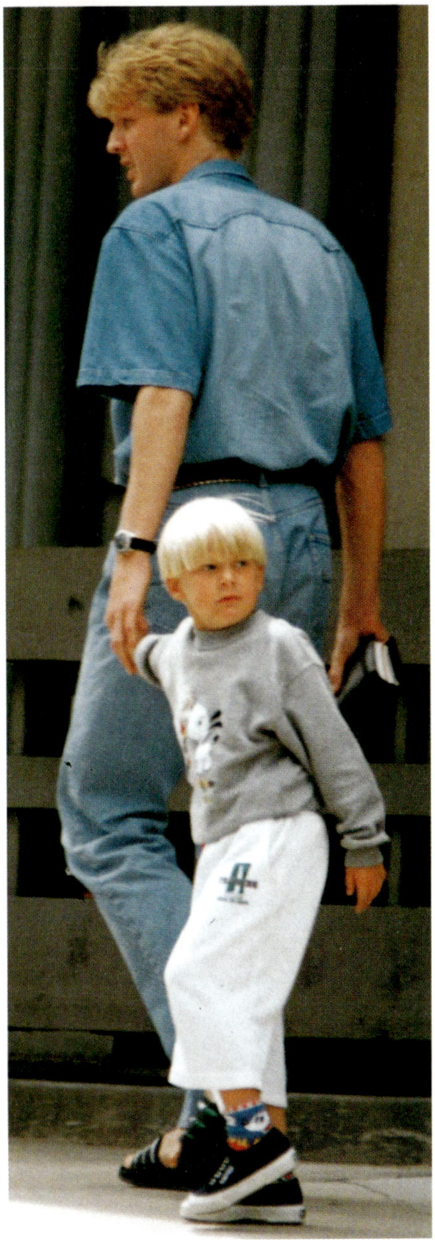

adidas

REIF(E) * SPRÜCHE

Letschkow – aus Hamburg kennen wir ihn als Künstler, hier arbeitet er als Packesel für Stoitschkov und Kostadinov.

Jankow ist eigentlich für Völler zuständig, doch der staunt und schaut interessiert zu.

Wenn Klinsmann zu zaubern anfängt, macht er es sich selbst schwer.

Wir sind hier im Viertelfinale, da wird die Luft immer dünner und die Mannschaften verhalten sich auch danach.

Klinsmann hat ein bißchen des Schlechten zu gut getan (zum umstrittenen Elfmeter).

Da stimmte die Gewichtsklasse nicht (zu Letschkows 2:1-Kopfballtor, der von Häßler gedeckt wurde).

Wo ist der deutsche Roberto Baggio? (in der 85. Minute). (zu BULGARIEN – DEUTSCHLAND)

**Marcel Reif, ZDF-Reporter*

Abseits oder nicht, das ist Romerio völlig egal – 2:0 für Brasilien!

Schwedens Fußball-König Thomas ... ▶

IM BLICKPUNKT: DAS DUO B & R

Es dauerte lange, bis die beiden endlich zusammenkamen. Mal hatte Bebeto keine Lust auf die Nationalmannschaft, mal lag Romario im Streit mit dem Nationaltrainer, und meistens lag ihnen der reiche Arbeitgeber in Spanien ohnehin näher als die »Selecao« in der Heimat. Vor vier Jahren bereits hätten Romario und Bebeto zum Traum-Duo des brasilianischen Fußballs werden können, aber in Italien war ihre Zeit offenbar noch nicht gekommen. Romario reiste verletzt zur Weltmeisterschaft, Bebeto wurde vom damaligen Nationalcoach Sebastiao Lazaroni nur gerade sieben Minuten lang eingesetzt. »Die größte Enttäuschung meiner Karriere«, nennt Bebeto »Italia 90«, während Romario die Erinnerung an dieses Turnier kurzerhand aus seinem Gedächtnis gestrichen hat: »Ich habe das Gefühl, hier in Amerika meine erste WM zu spielen.« Die beiden Stürmer-Stars, die bis und mit dem Viertelfinale für die Entscheidung in jedem Spiel ihres Teams gesorgt haben, sind sich im Grunde genommen nicht sonderlich grün. Bebeto hat Romario nie verziehen, daß ihm dieser den Übernamen »Chorao« verpaßt hat, was so viel heißt wie »weinerliches Baby«. Ebenfalls übel genommen hat er ihm den öffentlich geäußerten Wunsch nach Edmundo als Sturmpartner anstelle Bebetos.
Der World Cup 1994 hat die beiden feindlichen Brüder zusammengeschweißt. Für vier Wochen wurde das Kriegsbeil begraben. Bebeto (30) und Romario (28) hatten eingesehen, daß sie nur gemeinsam ihre vermutlich letzte Titelchance wahrnehmen könnten. »Die beiden sind das beste Angriffsduo, das Brasilien seit seinem letzten Titelgewinn von 1970 hatte«, schwärmte Trainer Parreira nach dem 3:2-Sieg gegen die Niederlande.
Was dieses Lob bedeutet, wird klar, wenn man die Namen der beiden in Erinnerung ruft, mit denen Parreira Bebeto und Romario verglich. Tostao und Pele.
Insider glauben das Geheimnis ihrer Partnerschaft gefunden zu haben: den Sponsor »Brahma« – eine Bier-Brauerei. WM-Werbeauftritte des Duos B & R sind die gespreizten Zeigefinger nach einem Torerfolg. Man spricht von 250 000 Dollar, die jeder der beiden dafür kassiert ...

INTERVIEW MIT THOMAS RAVELLI

»Geliebter Ravelli, Du bist der Prinz im Fußballreich und der König in unseren Herzen«, lobte die Stockholmer Zeitung »Expressen« den 34jährigen Torhüter von IFK Göteborg, der im Viertelfinale von San Francisco in seinem 115. Länderspiel zum Elfmeter-Töter avancierte.

Mögen Sie Elfmeter-Schießen?
Sicherer ist es, nach 90 oder 120 Minuten zu siegen, aber wenn man auch nach dem Elfmeterschießen noch jubeln kann, dann ist das besonders schön. Als Torhüter ist man ohnehin in einer guten Situation – der Schütze hat alles zu verlieren, ich kann nur gewinnen.

***Seit 1981 sind Sie die Nummer eins im schwedischen Tor. Wie erklären Sie* sich diese Konstanz?**
Wahrscheinlich ist die Konkurrenz nichts wert ... Nein, im Ernst, das Wichtigste ist die Motivation. Ich bin heute genauso heiß wie vor zehn Jahren.

Ist der Torhüter-Job schwerer geworden?
Das ist kein Vergleich mehr zu früher. Als ich angefangen habe, wurden die Flanken hoch und weich in den Strafraum geschlagen, der Torhüter konnte sie gemütlich herunterpflücken und sah dabei noch gut aus. Heute kommt jede Flanke so scharf wie ein Schuß. Das ist wie Tag und Nacht.

Im Privatleben sind Sie ein ruhiger, zurückhaltender Mensch, im Tor das Gegenteil ...
Sie meinen, weil ich so viel schreie während des Spiels?

Genau.
Ich bin da wie ein Schauspieler. Der kann auf der Bühne den Bösewicht spielen, und im Alltag ist er der netteste Kerl der Welt. Für mich ist der Fußball die Bühne, und auf dieser Bühne bin ich ein total anderer Mensch.

Mögen Sie diese Rolle?
Es ist wie eine Euphorie, eine Ekstase. Wenn ich mich dann später am Video sehe, dann muß ich ehrlich zugeben, daß ich mich manchmal ein wenig schäme wegen meines Verhaltens.

Der Weltrekord lockt – in weniger als zehn Länderspielen hätten Sie den Engländern Peter Shilton überholt ...
Dieser Rekord lockt mich. Ich möchte gerne noch zwei Jahre weitermachen, um Shilton zu überholen. Ich hätte dann etwas erreicht, für das mich die Leute sehr lange in Erinnerung behalten würden.

ENTDECKT

WM-Premiere: Der erste Ellbogen-Check bedurfte noch nicht des Video-Beweises, weil der Schiedsrichter im Fall Leonardo/ Ramos nicht weit war. Dann aber kam doch der Moment, womit die FIFA gedroht hatte, und es erwischte Italiens Abwehrspieler Mauro Tassotti hinterher ganz kalt. Sein brutaler Ellbogen-Check auf die Nase der spanischen Sturmspitze Luis Enrique blieb zwar vom ungarischen Schiedsrichter Sandor Puhl unbemerkt, nicht aber vom Kamera-Auge der FIFA. Ihre Disziplinar-Kommission sah sich das Video sehr genau an und entschied: »Es war ein absichtliches, ernsthaftes und gefährliches Foul.« Und es hatte die härteste Strafe in der WM-Geschichte zur Folge. Der 34jährige Verteidiger vom AC Mailand wurde für den Rest des Turniers und die ersten sechs EM-Qualifikationsspiele der Italiener gesperrt, was das Ende seiner internationalen Laufbahn bedeuten dürfte. Zudem mußte er 20 000 Schweizer Franken Strafe zahlen.

Statistik Viertelfinale

RUMÄNIEN – SCHWEDEN 2:2 (1:1, 0:0) n.V., 4:5 (Elfmeterschießen)

10. 7. in San Francisco

Rumänien: Prunea – Petrescu, Prodan, Belodedici, Selymes – Hagi, Lupescu, Popescu, Munteanu (84. Panduru) – Raducioiu, Dumitrescu.
Schweden: Ravelli – Nilsson, Patrik Andersson, Björklund (84. Kaamark), Ljung – Schwarz, Ingesson, Mild, Brolin – Dahlin (107. Larsson), Kennet Andersson.
Tore: 0:1 Brolin (79.), 1:1 Raducioiu (89.), 2:1 Raducioiu (101.), 2:2 Kennet Andersson (114.).
Elfmeterschießen: Mild über das Tor, 1:0 Raducioiu, 1:1 Kennet Andersson, 2:1 Hagi, 2:2 Brolin, 3:2 Lupescu, 3:3 Ingesson, Petrescu gehalten, 3:4 Nilsson, 4:4 Dumitrescu, 4:5 Larsson, Belodedici gehalten.
Schiedsrichter: Philip Don (England).
Zuschauer: 81 715.
Gelbe Karten: Popescu, Selymes, Panduru – Ingesson, Schwarz.
Gelb/Rot: Schwarz (102.)
Rot: keine.

ENTDECKT

Nur drei Spieler waren in allen fünf WM-Begegnungen des deutschen Teams über die vollen 90 Minuten dabei: Torhüter Bodo Illgner sowie die Manndecker Jürgen Kohler und Thomas Berthold. Nicht zum Zuge kamen die Ersatz-Torhüter Andreas Köpke und Oliver Kahn sowie Maurizio Gaudino und Ulf Kirsten.

	Spiele	Min.	Tore
Bodo Illgner	5	450	
Jürgen Kohler	5	450	
Thomas Berthold	5	450	
Jürgen Klinsmann	5	445	5
Thomas Häßler	5	436	
Lothar Matthäus	5	379	1
Matthias Sammer	4	360	
Andreas Brehme	5	320	
Guido Buchwald	3	270	
Andreas Möller	4	268	
Stefan Effenberg	3	255	
Rudi Völler	3	208	2
Thomas Helmer	3	195	
Karlheinz Riedle	2	149	1
Martin Wagner	2	148	
Thomas Strunz	3	129	
Mario Basler	1	31	
Stefan Kuntz	1	5	

Franz Beckenbauer, der das Aus der deutschen Mannschaft zwar fassungslos verfolgte, gab seinem Nachfolger Hans-Hubert Vogts jedoch keine Schuld für das Scheitern. Ganz im Gegenteil: »Berti muß auf dem Posten bleiben. Er hat gute Arbeit geleistet und wird die kommende harte Zeit überstehen.«

DEUTSCHLAND – BULGARIEN 1:2 (0:0)

10. 7. in New York

Deutschland: Illgner – Matthäus – Kohler, Helmer – Berthold, Häßler (83. Brehme), Buchwald, Möller, Wagner (58. Strunz) – Völler, Klinsmann.
Bulgarien: Mihailow – Hubtschew – Kirjakow, Zwetanow – Letschkow, Iwanow, Jankow, Sirakow, Balakow – Kostadinow (90. Guentschew), Stoitschkow (85. Jordanow).
Tore: 1:0 Matthäus (49., Foulelfmeter), 1:1 Stoitschkow (76.), 1:2 Letschkow (79.).
Schiedsrichter: Jose Torres Cadena (Kolumbien).
Zuschauer: 72 416.
Gelbe Karten: Helmer, Wagner, Häßler, Klinsmann, Völler – Iwanow, Stoitschkow, Mihailow.
Gelb/Rot: keine.
Rot: keine.

ITALIEN – SPANIEN 2:1 (1:0)

9. 7. in Boston

Italien: Pagliuca – Tassotti, Costacurta, Maldini, Benarrivo – Conte (66. Berti), Albertini (46. Signori), Dino Baggio, Donadoni – Roberto Baggio, Massaro.
Spanien: Zubizarreta – Ferrer, Nadal, Alkorta, Abelardo – Goicoechea, Caminero, Bakero (64. Hierro), Otero, Sergi (60. Salinas) – Luis Enrique.
Tore: 1:0 Dino Baggio (26.), 1:1 Caminero (59.), 2:1 Roberto Baggio (87.).
Schiedsrichter: Sandor Puhl (Ungarn).
Zuschauer: 54 000.
Gelbe Karten: Abelardo, Caminero.
Gelb/Rot: keine.
Rot: keine.

NIEDERLANDE – BRASILIEN 2:3 (0:0)

9. 7. in Dallas

Niederlande: de Goey – Koeman – Valckx, Wouters – Winter, Rijkaard (65. Ronald de Boer), Jonk, Witschge – Overmars, Bergkamp, van Vossen (54. Roy).
Brasilien: Taffarel – Jorginho, Aldair, Marcio Santos, Branco (89. Cafu) – Dunga, Mauro Silva, Mazinho (81. Rai), Zinho – Bebeto, Romario.
Tore: 0:1 Romario (52.), 0:2 Bebeto (62.), 1:2 Bergkamp (64.), 2:2 Winter (76.), 2:3 Branco (81.).
Schiedsrichter: Rodrigo Badilla Sequeira (Costa Rica).
Zuschauer: 63 998 (ausverkauft).
Gelbe Karten: Winter, Wouters – Dunga.
Gelb/Rot: keine.
Rot: keine.

INTERVIEW MIT HANS-HUBERT VOGTS

»Jetzt bin ich gespannt, wie es im Blätterwald aussieht«, orakelte Marcel Reif. Wie recht doch der ZDF-Kommentator hatte, der in einer TV-Umfrage als bester WM-Reporter Deutschlands gekürt wurde. »Unsere Elf nur noch ein Trümmerhaufen – Berti, bitte geh!« titelte das größte nationale Massenblatt überzogen. Die ausländische Presse bemühte sich dagegen um Sachlichkeit und vor allem Menschlichkeit.
»O Dia« (Rio de Janeiro): »Weine, Deutschland, weine: Das Team Klinsmann und Matthäus erlag dem schlauen Spiel und der Klasse von Stoitschkow.«
Oder: »Daily Mail« (London): »Brilliante Bulgaren erschüttern den Weltmeister.«
Und: »Clarin« (Buenos Aires): »Die Niederlage bedeutet den Abschied eines wirklich Großen.«
24 Stunden nach der 1:2-Viertelfinal-Niederlage gegen Bulgarien sprach ZDF-Reporter Rolf Töpperwien in entspannter Atmosphäre mit Bundestrainer Hans-Hubert Vogts.

Der Titelverteidiger ist ausgeschieden, welche unmittelbaren Erkenntnisse haben Sie gewonnen?
Man ist immer noch enttäuscht, der Stachel sitzt verdammt tief, die Niederlage war mehr als unglücklich, das muß man erst mal in aller Ruhe verdauen und verarbeiten. Wir haben zwei Fehler angeboten, die sind vom Gegner genutzt worden und deshalb sind wir wohl zurecht nicht mehr im Wettbewerb.

Welche Erfahrungen ziehen Sie aus der nicht geglückten WM-Teilnahme?
Man muß über alles sehr, sehr kritisch nachdenken. Wir hatten die besten Spieler hier, die Trainings- und Wettkampfvorbereitung war optimal, nur hier und da haben einige Spieler nicht das gezeigt, was wir von ihnen erwartet haben. Sie sind nicht mit dem Druck klargekommen.

An welche Spieler denken Sie da?
Das klären wir in der Öffentlichkeit nicht, das machen wir in aller Ruhe zu Hause.

Bodo Illgner ist aber gestern auch an die Öffentlichkeit getreten und hat seinen Rücktritt erklärt ...
Okay, die Entscheidung, Bodo Illgner spielen zu lassen, das war ein Fehler. Ich habe ernsthaft darüber nachgedacht, ihn nach dem Korea-Spiel aus dem Team zu nehmen. Es wäre vielleicht besser gewesen, wir hätten dieses Spiel verloren, dann hätte ich mich für Andreas Köpke entschieden. Aber so, nach einem Gespräch mit unserem Torwart-Trainer Sepp Maier, habe ich gesagt: Wir haben gewonnen, Bodo wird diese Fehler nicht noch einmal machen.

Welche persönlichen Konsequenzen wollen Sie jetzt ziehen, salopp formuliert, haben Sie die Nase voll?
Erstmal werde ich in aller Ruhe Urlaub machen und auch mit meiner Frau darüber sprechen, dann werde ich mich mit DFB-Präsident Egidius Braun zusammensetzen. Im Moment macht es mir jedenfalls noch Spaß, vor allem die neue Herausforderung EM-Qualifikation reizt, die leichter ist als einen WM-Titel zu verteidigen.
Im übrigen: Der DFB ist immer stark, wenn er alles in Ruhe kritisch sondiert und dann seine Entscheidung fällt. Natürlich müssen wir eine neue, eine junge Mannschaft aufbauen. Das ist nicht einfach, wenn man die Erfolge sieht, die unsere Klubmannschaften in den letzten drei Jahren im Europapokal hatten. Es wird sehr schwer. Anders ist, wie lange kann man es noch ertragen, was teilweise in den Medien abläuft. Es werden ja Unwahrheiten und Dinge unter der Gürtellinie ausgetragen, das ist ja fast unmenschlich. Ich hoffe nur, daß die Leute auf der Straße, die wirklich fachlich orientiert sind, nach wie vor den Glauben an Berti Vogts noch haben.

Ist Ihre Familie bereit, sich weiter diesem Druck zu stellen?
Stand heute: ja! Ich habe gestern nach sieben Wochen meinen Sohn wiedergesehen. Es war trotz der Enttäuschung ein unheimlich schönes Gefühl.

Allerletzte Frage: Viele Menschen in Deutschland werfen Ihnen eigentlich nur eines vor – Sie reden Dinge oft zu schön und hauen in der Öffentlichkeit nicht auch mal auf den Tisch. Werden Sie da Ihren Stil ändern?
Ich glaube, daß ich das während der WM schon getan habe. Ich bin auch teilweise zur Mannschaft auf Distanz gegangen. Einige Dinge, die hier passiert sind, werde ich mir nicht mehr gefallen lassen.
Während der WM sagt man, da schau' ich nicht hin, aber das ist ein Zahn unserer Gesellschaft, das sind die Probleme, die die Klubtrainer oder die älteren mit den jüngeren Spielern haben. Hier müssen wir die neue Generation ganz anders heranziehen, als wir das bisher getan haben!

EINE »SCHWALBE« WAR'S UND NICHT EIN FALLER …

Was die Schiedsrichter anbetrifft, denen man dieses Mal so schöne Gewänder verpaßt hatte, so wäre es am besten, man würde da eine völlig neue Regelung finden. Man sollte sie in früher Jugend auf ein einsames Eiland bringen, wo sie garantiert von der Außenwelt abgeschlossen sind. Sie dürfen nichts erfahren von Auseinandersetzungen zwischen Staaten, nichts wissen von der Geschichte der Länder – ahnungslos bleiben über Rezessionen, Krankheiten und sonstigen Gebrechen. Und selbstverständlich ist ihnen auch völlige Abstinenz auferlegt, das Zölibat müßten sie respektieren – für diese Unterwerfung bekommen sie Zugang zu allen Schätzen dieser Welt, um tatsächlich wirtschaftlich unabhängig zu sein. Dazu erhalten sie selbstverständlich Unterricht für jede nur erdenkliche Situation, die in diesem Spiel möglich ist. Sie müssen genau unterscheiden, welche Grätsche gefährlich ist und welche nicht, sie müssen die Schritte der Torhüter zählen – sie müssen erkennen, wann einer Schmerzen hat und wann er Schmerzen mimt – und wehe, es läßt sich einer nicht an den Spielfeldrand tragen, sondern humpelt dorthin, dann kriegt er Gelb.
Diese Schiedsrichter – unbestechlich, meinungslos, neutral – werden aus ihrer klösterlichen Askese eines Tages, wenn gerade Weltmeisterschaft ist, in einen Hubschrauber gesteckt und mitten auf dem Spielfeld abgeladen. Hier haben sie keine Ahnung, wer die Spieler in rot sind und woher die in blau kommen – sie haben Zeuge zu sein und sofort auch Richter – auf Grund ihrer medizinischen Kenntnisse stellen sie blitzschnelle Diagnosen – und da sie jede Technik der Theaterwissenschaften studiert haben, fällt ihnen auch die Entscheidung leicht, ob es nur eine »Schwalbe« war oder ein richtiger Faller.
Es wird sicher ein bißchen schwierig sein, alles das zu erreichen, aber wie man die obersten Fußballregierer kennt, werden sie es eines nicht allzu fernen Tages schon schaffen. Bis es allerdings so weit ist, muß man sich mit dem begnügen, was man hat. Das waren dieses Mal Chirurgen, Ingenieure, Informatiker, Tierärzte, Beamte, Kaufleute, Rektoren, Zollbeamte, Direktoren und Angestellte. Es gab lediglich zu bedenken, daß unter den Schiedsrichtern in Amerika nicht weniger als fünf Lehrer waren – keine andere Berufsgruppe war auch nur annähernd so zahlreich vertreten. Diese erstaunliche Tatsache führt natürlich sofort zu den merkwürdigsten Überlegungen, die aber allesamt zu keinem Schluß führen, den man öffentlich wiedergeben möchte. Aber irgend etwas muß das ja schließlich zu bedeuten haben. Eines ist sicher: Wenn die Schiedsrichter aus der klösterlichen Einsamkeit der eingangs beschriebenen Insel kämen, wäre das sicherlich anders.

ULRICH KAISER

FIFA

LONGINES

ULRICH KAISER

Fußball-WM-Turniere 1930–1990 Eine Chronik

Es wäre eine Komödie, aber Komödien dauern kein Vierteljahrhundert. Nein – eine Tragödie war es auch nicht, weil es in diesem Spiel nichts wirklich Tragisches gibt. Das, was war, hat eher mit normal Menschlichem zu tun – mit Hochmut, mit Duckmäuserei, mit Prahlerei und Kleingeist, mit Prinzipien und auch mit Neid. Sie haben damals, zu Beginn dieses Jahrhunderts, fast zweieinhalb Jahrzehnte gebraucht, um eine Fußball-Weltmeisterschaft zustande zu bringen, und viele der Spieler, die schließlich daran beteiligt waren, wurden in dieser Zeit gezeugt, geboren, erwachsen – sie lernten laufen, schreiben und den Sport kennen. Den Weltverband hatten sie 1904 gegründet, und bei dieser Gelegenheit wurde erstmals der Gedanke einer richtigen Weltmeisterschaft geäußert – es wurde aber 1930, bevor es endlich so weit war.

Der Vollständigkeit halber: Am 21. Mai 1904 trafen sich Delegierte aus Holland, Frankreich, Belgien, Spanien, der Schweiz und Dänemark, um die »Fédération Internationale de Football Association« ins Leben zu rufen. Es geschah in Paris, und man

O-Ton des Rundfunk-Mannes Herbert Zimmermann am 4. Juli 1954: »Aus, Aus, Aus, Aus. Das Spiel ist aus. Deutschland ist Weltmeister. Schlägt Ungarn mit 3:2 Toren im Finale in Bern ...«

sollte nicht vergessen, daß bei den Franzosen vieles geboren wurde, was zum Sport gehört. 1906 legte ein holländischer Offizieller sogar einen fertigen Plan für die Abwicklung eines Weltmeisterschaftsturniers vor. Seine Kollegen waren begeistert – jedoch fand sich niemand, der sich bereit erklärt hätte, einen solchen Plan auch durchzuführen. Mit halbem Herzen beschloß man schließlich, dem Fußballturnier bei den für 1916 in Berlin geplanten Olympischen Spielen auch den Titel einer Weltmeisterschaft zu geben. Aber diese Spiele fanden niemals statt – jeder weiß, warum. 1920 kamen die Pläne wieder auf den Tisch – aber wenn die Frage nach dem Schauplatz und der Finanzierung aufkam, herrschte Schweigen. 1928 wurde die Austragung des Championats für das Jahr 1930 beschlossen – doch man hatte immer noch keinen Ausrichter.

30. Juli 1966 – Ein großer Tag für das Mutterland des Fußballs, England wird Weltmeister und Deutschlands Kapitän Uwe Seeler verläßt gesenkten Hauptes den Rasen von Wembley.

Die Engländer waren dem Weltverband erst gar nicht beigetreten – sie sahen sich in schöner Arroganz als Mutterland des Spiels, das es nicht nötig hatte, seine Stärke zu beweisen. Die Deutschen betrachteten den Plan mit Mißtrauen; sie galten als Verfechter des Amateurismus und lehnten es ab, gegen Profis zu kämpfen. Übrigens: Vier Wochen, nachdem diese Weltmeisterschaft zu Ende ging, wurden vierzehn Spieler des FC Schalke 04 zu Profis erklärt und der Verein von der Meisterschaftsrunde ausgeschlossen.

Der damalige FIFA-Präsident Jules Rimet, ein schmaler Franzose mit großen Visionen, tingelte durch Europa, aber seine Überredungskünste reichten nicht aus. Er fand schließlich da Unterstützung, wo er sie kaum erwartet hatte – in Uruguay. Die Mannschaft dort hatte – fast unbemerkt – die olympischen Turniere 1924 und 1928 für sich entschieden, aber der wirkliche Grund für die Bereitwilligkeit, die erste Weltmeisterschaft auszurichten, hatte mit Fußball nichts zu tun. Die Südamerikaner begingen 1930 das hundertjährige Bestehen des kleinen Staates am Rio de la Plata, und die Herrscher waren bereit, ihrem Volke deshalb in Montevideo ein Stadion zu stiften – das »Centenario«. Es wurde ganz nebenbei erst fertig, als die Weltmeisterschaft schon eine Woche lief.

Aus Europa schifften sich die Mannschaften aus Frankreich, Belgien und Rumänien auf dem Dampfer »Conte Verde« ein; die Jugoslawen wählten einen anderen Weg für die Reise, auf der es unterwegs einige hübsche Abstecher gab. Dazu kamen sieben Mannschaften aus Südamerika sowie Mexiko und die USA.

Aus der Distanz der Jahrzehnte könnte man sagen, daß die Gastgeber ein logischer Sieger der ersten Weltmeisterschaft waren: Sie hatten ein Team, das durch die olympischen Erfolge genügend Erfahrung besaß – sie hatten die Zuschauer hinter sich, gegen die selbst jene Gäste aus Argentinien von der anderen Seite des großen Flusses verstummten – und sie hatten Andrade. Genauer gesagt:

José Leandro Andrade, geboren am 20. November 1901, der wohl der erste war, den man zu den Weltstars zählte. Als Andrade 1924 mit Uruguay aus olympischem Anlaß nach Paris kam, wußte in Europa kaum jemand, daß dort überhaupt Fußball gespielt wird – als das Turnier vorbei war, wußte es jeder. Und Andrade, der erste Neger, den man in Europa Fußball spielen sah, wurde zum Vorgänger all' jener, für die die Jungen immer schwärmten. Er vermochte den Ball zu streicheln, wenn ihn andere prügelten – er glänzte als Solist, und er schuftete für die Mannschaft – er war es, der die Elf von Uruguay im entscheidenden Spiel gegen Argentinien von einem 1:2-Rückstand zum 4:2-Sieg trieb. Man würde seine Rolle im heutigen systembelasteten Spiel im rechten Mittelfeld ansiedeln – damals nannte man das rechter Läufer. Die 90 000 Zuschauer im »Centenario« von Montevideo haben ihn nicht nur geliebt, sondern verehrt – und als er 1957 arm und krank starb, hatten sie ihn vergessen.

Als man 1934 zum Championat nach Italien zog, hatte sich die Welt verändert. In Berlin und in Rom saßen Herrscher, denen der Sport als ein Mittel der Propaganda galt. Die Gastgeber zogen sich mit dem Trainer Vittorio Pozzo, einem Journalisten, wochenlang ins Trainingslager zurück. Die Deutschen mit Professor Otto Nerz und einem Assistenten namens Sepp Herberger bestanden zwar immer noch darauf, als Amateure zu gelten, erhielten aber aus der entsprechenden »Reichskammer« jede Unterstützung. In Österreich schwärmte man vom »Wunderteam« – die Tschechoslowakei zelebrierte »Ulicka«, das »Gäßchen«. Es war die eigentliche Geburt von dem, was man den europäischen Fußball nannte. Es hatten sich 32 Mannschaften gemeldet, und man mußte sogar Qualifikationsspiele bestreiten, um auf 16 zu kommen, die das Turnier im k.o.-System austrugen. Titelverteidiger Uruguay war zu Hause geblieben – immer noch gekränkt, weil vier Jahre zuvor kaum jemand aus Europa angereist war. Brasilien und Argentinien schickten zweitklassige Urlauber-Mannschaften; und England dachte gar nicht daran, an diesem Weltmeisterschafts-Kinderkram teilzunehmen. Aber alle diese Einschränkungen änderten nichts daran, daß es erfolgreiche Titelkämpfe mit einem ordentlichen finanziellen Gewinn waren.

Die Italiener gewannen unter den Augen des Duce das Endspiel 2:1 gegen die Tschechoslowakei, aber über dem Titel lagen Schatten. Da war die manchmal schon brutale Spielweise – da war der Einsatz von drei Südamerikanern, die auf einmal einen italienischen Großvater besaßen – da war auch eine offensichtliche Bevorteilung durch die Schiedsrichter, und einer von ihnen aus der Schweiz wurde später auf Lebenszeit suspendiert. Die Deutschen waren im Semifinale der Tschechoslowakei 1:3 unterlegen; Torschützenkönig Oldrich Nejedly erzielte alle drei Tref-

21. Juni 1970 – Edson Arantes do Nascimento, genannt Pele, wird zum dritten Mal mit Brasilien bei seiner vierten WM-Endrunde Weltmeister.

11. Juli 1982 – die dritte Weltmeister-Sternstunde für Italiens Fußball – Im Endspiel gegen Deutschland triumphiert die Squadra Azzura in Madrid mit 3:1.

fer, und Torwart Planicka war einer der besten der Welt. Die Spieler des Deutschen Fußball-Bundes, denen man keinen Verdienstausfall, aber dafür fünfzehn Postkarten auf Verbandskosten genehmigte, wurden Dritter durch ein 3:2 über Österreich. Das Wunderteam hatte seine beste Zeit hinter sich.

Manchmal läßt sich politische Geschichte auch an solch' simplen Dingen wie Fußball erläutern: Bei Olympia '36 in Berlin wurde Otto Nerz als deutscher Trainer fallengelassen, nachdem seine Elf gegen Norwegen verlor – dem regierenden Schnauzbart in der Reichskanzlei mißfiel die Niederlage. Sepp Herberger erhielt die Position, und 1937 schuf er die »Breslau-Elf«, die zehn Siege erzielte; darunter jenes 8:0 über Dänemark in der schlesischen Metropole. Aber Österreichs »Heimkehr ins Reich« stellte Herberger vor die kaum lösbare Aufgabe, aus zwei völlig verschiedenen Mannschaften mit andersartiger Spielauffassung nun eine einzige zu machen, als man nach Frankreich zur WM '38 zog. Es war ein unmögliches Unterfangen. In Paris traf man auf die Schweiz. Es gab ein 1:1. Da aber immer noch das K.o.-System bevorzugt wurde, kam es fünf Tage später zu einer Wiederholung, in dem die Deutschen nach einer 2:0-Führung noch 2:4 unterlagen. Außer den Deutschen war darüber kaum jemand besonders traurig …
Es war das Turnier der Italiener, die das Finale gegen Ungarn für sich entschieden, und es waren auch die Tage des Silvio Piola von Lazio Rom. Der hochgewachsene, ruhige Mann war nicht nur Lenker der Schlachten mit zuvor nie gesehenen Ideen, bei denen er in Giuseppe Meazza einen idealen Partner fand, sondern auch einen Vollstrecker. In diesem Endspiel erzielte er zwei der vier Tore. Brasilien, das einzige Team aus Südamerika, belegte übrigens den dritten Platz.

Um die Austragung des WM-Turniers 1942 bewarben sich Deutschland und Brasilien, aber bevor noch ernsthafte Vorbereitungen in Angriff genommen werden konnten, brannte die Welt und es war die Schuld der Deutschen. Es dauerte bis zum Sommer 1946, ehe die FIFA das Championat für das Jahr 1950 nach Brasilien vergab. Aber der greise Jules Rimet, nach dem die goldene Sieg-Trophäe benannt worden war, sollte nicht viel Freude daran haben. Erstmals hatte man das K.o.-System abgeschafft und ließ die 16 Teams in vier Gruppen spielen, aber nach Protesten und Verzichten brachte man nur 13 Mannschaften zusammen.
Die Deutschen fehlten, weil man mit ihnen noch nichts zu tun haben wollte, aber die Engländer hatten sich endlich zur Teilnahme bereit erklärt. Sie erlebten ein Desaster. Man hat später den zu kleinen und holprigen Platz in Belo Horizonte erwähnt, man hat der allzu lässigen Vorbereitung die Schuld gegeben, man ließ den Streit zwischen Verbandsführung und Trainer nicht aus, man beklagte die

völlig unzureichende Unterkunft in einer Goldmine vor der Stadt: Egal. Die Engländer unterlagen durch ein Tor des gebürtigen Haitianers Gaetjens den USA – es hieß, er sei zufällig vom Ball am Kopf getroffen worden, von wo das Leder an Torhüter Williams vorbei ins Netz prallte. Ausgerechnet die USA, bei denen mindestens sechs Spieler dabei waren, die keine der für die Nationalität notwendigen Voraussetzungen erfüllten!

Zur Attraktion dieser Weltmeisterschaft wurde das Maracana-Stadion in Rio, wo dem Gastgeber im Finale gegen Uruguay ein Unentschieden zum Titel gereicht hätte. Uruguay aber gewann vor mehr als 200 000 Zuschauern 2:1 dank der Spielkunst eines Juan Schiaffino, der später in Italien Triumphe feierte, und eines Tores des Linksaußen Ghiggia, der einen Sprint über vierzig, fünfzig Meter erfolgreich abschloß. Brasilien weinte. Natürlich war es bitter, aber die Brasilianer mit Stars wie Ademir, Zizinho und Jair hatten die Welt aufmerksam gemacht. Sie zelebrierten das Spiel auf eine Weise, die man nie zuvor sah, und es war nur eine Frage der Zeit, bis sich zu dem Zauber auch der Erfolg gesellte.

Hier müßte in dieser Geschichte zwangsläufig ein harter Schnitt erfolgen, der einfach zu begründen ist: Alles, was bisher geschah, hat sich der Reporter zusammengelesen oder von den Alten erzählen lassen – an alles, was folgt, vermag er sich zu erinnern. Zum Beispiel 1954 in der Schweiz sind es zwei Radio-Reportagen, die ihm unvergeßlich sind: Die eine stammt von einem Mann namens Herbert Zimmermann, der am 4. Juli 1954 das Endspiel aus dem Berner Wankdorf-Stadion schilderte – es gibt heute noch Menschen, die dieses pathosreiche Werk auswendig hersagen können. Die andere Übertragung hat der Reporter erst Jahre später gehört; sie stammt von einem Ungarn namens Györgi Szepesi, und obgleich der Reporter kein Wort der Sprache verstand, hörte er nie mehr so viel Tränen in einer Stimme. Am 4. Juli 1954 gewann die deutsche Mannschaft das Weltmeisterschafts-Finale

29. Juni 1986 – »A Star ist born« – Diego Armando Maradona wird nicht nur Weltmeister mit Argentinien, sondern auch als bester Spieler mit dem »Goldenen Ball« geehrt.

gegen Ungarn 3:2. Nach acht Minuten dieses Spiels stand es durch Tore von Puskas und Czibor 2:0 für die Ungarn – nach sechzehn Minuten hatten Morlock und Rahn ausgeglichen – sechs Minuten vor Schluß erzielte Helmut Rahn das 3:2. Mit links. In die lange Ecke. Jeder, der damals ein Junge war, weiß das. Es gab 1954 noch nicht so furchtbar viel zu feiern in Deutschland.

Ausgerechnet gegen die Ungarn, die seit Jahren ungeschlagen waren, die den neunzig Jahre alten Heim-Rekord der Engländer auslöschten, die durch diese Weltmeisterschaft spaziert waren, wie es ihnen gefiel! In einem Vorrundenspiel hatte der Fuchs Herberger eine bessere deutsche Reserve gegen die Ungarn spielen lassen, die dann auch 3:8 unterlag. Empörung! Es war das Championat dieses Sepp Herberger und seines »verlängerten Arms« Fritz

Walter. Er war damals bereits 33 Jahre alt und – bescheiden, empfindsam, dienend – keineswegs immer der strahlende Star. Vielleicht hat man das, was er versuchte, nicht immer begriffen – vielleicht war er seiner Zeit voraus – an diesem verregneten Tag allerdings hat ihn jeder begriffen.

Vier Jahre später in Schweden hatten die Jungen ein gleichaltriges Idol – den siebzehnjährigen Pele. Dazu den Regisseur Didi, dazu den verrücktesten Rechtsaußen, den es je gab, Garrincha – ach was, man müßte die ganze Mannschaft aufzählen, die die Elf des Gastgebers im Finale »auseinandernahm«, wie sie wollte. Dabei spielten bei den Schweden Hamrin und Gren und Liedholm und Skoglund, die alle in der italienischen Liga zu den Stars gehörten! 5:2 stand es am Schluß – es hätte auch 8:2 oder 10:2 stehen können. Die Welt hatte die Geburt eines Weltmeisters erlebt, und es gibt immer noch Zeitzeugen, die behaupten, nie ein besseres Fußballspiel gesehen zu haben.

Und die Deutschen? Das Halbfinale gegen Schweden im Göteborger Ullevi-Stadion war das, was man als Skandalspiel bezeichnen möchte – Verteidiger Juskowiak wurde nach einem Revanche-Foul vom Platz gestellt – es gab eine 1:3-Niederlage. In Deutschland fanden sich Fans, die ihre Wut und Enttäuschung an schwedischen Autoreifen ausließen.

Die Brasilianer gewannen auch 1962 in Chile, und es war gut so, weil diese Weltmeisterschaft sonst sicherlich zu den armseligen gezählt hätte. Selbst die berühmtesten Trainer gaben das Motto aus, daß man »hinten dicht machen muß« und »vorne hilft der liebe Gott«. Es fielen in 32 Spielen ganze 89 Tore – es wurde getreten, gebolzt, gehackt. Als Chilenen und Italiener gegeneinander antraten, beharkten sie sich mit Faustschlägen und Fußtritten. Nach der Vorrunde gab es insgesamt vierzig verletzte Spieler, unter ihnen auch Pele. Brasilianer und Tschechoslowaken bestritten das Finale – letztere mit der Prager »Soldaten-Elf«, aus der der große Masopust herausragte – die Sieger wieder mit dem Regisseur Didi und natürlich Garrincha, dem »Vögelchen«, von dem der Abwehrrecke Nilton Santos sagte, mit ihm könne jede Mannschaft Weltmeister werden. Garrincha, geboren als Manoel dos Santos, mit seinen deformierten Beinen war aus dem Urwald zum Glamour-Club Botafogo nach Rio gekommen, und ein gütiges Schicksal hatte ihm die Fähigkeit verliehen, aus der Mißbildung einen Vorteil zu ziehen. Er spielte noch, als die Beine längst nur noch mit Spritzen schmerzfrei blieben und er nicht mehr der Star war, sondern nur noch eine Karikatur seiner selbst. Garrincha verlor all' seinen Ruhm und mit nicht einmal 40 Jahren das Leben.

Von den Deutschen blieb zu sagen, daß sie im Viertelfinale gegen Jugoslawien 0:1 verloren und erst bei der Heimkehr erfuhren, daß das Volk enttäuscht war. Herberger trat zurück.

Der sensible Helmut Schön übernahm die Trainerposition bei den Deutschen, als man 1966 endlich nach England zog – dem angeblichen Mutterland. Es ist heute noch unmöglich, das Endspiel zwischen Deutschen und Engländern leidenschaftslos zu diskutieren: Hatte der von Geoff Hurst unter die Latte getretene Ball in der Verlängerung nun die Linie überschritten oder hatte er nicht? Der sowjetische Linienrichter Bachramow war der einzige im Wembley-Stadion, der das zweifelsfrei beteuerte, und der Schweizer Schiedsrichter Dienst richtete sich danach. Das war's dann. Aber es hat nie zuvor und nie danach einen Verlierer gegeben, der so gefeiert wurde wie dieser aus Deutschland. Die Diskussion um das »dritte Tor« war nicht die einzige: Hätte man den damals blutjungen Franz Beckenbauer tatsächlich gegen Bobby Charlton, den Besten der Briten, stellen sollen? Oder wurde durch die gegenseitige Neutralisierung das Spiel seiner zündenden Ideen beraubt? Charlton aus Manchester, der als »Busby-Baby« die Münchner Flugzeugkatastrophe 1958 überlebte, gegen den Jungen aus Giesing, der am Anfang einer beispiellosen Karriere stand? Der Reporter erinnert sich des Abends vor dem Endspiel, als der als Gast angereiste Sepp Herberger meinte, daß jene Elf siegen würde, die das erste Tor erzielt. Anderntags führten die Deutschen und verloren. Der Reporter erinnert sich des simplen Gedankens, daß auch Weise irren können.

Mexikos Fiesta 1970 – nie ist eine Weltmeisterschaft leidenschaftlicher ausgetragen worden! Als Uwe Seeler, Gerd Müller und Franz Beckenbauer im Viertelfinale die Engländer nach einem 0:2-Rückstand schlugen, als Bobby Charlton bei der brüllenden Hitze darum bat, ausgewechselt zu werden! Oder: Das Semifinale der Deutschen gegen die Italiener, welches für immer und ewig zu den Klassikern dieses Spiel gehören wird – nicht nur weil es erst in der Verlängerung mit 4:3 entschieden wurde, sondern man nie eine solche Begegnung erlebte, in der so bis zur Erschöpfung gekämpft wurde, in der Freude und Trauer so nahe beieinander lagen. Es war das Spiel des Gerd Müller, den sie das »Strafraumgespenst« nannten. Es war auch das Spiel von Facchetti, der den Italienern Disziplin beibrachte. Der Reporter erinnert sich routinierter Kollegen auf der Tribüne, die noch eine halbe Stunde nach dem Schlußpfiff dasaßen und sich bemühten, ihre berufsschädigende Sprachlosigkeit in Worte zu fassen. Im Finale schließlich feierten die Brasilianer unter der Regie des Hexenmeisters Pele gegen die müden Italiener das Ende der Fiesta, und da sie nun dreimal Weltmeister geworden waren, durften sie den »Coupé Jules Rimet« behalten.

Man könnte dieser Weltmeisterschaft '74 in Deutschland ein Fazit verleihen, welches kürzer nicht denkbar ist: Die Deutschen waren Favorit und bestätigten das. Die Mannschaft war vielleicht nicht so stark wie zwei Jahre zuvor beim Gewinn der Europameisterschaft, aber sie besaß den seinerzeit wohl besten Spieler der Welt, Franz Beckenbauer – man hatte den Torschützen Gerd Müller, den Torwart Sepp Maier, den offensiven Abwehrmann Paul Breitner – jeder in dieser Elf war zumindest genauso gut, wenn nicht besser wie sein Gegenspieler. Es gab für die allzu Selbstbewußten einen Warnschuß zur rechten Zeit, als man der DDR im Vorrundenspiel in Hamburg 0:1 unterlag. Es gab auch im Finale diesen nützlichen Tritt in jenen Bereich, der Seele, die man im körperlichen den verlängerten Rücken nennt, als man nach wenigen Minuten in Rückstand geriet. Im Nachhinein war alles ganz logisch: Man sprach von einer kühlen Interessengemeinschaft, die den Titel errang. Es traten wenige Stunden nach dem Finale einige Spieler verärgert zurück. Es war wohl auch so, daß sich das Spiel endgültig zu einem Sproß der Unterhaltungsbranche gewandelt hatte. Die Leidenschaft war geflohen – die Liebe der Fans nicht. Warum sollte ausgerechnet das Fußballspiel von dieser Entwicklung verschont bleiben?

Argentinien 1978: Der Reporter erinnert sich an die Stille in der Studentenkneipe in Buenos Aires, als fünfzig Meter weiter auf der Straße eine Bombe explodierte, an die Mütter auf der Plaza de Mayo, die ihre Männer, Söhne und Brüder beklagen, an die Listen der Verschwundenen und an den Admiral-Präsidenten in der Loge. Er erinnert sich auch an das Spiel in Cordoba, als der Österreicher Hans Krankl die Deutschen aus dem Turnier schoß, und auch an jene Szene im Endspiel, als der Holländer Rensenbrink wenige Minuten vor dem Ablauf der regulären Spielzeit den Ball an den Pfosten der Argentinier knallte. Schließlich auch, wie dieser unnachahmliche Mario Kempes in der Verlängerung den entscheidenden Treffer erzielte. Es bleibt auch Erinnerung an die beiden Lenker Ardiles und Haan, die beide nie das Format eines Pele, eines Beckenbauer, eines Charlton erreichten. Es war ein seltsames Turnier mit auch seltsamen Ergebnissen: Als die Argentinier beispielsweise gegen Peru unbedingt einen Sieg mit vier Toren Vorsprung benötigten, um überhaupt das Finale zu erreichen – sie gewannen 6:0. In Brasilien, wo man sich davor schon im Endspiel sah, hält man das heute noch für einen Betrug. Das Musical »Evita« stand auf dem Index, und wenige Jahre später waren die herrschenden Militärs abgelöst.

Die Organisatoren hatten sich für 1982 in Spanien einen neuen Modus des Turniers mit 24 Mannschaften ausgedacht, und trotz der Schwierigkeiten, die man den Gastgebern damit bereitete, bewiesen die ersten Ergebnisse, daß man wohl Recht daran tat, auch sogenannte »Kleine« mitspielen zu lassen: Belgien schlug den Titelverteidiger Argentinien 1:0, Algerien verblüffte die Deutschen mit 2:1, Italien spielte gegen Kamerun ebenso nur 1:1 wie Spanien gegen Honduras. Zwischen Österreich und Deutschland fand in Gijon ein Spiel statt, das als Skandal bezeichnet wurde, weil die Akteure sich nicht wehtun mochten. In der deutschen Mannschaft gab es Leute, die vergaßen, daß sie ihr Einkommen von den Fans und der Öffentlichkeit erhalten. Zwischen Frankreich und Deutschland kam es zu einem Semifinale, das den Deutschen erneut einen besonderen Hang zur Dramatik bescheinigte: Nach einem 1:3 in der Verlängerung kommt es noch zum 3:3 – und schließlich zu einem 8:7 im ersten Elfmeterschießen einer Weltmeisterschaft. Aber das Ergebnis wurde überschattet durch ein brutales Foul des deutschen Torhüters Schumacher an Battiston. Immerhin gelang Karl-Heinz Rummenigge der Durchbruch zum Weltstar.
Es bliebe noch das Endspiel zu erwähnen, das die Italiener gegen die Deutschen für sich entschieden, dank eines überragenden Paolo Rossi, dem allerdings der Makel anhaftete, drei Jahre zuvor wegen Bestechlichkeit »lebenslang« gesperrt worden zu sein. Wunderte sich noch jemand?

Mexikos Fiesta 1986 war sicherlich perfekter als jene 16 Jahre zuvor, fernsehgerechter, glatter, aber es schien, als ob ihr etwas von der Leidenschaft von damals fehlte. Dieses Mal war es gut, daß die Argentinier siegten, denn die Deutschen unter dem Teamchef Franz Beckenbauer zeigten vor und während des Finales zwar gute und solide Zweckmäßigkeit – mehr jedoch nicht. Fast hätten allerdings diese Eigenschaften sogar für eine Überraschung ausgereicht, als es eine Viertelstunde vor Schluß plötzlich 2:2 stand – es reichte aber nicht. Die Argentinier hatten Diego Maradona, den kleine Artisten, der eine ganze Abwehr zu umspielen vermochte, der Gassen für seine Mitspieler fand, die niemand sonst entdeckte, dem zum wirklichen großen Spieler nur die Ehrlichkeit fehlte. Im Spiel gegen die Engländer hatte jeder im Stadion gesehen, wie er den Ball mit der Faust ins Tor stieß, nur der Schiedsrichter nicht. Maradona sprach später von »der Hand Gottes«. Doch wenn es so etwas wie eine göttliche Gerechtigkeit gibt, dann hat sie ihn in seinem späteren Leben vom höchsten Glanz auch in tiefes Elend gestürzt.

Vier Jahre später gab es in Italien das gleiche Endspiel – zum Teil auch mit den gleichen Spielern. Und dieses Mal siegten die Deutschen durch das Elfmetertor von Brehme. Man braucht schon ein bißchen Statistik, um die Euphorie der dreimaligen Weltmeister aus Deutschland auf den Teppich zu bringen: Gegen England kamen sie lediglich im Elfmeterschießen weiter – vier Jahre zuvor das gleiche »Würfelspiel« gegen Mexiko. Und in Spanien noch einmal gegen Frankreich. In Italien haben sie Toto Schillaci gefeiert, den Sizilianer, der nur diesen kurzen Sommer lang glänzte und wieder verschwand, als Italien das Elfmeterschießen im Halbfinale gegen Argentinien verlor. In Deutschland war der selbstbewußte Franke Lothar Matthäus zum Lenker geworden – einer, der bewußt oder unbewußt genau das sagte, lebte, spielte, was man von ihm erwartete. Und der Reporter erinnert sich an Franz Beckenbauer, wie er nachher ganz allein über das leerer werdende Spielfeld spazierte – so wie ein staunend-nachdenklicher Zuschauer, der sich hierher verirrte. Ein Mann nahm Abschied, ganz unspektakulär. »Mir ist dieser Titel wurscht, aber meinen Jungs gönne ich ihn!«

Am nächsten Tag war seine Amtszeit zu Ende, und er fuhr zum Golfspielen. ■

I. WM 1930 IN URUGUAY
Weltmeister Uruguay

Endrunde: 13. – 30. 7.
Abgegebene Meldungen: 13
Ohne Qualifikationsspiele
Alle Endrundentreffen in Montevideo

ENDSPIEL
Uruguay – Argentinien 4:2 (1:2)
30. 7. 1930 in Montevideo
Uruguay: Ballesteros – Mascherroni, Nasazzi – Andrade, Fernandez, Gestido; Dorado, Scarone, Castro, Cea, Iriarte.
Argentinien: Botasso – Della Torre, Paternoster – Evaristo, J., Monti, Suarez, Peucelle, Varallo, Stabile, Ferreyra, Evaristo, M.
Tore: 1:0 Dorado (12.), 1:1 Peucelle (20.), 1:2 Stabile (24.), 2:2 Cea (58.), 3:2 Iriarte (70.), 4:2 Castro (88.).
Schiedsrichter: Langenus (Belgien).
Zuschauer: 70 000.
Deutschland nahm nicht an der WM teil.

Zuschauer- und Torübersicht:
Zuschauer: 443 500 in 18 Spielen.
Tore: 70.

II. WM 1934 IN ITALIEN
Weltmeister Italien

Endrunde: 27. 5. – 10. 6.
Abgegebene Meldungen: 31.
Qualifikationsspiel am 24. 5. in Rom:
USA – Mexiko 4:2.

ENDSPIEL
Italien – Tschechoslowakei 2:1 (1:1, 0:0) n.V.
10. 6. 1934 in Rom
Italien: Combi – Monzeglio, Allemandi – Ferraris IV, Monti, Bertolini – Guaita, Meazza, Schiavio, Ferrari, Orsi.
Tschechoslowakei: Planicka – Zenisek, Ctyroky – Kostalek, Cambal, Krcil – Junek, Svoboda, Sobotka, Nejedly, Puc.
Tore: 0:1 Puc (69.), 1:1 Orsi (80.), 1:2 Schiavio (97.).
Schiedsrichter: Eklind (Schweden).
Zuschauer: 50 000.

Spiele der deutschen Mannschaft:
Achtelfinale: 5:2 gegen Belgien.
Viertelfinale: 2:1 gegen Schweden.
Halbfinale: 1:3 gegen Tschechoslowakei.
Spiel um Platz 3: 3:2 (3:1) gegen Österreich.

Zuschauer- und Torübersicht:
Zuschauer: 395 000 in 17 Spielen.
Tore: 70.

III. WM 1938 IN FRANKREICH
Weltmeister Italien

Endrunde: 4. – 19. 6.
Abgegebene Meldungen: 29.

ENDSPIEL
Italien – Ungarn 4:2 (3:1)
19. 6. 1938 in Paris
Italien: Olivieri – Foni, Rava – Serantoni, Andreolo, Locatelli – Biavati, Meazza, Piola, Ferrari, Colaussi.
Ungarn: Szabó – Polgár, Biró – Szalay, Szücs, Lazar – Sas, Vincze, Dr. Sárosi, Zsengeller, Titkos.
Tore: 1:0 Colaussi (6.), 1:1 Titkos (7.), 2:1 Piola (16.), 3:1 Colaussi (36.), 3:2 Dr. Sárosi (71.), 4:2 Piola (82.).
Schiedsrichter: Capdeville (Frankreich).
Zuschauer: 80 000.

Spiele der deutschen Mannschaft:
Achtelfinale: 1:1 n.V. und 2:4 im Wiederholungsspiel gegen die Schweiz.
Österreich war für die Endrunde qualifiziert, nahm jedoch durch die faschistische deutsche Annexion im Frühjahr 1938 nicht teil. In der deutschen Auswahl, die am 9. Juni nach der Niederlage gegen die Schweiz ausschied, spielten insgesamt acht Österreicher.

Zuschauer- und Torübersicht:
Zuschauer: 483 000 in 18 Spielen.
Tore: 84.

IV. WM 1950 IN BRASILIEN
Weltmeister Uruguay

Endrunde: 24. 6. – 16. 7.
Abgebene Meldungen: 33

FINALRUNDE DER GRUPPENSIEGER

Brasilien – Schweden	7:1	(3:0)
Uruguay – Spanien	2:2	(1:2)
Brasilien – Spanien	6:1	(3:0)
Uruguay – Schweden	3:2	(2:1)
Schweden – Spanien	3:1	(2:0)

Uruguay – Brasilien 2:1 (0:0)
16. 7. 1950 in Rio de Janeiro
Uruguay: Maspoli – M. Gonzales, Tejera – Gambetta, Varela, Andrade – Ghiggia, Perez, Miguez, Schiaffino, Moran.
Brasilien: Barbosa – Augusto, Juvenal – Bauer, Danilo, Bigode – Friaca, Zizinho, Ademir, Jair, Chico.
Tore: 0:1 Friaca (47.), 1:1 Schiaffino (66.), 2:1 Ghiggia (80.).
Schiedsrichter: Reader (England).
Zuschauer: 203 849.

Abschlußtabelle Finalgruppe

1. Uruguay	3	2	1	–	7:5	5:1
2. Brasilien	3	2	–	1	14:4	4:2
3. Schweden	3	1	–	2	6:11	2:4
4. Spanien	3	–	1	2	4:11	1:5

Türkei, Schottland, und Indien hatten sich zurückgezogen;
Deutschland nahm an der IV. WM 1950 nicht teil.

Zuschauer- und Torübersicht:
Zuschauer: 1 337 000 in 22 Spielen.
Tore: 88.

V. WM 1954 IN DER SCHWEIZ
Weltmeister Deutschland

Endrunde: 16. 6. – 4. 7.
Abgegebene Meldungen: 37

ENDSPIEL
Deutschland – Ungarn 3:2 (2:2)
4. 7. 1958 in Bern
Deutschland: Turek – Posipal, Kohlmeyer – Eckel, Liebrich, Mai – Rahn, Morlock, O. Walter, F. Walter, Schäfer.
Ungarn: Grosics – Buzanski, Lorant, Lantos – Bozsik, Zakarias – Czibor, Kocsis, Hidegkuti, Puskas, Toth.
Tore: 0:1 Puskas (6.), 0:2 Czibor (8.), 1:2 Morlock (10.), 2:2 Rahn (16.), 3:2 Rahn (84.).
Schiedsrichter: Ling (England).
Zuschauer: 64 000.

Spiele der deutschen Mannschaft:
Vorrunde: 4:1 gegen die Türkei; 3:8 gegen Ungarn, 7:2 im Entscheidungsspiel gegen die Türkei.
Viertelfinale: 2:0 gegen Jugoslawien.
Halbfinale: 6:1 gegen Österreich.

Zuschauer- und Torübersicht:
Zuschauer: 943 000 in 26 Spielen.
Tore: 140.

VI. WM 1958 IN SCHWEDEN
Weltmeister Brasilien

Endrunde: 8. – 29. 6.
Abgegebene Meldungen: 52

ENDSPIEL
Brasilien – Schweden 5:2 (2:1)
29. 6. 1958 in Stockholm
Brasilien: Gilmar – Djalma Santos, Nilton Santos – Zito, Bellini, Orlando – Garrincha, Didi, Vava, Pele, Zagalo.
Schweden: Svensson – Bergmark, Axbom – Börjesson, Gustavsson, Parling – Hamrin, Gren, Simonsson, Liedholm, Skoglund.
Tore: 0:1 Liedholm (5.), 1:1 Vava (8.), 2:1 Vava (31.), 3:1 Pele (54.), 4:1 Zagalo (67.), 4:2 Simonsson (79.), 5:2 Pele (90.).
Schiedsrichter: Guigue (Frankreich).
Zuschauer: 52 000.

Spiele der deutschen Mannschaft:
Vorrunde: 3:1 gegen Argentinien, 2:2 gegen die CSR, 2:2 gegen Nordirland.
Viertelfinale: 1:0 gegen Jugoslawien.
Halbfinale: 1:3 gegen Schweden.
Spiel um Platz 3: 3:6 (1:3) gegen Frankreich.

Zuschauer- und Torübersicht:
Zuschauer: 868 000 in 35 Spielen.
Tore: 126.

VII. WM 1962 IN CHILE
Weltmeister Brasilien

Endrunde: 30. 5. – 17. 6.
Abgegebene Meldungen: 55

ENDSPIEL
Brasilien – ČSSR 3:1 (1:1)
17. 6. 1962 in Santiago
Brasilien: Gilmar – Djalmar Santos, Nilton Santos – Zito, Mauro, Zozimo – Garrincha, Didi, Vava, Amarildo, Zagalo.
ČSSR: Schrojf – Tichy, Popluhar, Novak – Pluskal, Masopust – Pospichal, Scherer, Kadraba, Kvasnak, Jelinek.
Tore: 0:1 Masopust (15.), 1:1 Amarildo (17.), 2:1 Zito (69.), 3:1 Vava (78.).
Schiedsrichter: Latyschew (UdSSR).
Zuschauer: 60 000.

Spiele der deutschen Mannschaft:
Vorrunde: 0:0 gegen Italien; 2:1 gegen die Schweiz; 2:0 gegen Chile.
Viertelfinale: 0:1 gegen Jugoslawien.

Zuschauer- und Torübersicht:
Zuschauer: 776 000 in 32 Spielen.
Tore: 89.

VIII. WM 1966 IN ENGLAND
Weltmeister England

Endrunde: 11. 7. – 30. 7.
Abgegebene Meldungen: 74.

ENDSPIEL
England – Deutschland 4:2 (2:2, 1:1) n.V.
30. 7. 1966 in London
England: Banks – Cohen, J. Charlton, Moore, Wilson – Stiles, B. Charlton, Peters, Ball, Hurst, Hunt.
Deutschland: Tilkowski – Höttges, Schulz, Weber, Schnellinger – Beckenbauer, Overath – Haller, U. Seeler, Held, Emmerich.
Tore: 0:1 Haller (12.), 1:1 Hurst (17.), 2:1 Peters (78.), 2:2 Weber (89.), 3:2 Hurst (101.), 4:2 Hurst (120.).
Schiedsrichter: Dienst (Schweiz).
Zuschauer: 100 000.

Spiele der deutschen Mannschaft:
Vorrunde: 5:0 gegen die Schweiz; 0:0 gegen Argentinien; 2:1 gegen Spanien.
Viertelfinale: 4:0 gegen Uruguay.
Halbfinale: 2:1 gegen die UdSSR.

Zuschauer- und Torübersicht:
Zuschauer: 1 614 677 in 32 Spielen
Tore: 89.

IX. WM IN MEXIKO
Weltmeister Brasilien

Endrunde: 31. 5. – 21. 6.
Abgegebene Meldungen: 75.

ENDSPIEL
Brasilien – Italien 4:1 (1:1)
21. 6. 1970 in Mexiko-City
Brasilien: Felix – Carlos Alberto, Brito, Piazza, Everaldo – Gerson, Clodoaldo, Rivelino – Jairzinho, Tostao, Pele.
Italien: Albertosi – Burgnich, Cera, Rosato, Facchetti, Domenghini, De Sisti, Bertini (75. Juliano), Mazzola – Boninsegna (84. Rivera).
Tore: 1:0 Pele (18.), 1:1 Boninsegna (37.), 2:1 Gerson (65.), 3:1 Jairzinho (70.), 4:1 Carlos Alberto (88.).
Schiedsrichter: Glöckner (DDR).
Zuschauer: 112 000.

Spiele der deutschen Mannschaft:
Vorrunde: 2:1 gegen Marokko; 5:2 gegen Bulgarien; 3:1 gegen Peru.
Viertelfinale: 3:2 n.V. gegen England.
Halbfinale: 3:4 n.V. gegen Italien.
Spiel um Platz 3: 1:0 (1:0) gegen Uruguay.

Zuschauer- und Torübersicht:
Zuschauer: 1 673 975 in 32 Spielen.
Tore: 95.

X. WM 1974 IN DEUTSCHLAND
Weltmeister Deutschland

Endrunde: 13. 6. – 7. 7.
Abgegebene Meldungen: 100.

ENDSPIEL
Deutschland – Niederlande 2:1 (2:1)
7. 7. 1974 in München
Deutschland: Maier – Beckenbauer – Schwarzenbeck, Vogts, Breitner – Hoeneß, Bonhof, Overath – Grabowski, Müller, Hölzenbein.
Niederlande: Jongbloed – Haan – Suurbier, Rijsbergen (68. De Jong), Krol – Jansen, Neeskens, van Hanegem – Rep, Cruyff, Rensenbrink (46. René van de Kerkhof).
Tore: 0:1 Neeskens (2., Foulelfmeter), 1:1 Breitner (25., Foulelfmeter), 2:1 Müller (43.).
Schiedsrichter: Taylor (England).
Zuschauer: 80 000.

Spiele der bundesdeutschen Mannschaft:
1. Finalrunde: 1:0 gegen Chile; 3:0 gegen Australien; 0:1 gegen die DDR.
2. Finalrunde: 2:0 gegen Jugoslawien; 4:2 gegen Schweden; 1:0 gegen Polen.

Spiele der DDR:
1. Finalrunde: 2:0 gegen Australien; 1:1 gegen Chile; 1:0 gegen BR Deutschland.
2. Finalrunde: 0:1 gegen Brasilien; 0:2 gegen die Niederlande; 1:1 gegen Argentinien.

Zuschauer- und Torübersicht:
Zuschauer: 1 774 022 in 38 Spielen.
Tore: 97.

XI. WM 1978 IN ARGENTINIEN
Weltmeister Argentinien

Endrunde: 1. – 25. 6.

ENDSPIEL
Argentinien – Niederlande 3:1 (1:1, 1:0) n.V.
25. 6. 1978 in Buenos Aires
Argentinien: Fillol – Galvan – Olguin, Passarella, Tarantini – Ardiles (65. Larossa), Gallego – Bertoni, Luque, Kempes, Ortiz (74. Houseman).
Niederlande: Jongbloed – Krol – Jansen (72. Suurbier), Brandts, Poortvliet – Neeskens, Haan, W. van de Kerkhof – R. van de Kerkhof, Reep (59. Naninga), Rensenbrink.
Tore: 1:0 Kempes (38.), 1:1 Poortvliet (81.), 2:1 Kempes (105.), 3:1 Bertoni (115.).
Schiedsrichter: Gonella (Italien).
Zuschauer: 77 000.

Spiele der deutschen Mannschaft:
1. Finalrunde: 0:0 gegen Polen; 6:0 gegen Mexiko; 0:0 gegen Tunesien.
2. Finalrunde: 0:0 gegen Italien; 2:2 gegen die Niederlande; 2:3 gegen Österreich.

Zuschauer- und Torübersicht:
Zuschauer: 1 610 215 in 38 Spielen.
Tore: 102.

XII. WM 1982 IN SPANIEN
Weltmeister Italien

Endrunde: 13. 6. – 11. 7.
Abgegebene Meldungen: 104.

ENDSPIEL
Italien – Deutschland 3:1 (0:0)
11. 7. 1982 in Madrid
Italien: Zoff – Scirea – Gentile, Collovati, Cabrini – Oriali, Bergomi, Tardelli – Conti, Rossi, Graziani (6. Altobelli/89. Causio).
Deutschland: Schumacher – Stielike – Kaltz, K. H. Förster, B. Förster – Dremmler (62. Hrubesch), Rummenigge (69. Müller), Breitner, Briegel, Fischer, Littbarski.
Tore: 1:0 Rossi (57.), 2:0 Tardelli (69.), 3:0 Altobelli (81.), 3:1 Breitner (83.).
Schiedsrichter: Coelho (Brasilien).
Zuschauer: 90 000.

Spiele der deutschen Mannschaft:
1. Finalrunde: 1:2 gegen Algerien; 4:1 gegen Chile; 1:0 gegen Österreich.
2. Finalrunde: 0:0 gegen England; 2:1 gegen Spanien.
Halbfinale: 3:3 (1:1, 1:1) n.V. gegen Frankreich, Elfmeterschießen 5:4.

Zuschauer- und Torübersicht:
Zuschauer: 1 856 277 in 52 Spielen.
Tore: 146.

XIII. WM 1986 IN MEXIKO
Weltmeister Argentinien

Endrunde 31. 5. – 29. 6.
Abgegebene Meldungen: 121.

ENDSPIEL
Argentinien – Deutschland 3:2 (1:0)
29. 6. 1986 in Mexiko-City
Argentinien: Pumpido – Brown – Cuciuffo, Ruggeri, Olarticoechea – Giusti, Enrique, Batista, Burruchaga (90. Trobbiani) – Maradona, Valdano.
Deutschland: Schumacher – Jakobs – Förster, Eder, Berthold, Matthäus, Magath (61. Hoeneß), Briegel, Brehme, Rummenigge, Allofs (46. Völler).
Tore: 1:0 Brown (22.), 2:0 Valdano (56.), 2:1 Rummenigge (72.), 2:2 Völler (84.), 3:2 Burruchaga (85.).
Schiedsrichter: Arppi Filho (Brasilien).
Zuschauer: 114 000.

Spiele der deutschen Mannschaft:
Vorrunde: 1:1 gegen Uruguay; 2:1 gegen Schottland; 0:2 gegen Dänemark.
Achtelfinale: 1:0 gegen Marokko.
Viertelfinale: 0:0 n.V. gegen Mexiko, 4:1 im Elfmeterschießen.
Halbfinale: 2:0 gegen Frankreich.

Zuschauer- und Torübersicht:
Zuschauer: 2 407 431 in 52 Spielen.
Tore: 132.

XIV. WM 1990 IN ITALIEN
Weltmeister Deutschland

Endrunde: 9. 6. – 8. 7.
Abgegebene Meldungen: 110

ENDSPIEL:
Deutschland – Argentinien 1:0 (0:0)
8. 7. 1990 in Rom
Deutschland: Illgner – Augenthaler – Berthold, Kohler, Buchwald, Brehme – Häßler, Matthäus, Littbarski – Klinsmann, Völler.
Argentinien: Goycoechea – Simon – Serrizuela, Ruggeri (46. Monzon) – Sensini, Burruchaga (53. Calderon), Troglio – Basualdo, Lorenzo – Dezotti, Maradona.
Tor: 1:0 Brehme (85., Foulelfmeter).
Schiedsrichter: Edgardo Codesal (Mexiko).
Zuschauer: 73 603.

Spiele der deutschen Mannschaft:
Vorrunde: 4:1 gegen Jugoslawien; 5:1 gegen V.A.Emirate; 1:1 gegen Kolumbien.
Achtelfinale: 2:1 gegen die Niederlande.
Viertelfinale: 1:0 gegen die CSFR.
Halbfinale: 1:1 n.V., gegen England, 4:3 im Elfmeterschießen.
Zuschauer- und Torübersicht:
Zuschauer: 2 516 348.
Tore: 115.

AUCH DER FUSSBALL LEBT VON DER HOFFNUNG

Es ist eine Spielerei für Statistiker: 147 Länder meldeten für die Qualifikationsspiele um die 22 Plätze des Turniers in den USA – manche zogen sich zurück, als sei einsahen, nicht gut genug zu sein – Jugoslawien wurde ausgeschlossen, jeder weiß, warum. Es wurden 491 Spiele ausgetragen – das sind etwa dreißig Tage – ein ganzer Monat, Tag und Nacht. Zwei ehemalige Weltmeister blieben dabei auf der Strecke – England und Uruguay. Nigeria, Saudi-Arabien und Griechenland erreichten erstmals die WM-Endrunde. Frankreich schied aus, weil man in Paris von den Bulgaren in letzter Minute ein Tor kassierte – und die Ungarn wurden gar von Island geschlagen. Aber es ist nicht richtig, nur an die einstmals Berühmten zu denken: Wer weiß denn in Europa, wie es war, als Südkorea gegen Nordkorea oder der Irak gegen den Iran spielten? Wie war es dieses Mal, als Honduras und El Salvador gegeneinander antraten? Damals, 1969, war es hinterher zu kriegerischen Auseinandersetzungen gekommen. Wo liegt ein Staat namens Vanuatu, dessen Mannschaft irgendwann gegen die Fidschi-Inseln zu spielen hatte? Wo blieben die neuen Staaten wie Estland, Lettland, Litauen? Und hätte sich Sambia nicht erstmals qualifiziert, wären nicht 18 Spieler Opfer einer Flugzeugkatastrophe geworden? 491 Fußballspiele, die in jedem Winkel der Welt stattfanden, geben auch einen Nachhilfe-Unterricht in Politik, in Geographie, in Wirtschaft der Staaten – sie erzählen von jungen Burschen, die es einfach 'mal versucht haben, obgleich sie wußten, keine Chance zu besitzen – und sie berichten von anderen, die in diesen Juni/Juli-Wochen enttäuscht zu Hause saßen und sich von irgendeinem Schicksal ungerecht behandelt fühlten. Aber nicht alles, was verständlich erscheint, ist auch richtig. Es gibt auf die Dauer keine Ungerechtigkeit in diesem Spiel – es gibt sie im ganzen Sport nicht. Und selbst die Spielerei der Statistiker bleibt weiter nichts als eben eine Spielerei – weil nämlich nichts zählt von dem, was gestern war – keine Meisterschaft, keine Glorie, kein Stolz und kein Star. Jeder kennt die platten Phrasen dieses Spiels, nach denen der Ball rund ist, ein Spiel neunzig Minuten dauert und das nächste immer das schwerste ist. Das ist genauso wie mit den simplen Sprichworten, die die Eltern ihren Kindern mit auf den Weg geben: Das Bemerkenswerte daran ist, daß sie tatsächlich alle stimmen. Vierundzwanzig Mannschaften gingen in dieses Turnier in Amerika – und bis auf eine gehörten sie zu den Verlierern. Es ist fraglich, ob irgendjemand diese illusionslose Überlegung vorher anstellte. Wozu auch? Sport lebt auch von der Hoffnung, und das ist gut so. Auch im Fußball.

ULRICH KAISER

QUALIFIKATION ZUR WM '94 IN DEN USA

EUROPA

(13 Teilnehmer)

Die Gruppensieger und Gruppenzweiten qualifizierten sich.
Titelverteidiger Deutschland war automatisch qualifiziert.

GRUPPE 1:

1. Italien	10	7	2	1	22:7	16:4
2. Schweiz	10	6	3	1	23:6	15:5
3. Portugal	10	6	2	2	18:5	14:6
4. Schottland	10	4	3	3	14:13	11:9
5. Malta	10	1	1	8	3:23	3:17
6. Estland	10	–	1	9	1:27	1:19

GRUPPE 2:

1. Norwegen	10	7	2	1	25:5	16:4
2. Holland	10	6	3	1	29:9	15:5
3. England	10	5	3	2	26:9	13:7
4. Polen	10	3	2	5	10:15	8:12
5. Türkei	10	3	1	6	11:19	7:13
6. San Marino	10	–	1	9	2:46	1:19

GRUPPE 3:

1. Spanien	12	8	3	1	27:4	19:5
2. Irland	12	7	4	1	19:4	18:6
3. Dänemark	12	7	4	1	15:2	18:6
4. Nordirland	12	5	3	4	14:13	13:11
5. Litauen	12	2	3	7	8:21	7:17
6. Lettland	12	–	5	7	4:21	5:19
7. Albanien	12	1	2	9	6:26	4:20

GRUPPE 4:

1. Rumänien	10	7	2	1	29:12	15:5
2. Belgien	10	7	1	2	16:5	15:5
3. RCS	10	4	5	1	21:9	13:7
4. Wales	10	5	2	3	19:12	12:8
5. Zypern	10	2	1	7	8:18	5:15
6. Färöer Inseln	10	–	–	10	1:38	0:20

GRUPPE 5:

1. Griechenland	8	6	2	-	10:2	14:2
2. Rußland	8	5	2	1	15:4	12:4
3. Island	8	3	2	3	7:6	8:8
4. Ungarn	8	2	1	5	6:11	5:11
5. Luxemburg	8	-	1	7	2:17	1:15

GRUPPE 6:

1. Schweden	10	6	3	1	19:8	15:5
2. Bulgarien	10	6	2	2	19:10	14:6
3. Frankreich	10	6	1	3	17:10	13:7
4. Österreich	10	3	2	5	15:16	8:12
5. Finnland	10	2	1	7	9:18	5:15
6. Israel	10	1	3	6	10:27	5:15

AFRIKA

(3 Teilnehmer)
Die neun Gruppensieger wurden auf drei Gruppen zu je drei Mannschaften verteilt. Die drei Gruppensieger qualifizierten sich.

Vorrunde
GRUPPE A:

1. Algerien	4	2	1	1	5:4	5:3
2. Ghana	4	2	-	2	4:3	4:4
3. Burundi	4	1	1	2	2:4	3:5

Uganda zog zurück.

GRUPPE B:

1. Kamerun	4	2	2	–	7:1	6:2
2. Swasiland	3	1	1	1	1:5	3:3
3. Zaire	3	–	1	2	1:3	1:5

Zaire – Swasiland nicht ausgetragen.
Liberia zog zurück.

GRUPPE C:

1. Zimbabwe	6	4	2	–	8:4	10:2
2. Ägypten	6	3	2	1	9:3	8:4
3. Angola	5	1	2	2	3:4	4:6
4. Togo	5	–	–	5	2:11	0:10

Angola – Togo nicht ausgetragen.

GRUPPE D:

1. Nigeria	4	3	1	–	7:0	7:1
2. Südafrika	4	2	1	1	2:4	5:3
3. Kongo	4	–	–	4	0:5	0:8

Libyen zog zurück.

GRUPPE E:

1. Elfenbeinküste	4	2	2	–	7:0	6:2
2. Niger	4	2	1	1	3:2	5:3
3. Botswana	4	–	1	3	1:9	1:7

Sudan zog zurück.

GRUPPE F:

1. Marokko	6	4	2	–	13:1	10:2
2. Tunesien	6	3	3	–	14:2	9:3
3. Äthiopien	6	1	1	4	3:11	3:9
4. Benin	6	1	–	5	3:19	2:10

GRUPPE G:

1. Senegal	4	3	–	1	10:4	6:2
2. Gabun	4	2	1	1	7:5	5:3
3. Mosambik	4	–	1	3	3:11	1:7

Mauretanien zog zurück.

GRUPPE H:

1. Sambia	4	3	–	1	11:3	6:2
2. Madagaskar	4	3	–	1	7:3	6:2
3. Namibia	4	-	-	4	0:12	0:8

Tansania zog sich zurück.

GRUPPE I:

1. Guinea	2	1	–	1	4:2	2:2
2. Kenia	2	1	–	1	2:4	2:2

Gambia und Mali zogen zurück.

ENDRUNDE

GRUPPE A:

1. Nigeria	4	2	1	1	10:5	5:3
2. Elfenbeinküste	4	2	1	1	5:6	5:3
3. Algerien	4	–	2	2	3:7	2:6

GRUPPE B:

1. Marokko	4	3	–	1	6:3	6:2
2. Sambia	4	2	1	1	6:2	5:3
3. Senegal	4	–	1	3	1:8	1:7

GRUPPE C:

1. Kamerun	4	3	–	1	7:3	6:2
2. Zimbabwe	4	2	–	2	3:6	4:4
3. Guinea	4	1	–	3	4:5	2:6

SÜDAMERIKA

(3 oder 4 Teilnehmer)

Die Gruppensieger und der Zweite der Gruppe B qualifizierten sich. Der Zweite der Gruppe A (Argentinien) mußte gegen den Sieger der Ausscheidung Nord-/Mittelamerika – Ozeanien (Australien) eine weitere Qualifikation bestreiten. Chile wurde wegen Betruges ausgeschlossen.

GRUPPE A:

1. Kolumbien	6	4	2	–	13:2	10:2
2. Argentinien	6	3	1	2	7:9	7:5
3. Paraguay	6	1	4	1	6:7	6:6
4. Peru	6	–	1	5	4:12	1:11

GRUPPE B:

1. Brasilien	8	5	2	1	20:4	12:4
2. Bolivien	8	5	1	2	22:11	11:5
3. Uruguay	8	4	2	2	10:7	10:6
4. Ekuador	8	1	3	4	7:7	5:11
5. Venezuela	8	1	–	7	4:34	2:14

NORD- und MITTELAMERIKA

(2 oder 3 Teilnehmer)

VORQUALIFIKATION:

Santa Lucia – St. Vincent	1:0,	1:3
Dominikan. Rep. – Puerto Rico	1:2,	1:1

VORRUNDE:

Bermuda – Haiti	1:0,	1:2
Jamaika – Puerto Rico	2:1,	1:0
St.Vincent – Kuba (zog zurück)		
Niederländische Antillen – Antigua	1:1,	0:3
Guyana – Surinam	1:2,	1:1
Barbados – Trinidad/Tobago	1:2,	0:3

1. RUNDE:
ZENTRAL – ZONE:

Guatemala – Honduras	0:0,	0:2
Panama – Costa Rica	1:0,	1:5
Nicaragua – El Salvador	0:5,	1:5

KARIBIK-ZONE:

Surinam – St.Vincent	0:0,	1:2
Antigua – Bermuda	0:3,	1:2
Trinidad/Tobago – Jamaika	1:2,	1:1

2. RUNDE:
GRUPPE A:

1. Mexiko	6	4	1	1	22:3	9:3
2. Honduras	6	4	1	1	14:6	9:3
3. Costa Rica	6	3	–	3	11:9	6:6
4. St.Vincent	6	–	–	6	0:29	0:12

GRUPPE B:

1. El Salvador	6	4	1	1	12:6	9:3
2. Kanada	6	2	3	1	9:7	7:5
3. Jamaika	6	1	2	3	6:9	4:8
4. Bermuda	6	1	2	3	7:12	4:8

ENDRUNDE:

1. Mexiko	6	5	–	1	17:5	10:2
2. Kanada	6	3	1	2	10:10	7:5
3. El Salvador	6	2	–	4	6:11	4:8
4. Honduras	6	1	1	4	7:14	3:9

Mexiko für die WM qualifiziert. Kanada mußte Ausscheidungsspiele gegen den Sieger der Ozeanien-Gruppe (Australien) bestreiten, deren Sieger dann gegen den Zweiten der Südamerika-Gruppe A (Argentinien) um ein weiteres WM-Ticket spielte. Gastgeber USA war automatisch qualifiziert.

OZEANIEN

(0 oder 1 Teilnehmer)

GRUPPE 1:

1. Australien	4	4	–	–	13:2	8:0
2. Tahiti	4	1	1	2	5:8	3:5
3. Solomonen	4	–	1	3	5:13	1:7

GRUPPE 2:

1. Neuseeland	4	3	1	–	15:1	7:1
2. Fidschi-Inseln	4	2	1	1	6:3	5:3
3. Vanuatu	4	–	–	4	1:18	0:8

ENDSPIELE:

Neuseeland – Australien	0:1
Australien – Neuseeland	3:0

Australien bestritt zunächst Ausscheidungsspiele gegen den Zweiten der Nord-/Mittelamerika-Gruppe (Kanada). Der Sieger dieser Begegnungen spielte anschließend gegen den Zweiten der Südamerika-Gruppe A (Argentinien) um ein weiteres WM-Ticket.

ZUSATZQUALIFIKATION:

Kanada – Australien	2:1
Australien – Kanada	2:1 n.V.

(Elfmeterschießen 4:1 für Australien)

Australien – Argentinien	1:1
Argentinien – Australien	1:0

ASIEN

(2 Teilnehmer)

VORRUNDE:
GRUPPE A:

1. Irak	8	6	1	1	28:4	13:3
2. China	8	6	–	2	18:4	12:4
3. Jemen	8	3	2	3	12:13	8:8
4. Jordanien	8	2	3	3	12:15	7:9
5. Pakistan	8	–	–	8	2:36	0:16

GRUPPE B:

1. Iran	6	3	3	–	15:2	9:3
2. Syrien	6	3	3	–	14:4	9:3
3. Oman	6	2	2	2	10:5	6:6
4. Taiwan	6	–	–	6	3:31	0:12

Burma zog zurück.

GRUPPE C:

1. Nordkorea	8	7	1	–	19:6	15:1
2. Katar	8	5	1	2	22:8	11:5
3. Singapur	8	5	–	3	12:12	10:6
4. Indonesien	8	1	–	7	6:19	2:14
5. Vietnam	8	1	–	7	4:18	2:14

GRUPPE D:

1. Südkorea	8	7	1	–	23:1	15:1
2. Bahrain	8	3	3	2	9:6	9:7
3. Libanon	8	2	4	2	8:9	8:8
4. Hongkong	8	2	1	5	9:19	5:11
5. Indien	8	1	1	6	8:22	3:13

GRUPPE E:

1. Saudi-Arabien	6	4	2	–	20:1	10:2
2. Kuwait	6	3	2	1	21:4	8:4
3. Malaysia	6	2	2	2	16:7	6:6
4. Macao	6	–	–	6	1:46	0:12

GRUPPE F:

1. Japan	8	7	1	–	28:2	15:1
2. VA Emirate	8	6	1	1	19:4	13:3
3. Thailand	8	4	–	4	13:7	8:8
4. Bangladesch	8	2	–	6	7:28	4:12
5. Sri Lanka	8	–	–	8	0:26	0:16

ENDRUNDE:

1. Saudi-Arabien	5	2	3	–	8:6	7:3
2. Südkorea	5	2	2	1	9:4	6:4
3. Japan	5	2	2	1	7:4	6:4
4. Irak	5	1	3	1	9:9	5:5
5. Iran	5	2	–	3	8:11	4:6
6. Nordkorea	5	1	–	4	5:12	2:8

HALBFINALE

AUF GEHT'S ZUM DUELL DER GIGANTEN

Irgend jemand hatte Shelju Shelew eingeladen. Er könne ja zum Halbfinale mal vorbeischauen, war dem bulgarischen Staatspräsidenten von Funktionären des nationalen Fußballverbandes gesagt worden. Das war vor dieser Weltmeisterschaft. Er habe sich halb totgelacht, berichtete der Präsident: Bulgarien im Halbfinale, »ein großartiger Witz«, fand Shelew damals.

Vielleicht erklärt diese Episode am besten, warum sich keiner so richtig ärgerte, als zweimal neunzig Minuten Halbfinale gespielt waren. Brasilien schlug Schweden mit 1:0, Italien schlug Bulgarien mit 2:1. Brasilianer und Italiener also freuten sich. Schweden und Bulgaren aber freuten sich auch. Nicht sofort nach der Niederlage, doch als Schwedens Nationaltrainer Tommy Svensson ein wenig Abstand gewonnen hatte, war er »einfach nur zufrieden«. Schweden und Bulgaren brauchten nicht das Finale, um froh zu sein. Dabei gewesen zu sein in diesem Halbfinale, das war ihnen Glück genug. Staatspräsident Shelew, der sich das Spiel gegen Italien in New York dann selbstverständ-

PRESSE-ECHO

»Nach Stoitschkows Elfmeter haben wir gelitten, aber kein Sieg ohne Leiden.« »CORRIERE DELLO SPORT« (Italien)

»Eine wunderschöne halbe Stunde, in der Roby zwei Tore für die Videothek erzielte.« »GAZZETTO DELLO SPORT« (Italien)

»Zehn Athleten und ein Genie. Der Messias erschien zwischen den ihn anbetenden Menschenmengen und hat zwei Wunder vollbracht. Danach hat er sich zurückgezogen, um zu meditieren.« »LA STAMPA« (Italien)

»Die bulgarische Ziehharmonika, die sich im Viertelfinale gegen Deutschland so geschmeidig auseinander und wieder zusammenbewegte, schien im Halbfinale lange Zeit zu klemmen.« »DE VOLKSKRANT« (Niederlande) (zu BULGARIEN–ITALIEN)

»Die brasilianische Dominanz war erdrückend, auch wenn das Tor erst spät fiel.« »DIARIO 16« (SPANIEN)

»Romario war der kleinste, der beste und der größte.« »EXPRESSEN« (Schweden)

»Brasilien hatte wieder auf den Torriecher von Romario gesetzt, und der Torjäger enttäuschte auch nicht.« »LA NACION« (Argentinien) (zu SCHWEDEN – BRASILIEN)

Der teuerste Mann im 244-Millionen-Mark-Aufgebot der Squadra Azzurra Roberto Baggio hat gegen Bulgarien zum ersten Mal zugeschlagen (oben).

Gegen die eisenharte italienische Abwehr war auch für Emil Koastadinow kein Durchkommen ...

lich auch ansah, fand es nicht mehr witzig, sondern einfach nur überwältigend. »Diese Mannschaft hat mehr für Bulgarien getan, als je ein Bulgare zuvor«, sagte er nach dem Schlußpfiff.

Aber einer weinte doch. Es war ein Sieger, der seine Tränen in der allgemeinen Fröhlichkeit vergoß: es war der Sieger. Roberto Baggio, das bezopfte Phänomen, stand am Spielfeldrand, und im Moment des Triumphes schien ihm eingefallen zu sein, wie beschwerlich der Weg zum großen Glück gewesen war. Gegen Norwegen hatte ihn Trainer Arrigo Sacchi ausgewechselt, nach der Vorrunde ihn die italienische Presse ein » ängstliches Kaninchen« genannt. »Ich bin gewohnt zu kämpfen, nie aufzugeben«, sagte er, und in diesem Moment stieg ihm vor Rührung, Stolz und Glück das Wasser in die Augen. Roberto Baggio war die irdische Kraft, mit der Italiens Squadra Azzurra das Unmögliche möglich machte. Mit zwei Toren gegen Bulgarien, Meisterwerke eines Menschens, der Fußball zaubern kann, schoß er Italien zum fünften Male in ein Weltmeisterschaftsfinale.

Man muß seinen Gegenspieler gesehen haben, Trifon Iwanow, ein Kerl, breit wie ein Kühlschrank, vollbärtig, ein Meister des bösen Blicks. Der hat noch jeden Stürmer kleingekriegt bei dieser WM, zuletzt Jürgen Klinsmann. Man muß gesehen haben, wie dieser Iwanow Roberto Baggio hinterherrannte. Zwanzig Minuten waren vorüber, Iwanow war ausgespielt, Letschkow und Hubtschew wurden einfach überrannt, zum Tor waren es etwa 18 Meter. Der Torhüter, der den Schuß von Roberto Baggio hätte halten können, muß erst noch geboren werden. Fünf Minuten später schlug er wieder zu. Diesmal von der anderen, der linken Strafraumseite.

Es stand 2:0 für Italien, 26 Minuten nach dem Anpfiff, und schon könne man abpfeifen, dachten die meisten der 77 000 Zuschauer im Giants Stadion von New York. Bei den Bulgaren schien sich nichts mehr zu rühren, sie wurden von den Italienern überlaufen,

Der Künstler Roberto Baggio – für 35 Millionen Mark wäre er von Juventus Turin zu haben – hat seine Arbeit getan ...

ENTDECKT

Fast das gleiche Durchschnittsalter hatten die beiden 22er Aufgebote der Endspielrivalen Italien (27,9) und Brasilien (27,8). Damit lagen beide Teams in der oberen Hälfte. Sie wurde angeführt von den Belgiern (29,3), gefolgt von Irland und Deutschland (je 29,1). Die jüngsten Vertretungen stellten Saudi-Arabien (24,4), Rumänien (25,2) und Schweden (26,0).

Der finale (Kopf)Schuß von Superstar Romario gegen Schweden: 1:0! Trotzdem haben die Skandinavier allen Grund zur Freude, erreichten sie doch seit 1958 erstmals wieder das das WM-Halbfinale mit einem Team, dem die Zukunft gehört. ▶

wie Skifahrer Slalomstangen umfahren. Albertini schoß den Ball an den Pfosten, einen Heber von ihm konnte Bulgariens Torhüter Borislaw Mihailow mit Finger-spitzengefühl gerade noch so über die Latte bugsieren. Donadoni hatte seine Chance, Maldini ebenso. Arrigo Sacchi geriet in Ekstase. »Die erste Halbzeit war die beste, die je eine italienische Mannschaft gespielt hat.« Das braucht man nicht unbedingt wörtlich nehmen, eher sind die Worte des Trainers so zu interpretieren, daß zwischen der ersten und der zweiten Hälfte gut und gerne 60 Prozent Gefälle lagen. Zwanzig Minuten nur brauchte Italien für sein Halleluja. Zwischen der 20. und 40. Minute zeigte die Squadra Fußball nahe der Perfektion – und danach quasi gar nichts mehr. So war es ein glücklicher Umstand, daß Alessandro Costacurta eine Minute vor der Pause Nasko Sirakow im Strafraum die Beine wegzog. Hristo Stoitschkow verwandelte den Elfmeter. Es kam wieder Leben ins Spiel.

Die Bulgaren griffen fleißig an nach dem Seitenwechsel, doch viel weiter als bis zur italienischen Strafraumgrenze kamen sie selten. Nur zwei Situationen hätten den 2:2-Ausgleich bringen können: Als Costacurta in der 70. Minute Kostadinows Flanke mit der Hand aus dem Strafraum schlug und als in der allerletzten Minute Roberto Mussi Jordan Letschkow foulte. Schiedsrichter Joel Quiniou pfiff kei-

nen Elfmeter, und Hristo Stoitschkow, der wilde, wütende Alleinherrscher in Bulgariens Team, glaubte später zu wissen, warum: »Der Schiedsrichter war Franzose, vergessen Sie es nicht.« Gegen Frankreich hatte Bulgarien sich durch ein 2:1 in Paris die WM-Reise verdient. Die Equipe tricolore mußte zu Hause bleiben. Stoitschkow vertrat die wildesten Rachetheorien. »Gott war mit uns, aber der Schiedsrichter war Franzose«, knurrte er. Doch auch Stoitschkow, der Egozentriker beruhigte sich wieder, als sich seine zerstrittene Mannschaft auf dem Rückweg ins Hotel zu Wodka und Pommes frites machte. »Wir haben Geschichte gemacht«, sagte Stoitschkow. Da grämte ihn schon nicht mehr allzu sehr, daß sie am allerletzten Kapitel dieser WM nicht mehr mitschrieben, sondern Brasilien und Italien.

24 Jahre haben sie in Brasilien darauf gewartet. Es war ein grausames Spiel für ein Volk, das den Fußball als Herzenssache begreift: Alle vier Jahre wieder kam Brasilien als Favorit zur Weltmeisterschaft – und ging als gescheiterter Favorit. Nun endlich war man wieder im Finale – und wieder gegen Italien, wie beim letzten Male, 1970 in Mexiko. Damals gewann Brasilien 4:1, und als die heutige Landesauswahl Schweden mit 1:0 besiegt hatte, sprach Trainer Carlos Alberto Parreira, daß »wir mit Sicherheit wieder gewinnen werden – bei allem Respekt vor den Italienern«. Es waren nüchterne Fakten, die Parreira zu dieser Überzeugung verleiteten. Brasilien habe »die meisten Tore bei dieser WM geschossen und in der Abwehr stehen wir gut.«

Brasilien, der einzige Gast unter sieben europäischen Mannschaften im Viertelfinale, adoptierte das europäische Spiel nicht. Die »Selecao«, die Nationalelf, pickte sich nur die Rosinen des europäischen Fußballs heraus. »Wir haben in puncto Kampfbereitschaft viel von den Europäern gelernt«, sagte Romario. »Aber wir spielen trotzdem brasilianischen Fußball. Die Technik werden wir nie vergessen.« Das Tore-schießen aber schienen sie in der Rose Bowl von Los Angeles vergessen zu haben.

Der Ball lief von Brasilianer zu Brasilianer wie eine Billardkugel von Bande zu Bande, irgendwann lag der Ball dann des öfteren vor dem schwedischen Tor – aber reingeschossen haben sie ihn nicht. Romario, Volksheld Nummer ein, drehte einmal jubelnd ab, als er den Ball an Torhüter Thomas Ravelli vorbeigeschoben hatte. Er verpaßte so, wie Patrik Andersson das Leder von der Torlinie schlug. »Keine Ahnung, wo der noch herkam«, gab Romario später zu Protokoll. Das war in der 26. Minute, und zuvor hatte bereits Zinho eine Möglichkeit vertan, von der manche Leute sagen, ihre Oma hätte sie genutzt. Trainer Parreira zählte fleißig mit, »29 Torschüsse und neun hundertprozentige Chancen« seiner Mannschaft hatte er zu Spielende registriert. Eine einzige wurde genutzt, aber das genügte auch schon.

Romario landete in der 81. Minute mit einem Kopfball den Volltreffer. Das war spät, hatte Nerven gekostet. Doch Angst mußte niemand um die Brasilianer haben, noch nicht einmal Patrik Andersson befürchtete zu irgendeinem Zeitpunkt das Ausscheiden der Südamerikaner. »Wir hatten nie eine reelle Chance.« Zu schwach, zu passiv spielten die Schweden, hinter ihren Aktionen schien ein einziges Ziel zu stecken: Elfmeterschießen. Torsteher Ravelli wurde dabei »fast verrückt, weil die Bälle, die ich rausschoß, sofort wieder zurückkamen.«

Wohl kaum gab es in der jüngeren WM-Zeitrechnung ein ähnlich einseitiges Halbfinale, und selten verweigerte eine brasilianische Mannschaft sich derart hartnäckig, ein Tor zu schießen. Was einiges heißt, denn in puncto Torschußpanik ist die »Selecao« schon seit 24 Jahren Weltmeister. Seit Mexiko 1970, seit dem 4:1 gegen Italien. Wie in den letzten 24 Jahren leidet auch diese brasilianische Auswahl und läßt ihre Fans leiden. Doch sie ist nicht mehr aus dem Konzept zu bringen, das ist der Unterschied. Als Carlos Alberto Parreira in der Halbzeit vor seine Mannschaft trat, sagte er: »Bleibt cool. Wenn eine Chance weg ist, kommt eben die nächste.« Auch wenn man 24 Jahre darauf warten muß. ■

LUDGER SCHULZE

WENN LEGENDEN STERBEN …

Natürlich hat es mit Aberglauben überhaupt nichts zu tun: Kein Fußballspieler gibt zu, an böse oder gute Geister zu glauben. Allerdings legen manche großen Wert darauf, als letzter auf den Platz zu gehen – andere schnüren immer zuerst den linken Schuh – sie rasieren sich in keinem Falle vor dem Spiel – sie legen sich sogar einen kleinen Teddybär ins Tor. Aber es hat mit Aberglauben nichts zu tun. Schwören sie. Dann ist da noch die Sache mit der Nummer 10 auf dem Trikot. Jahrzehntelang hat niemand etwas dabei gefunden, dieses Hemdchen zu tragen – es war nach althergebrachter Art eben der Halblinke, wie zum Beispiel 1954 Fritz Walter und Ferenc Puskas. Doch dann kam Pele mit der 10 – und seither ist alles anders. Wer vom Trainer die Nummer verpaßt bekommt, erhält großes Ansehen – und jene Koryphäen, die bereits berühmt sind, beanspruchen die 10, damit jeder sofort erkennen kann, wie toll sie sind. Lothar Matthäus hat sie sogar mit in die Libero-Position genommen, wo man seit Beckenbauers Zeiten die 5 trug. Der Rumäne Hagi, der Schweizer Sforza, der Belgier Scifo, der Schwede Dahlin, der Brasilianer Rai – sie alle trugen die 10 an jede Stelle des Platzes, und zwar mit ordentlichem Erfolg. Die unvermeidliche Frage ist: Hätten sie vielleicht schlechter gespielt, wenn man ihnen eine andere Nummer gegeben hätte? Irgendwie konnte man dieses Mal ja auch durchaus seine Zweifel an der magischen Wirkung dieser Urmutter aller Dezimalzahlen haben. Nehmen wir beispielsweise Italiens Roberto Baggio, dem sie in Turin für die Nr. 10-Genialität runde sechs Millionen Mark im Jahr bezahlen, er rannte herum wie jeder andere und wurde gegen Norwegen sogar ausgewechselt. Kolumbiens Carlos Valderrama fiel lediglich durch gewaltige Haarpracht auf – vielleicht wäre er auch ausgewechselt worden, wenn man einen besseren gehabt hätte. Boliviens 10, der Volksheld Marco Antonio Etcheverry, kam spät auf den Platz und sollte ein verlorenes Spiel mit seinen Eingebungen beflügeln – nach drei Minuten befand der Schiedsrichter, daß er in der Umkleidekabine besser aufgehoben sei … Schließlich blieb noch der Größte von allen, der die 10 trug – Diego Maradona. Jeder Fußballfan auf der Welt wußte von seinen Glanztaten auf dem Platz und den sonderbaren Eskapaden anderswo – die Bewunderung des einen und das Kopfschütteln über das andere hatten ihm mehr Schlagzeilen eingebracht, als jedem anderen Spieler auf der Welt. Acht Jahre zuvor hatte er von der Hand Gottes gesprochen – aber der liebe Gott hatte offensichtlich etwas dagegen, mit einem Betrug in Verbindung gebracht zu werden. Die Karriere von Argentiniens 10 war längst beendet, als man das Endspiel austrug …

ULRICH KAISER

LOTHAR MATTH.

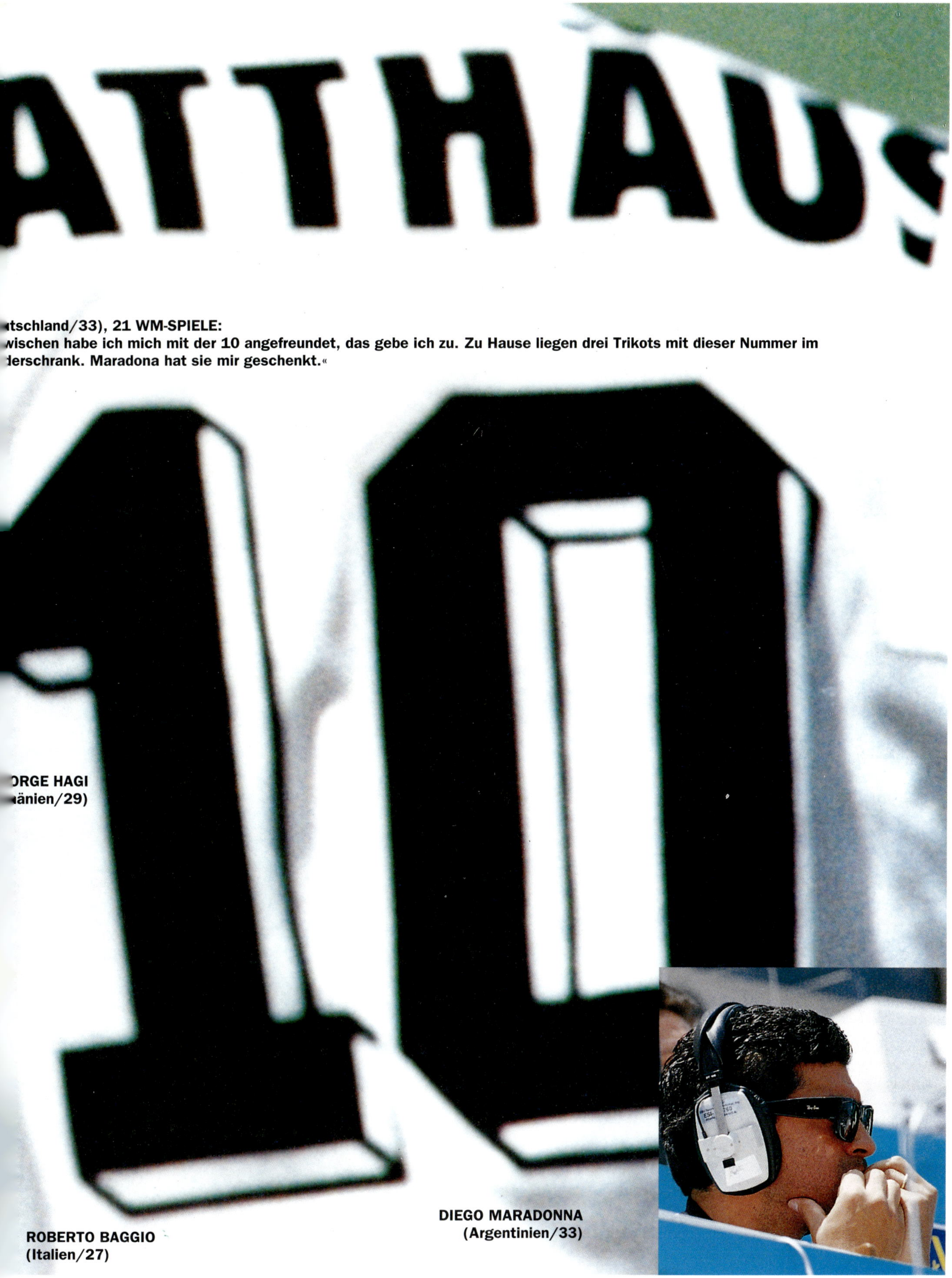

tschland/33), 21 WM-SPIELE:
wischen habe ich mich mit der 10 angefreundet, das gebe ich zu. Zu Hause liegen drei Trikots mit dieser Nummer im
derschrank. Maradona hat sie mir geschenkt.«

ORGE HAGI
änien/29)

ROBERTO BAGGIO
(Italien/27)

DIEGO MARADONNA
(Argentinien/33)

Sunbeam
°C
°F
-60
-40
-20
0
20
40
60
80
100
120
-50
-40
-30
-20
-10
0
10
20
30
40
50

FINALE

STATEMENTS

Trainer Carlos Alberto Parreira (Brasilien): *»Italien war ein würdiger Gegner. Aber ich glaube, wie haben den Titel verdient gewonnen. Ein Elfmeterschießen ist kein idealer Weg, um einen Weltmeister zu ermitteln. Aber nach 90 Minuten und noch einmal 30 Minuten Verlängerung wäre es unfair gewesen, das Spiel wiederholen zu müssen.«*

Trainer Arrigo Sacchi (Italien): *»Es war ein schweres Spiel gegen ein großes Team. Jeder meiner Spieler hat sein Bestes gegeben. Leider ist es uns nicht gelungen, das Spiel vor dem Elfmeterschießen zu gewinnen. Chancen dazu waren da, aber natürlich auch für Brasilien. Wir müssen diese Art der Niederlage akzeptieren.«*

Trainer Tommy Svenson (Schweden): *»Wir haben sehenswerten Fußball gezeigt. Der dritte Platz ist für uns ein sehr gutes Ergebnis. Wir haben eine hoffnungsvolle Perspektive, weil wir mit einer der jüngsten Mannschaften spielten.«*

Trainer Dimitar Penew (Bulgarien): *»Nach den guten Vorstellungen gegen Mexiko, Deutschland und Italien fehlte es im Schlußgang an Substanz. Die frühen Gegentore haben uns das Genick gebrochen. Diese WM war der größte Erfolg für Bulgarien.«*

FIFA-Präsident Joao Havelange (Brasilien): *»Dieses Spiel um Platz drei wird ein Feature des World Cups bleiben. In einem Wettbewerb von dieser Größe ist es wichtig, einen Dritten zu ermitteln.«*

VIERTER WM-TITEL FÜR PELES ERBEN

Aus dem Mund kamen keine Worte, und doch sagte der Mund alles. Franco Baresi saß im Gras, seine Mundwinkel hingen nach unten und zuckten hin und her, geschüttelt im Rhythmus der Weinkrämpfe, die über sein Gesicht jagten. Es war nur ein Schluchzen, ein Stöhnen, das Franco Baresi hervorbrachte. Dreißig, vielleicht vierzig Meter entfernt saß Jorginho auf der Auswechselbank. Er hatte die Augen geschlossen, die Hände gefaltet und zum Himmel gerichtet. Sein Mund bewegte sich nicht. Jorginho betete.

Es war der Moment der Entscheidung. Es mußte ja eine Entscheidung geben, das war 120 Minuten lang der einzige Trost in diesem Endspiel gewesen. Irgend etwas mußte irgendwann passieren. Nun war es soweit. Neun Minuten und elf Sekunden, hatte irgendwer mitgestoppt, dauerte das Elfmeterschießen zwischen Italien und Brasilien schon. Baresi hatte verschossen, der große Libero aus Mailand, weit über das Tor. Marcio Santos, der erste Schütze Brasiliens, war gescheitert an Torwart Gianluca Pagliuca. Daniele Massoro war nicht vorbeigekommen an Claudio Taffarel, Brasiliens Torwächter. Demetrio Albertini, Romario, Albergio Evani, Branco, Carlos Dunga, sie hatten alle getroffen, als der Ball losflog. Neun Minuten, zwölf Sekunden; es war die letzte Sekunde dieses Elfmeterschießens, die letzte Sekunde dieser Weltmeisterschaft. Der Ball flog in den bewölkten Himmel von Los Angeles, Roberto Baggio, der Schütze, fiel auf die Knie. Ein neuer Weinkrampf jagte über Baresis Gesicht, Jorginho öffnete Augen und Mund. Brasilien hatte Italien mit 3:2 nach Elfmeterschießen geschlagen. 120 Minuten lang hatte es 0:0 gestanden.

»Trotz meines verschossenen Elfmeters habe ich ein reines Gewissen«, so Franco Baresi, der große Libero des AC Milan.

Der Jubel der Brasilianer kennt nach dem vierten WM-Titel keine Grenzen – sie haben ihre Endstation Sehnsucht am 17. Juli 1994 in der Rose Bowl von Pasadena erreicht ...

Diese Weltmeisterschaft fand ein Ende, das sie nicht verdiente. Vier Wochen lang gab es tolle Fußballspiele zu sehen, das Spiel um den dritten Platz zwischen Schweden und Bulgarien am Vorabend des großen Finals war noch einmal ein Appetitanreger gewesen. Nach vierzig Minuten stand es 4:0 für Schweden, wunderbare Treffer, schöner Angriffsfußball. Und selbst die zweite Halbzeit, in der kein Tor mehr fiel, hatte hohen Unterhaltungwert, man denke allein an die ständigen Versuche von Hristo Stoitschkow, Elfmeter oder Freistöße zu schinden. So etwas gibt es in keinem Zirkus zu sehen. Und dann dieses Finale. Hier nur eine kleine Auswahl, was Leute empfunden haben, die zusahen: »Ein Spiel, das Musikalität, Phantasie und Farbigkeit versprach, war schwarz-weiß, stumm und zog sich ewig lang hin«, schrieb der Korrespondent der Spanischen Zeitung »Diario 16«. »De Telegraaf« aus Amsterdam hatte »das schlechteste WM-Finale aller Zeiten« gesehen, der Wiener »Standard« das »langsamste Endspiel, das es je gab«.

Es war die Angst, ein Tor zu kassieren, die beiden Teams den Mut zum Toreschießen raubte. Vor allem die Italiener wagten sich kaum einmal nach vorne, einzig Daniele Massaro zeigte sich in der regulären Spielzeit mal vor Taffarel, schoß aber kraftlos. Das geschah in der 18. Minute, und was danach passierte, mag die italienische Trainer-Akademie in einen Lehrfilm für Verteidiger pressen; zwei Milliarden Zuschauer vor dem Fernseher in der ganzen Welt und 94 000 in der Rose Bowl fanden es doch eher langweilig – um es mal nett auszudrücken. Teilweise war es Standfußball, der dargeboten wurde, zwischen der 18. Minute (Massaro) und 96. Minute (Baggio) verweigerten die Italiener jeglichen Torschuß. Die Brasilianer setzten sich optisch besser ins Bild, weil offensiver ausgerichtet. Schnelle, schöne Kombinationen jedoch hatten auch bei ihnen Seltenheitswert, Romarios Kopfball in der zwölften und Brancos Freistoß in der 40. Minute seien erwähnt, wenn man denn unbedingt von Torchancen reden will. Am gefährlichsten, und das sagt eigentlich alles, wurde es eine Viertelstunde vor Spielschluß. Mauro Silva schoß aus gut und gerne 25 Metern, Pagliuca breitete die Arme aus – und hätte sich den Ball fast selbst ins Tor geworfen. Der Pfosten rettete und wurde von Pagliuca zum Dank geküßt.

Die Verlängerung brachte keine wesentliche Verbesserung. Vielleicht also hatten es beide Mannschaften verdient, den Weltmeister auf solch grausame Art zu ermitteln. Gibt es eine unwürdigere Art, als durch Elfmeterschießen Weltmeister zu werden? »Das ist kein schöne Weg, den Titel zu entscheiden«, sagte Carlos Alberto Parreira, der brasilianische Coach, und Torwart Taffarel verspürte auch keine Lust, sich als Elfmeter-Held feiern zu lassen: »Ich wäre lieber Weltmeister ohne Elfmeterschießen. Elfmeterschießen bedeutet nicht, daß das beste Team triumphiert hat.« Generell nicht. In diesem Fall jedoch siegte die

WM-SPOT

Erstmals wurde bei einer WM von einer FIFA-Studiengruppe (mit Pele und Bobby Charlton) ein offizielles »All-Star-Team« aufgestellt: Preud'homme (Belgien) – Jorginho (Brasilien), Marcia Santos (Brasilien), Maldini (Italien) – Brolin (Schweden), Dunga (Brasilien), Balakow (Bulgarien), Hagi (Rumänien) – Roberto Baggio (Italien), Romario (Brasilien), Stoitschkow (Bulgarien).

Gerechtigkeit; die beeindruckendste Mannschaft des Turniers wurde Weltmeister und mit dem vierten Gewinn nunmehr Rekordtitelträger.

»Nun beginnt die Ära Romario.« Romario selbst sagte das. Das kann man getrost abwarten. Ob Romario, der fünffache Torschütze der WM, die Stufe von Pele oder Maradona erreichen wird, soll die Zukunft zeigen. Er hat bei dieser WM unzweifelhaft die ersten Sprünge in diese Richtung getan. Den Weltpokal (4 970 Gramm, Materialwert rund 100 000 Mark) bekam als erster aber Carlos Dunga, der Kapitän, in die Hände, und wer will, kann das als Zeichen werten. Bei ihm haben die Brasilianer schon von einer Ära gesprochen. »Die Ära Dunga«, das war für die Fans und Journalisten die Zeit der Pleiten und Niederlagen bis hin zur WM in Italien 1990, eingespielt von einer Mannschaft voller Kraftfußballer. »Jetzt ist Dunga Weltmeister, seine Kritiker müssen bereuen«, sagte Jorginho.

Brillante Techniker alter brasilianischer Schule wie Romario und Bebeto, Kämpfer und Renner wie Dunga und Jorginho – Parreira hat endlich die richtige Mischung gefunden.

24 Jahre lang hat Brasilien einen Tag wie diesen 17. Juli herbeigefleht. Doch für den Trainer steht trotzdem – oder gerade wegen der »Tetra« – fest: »Meine Mission ist beendet.«

Parreira hat mit dem aufreibenden Job, ein ganzes Volk am Ball be-

Showdown nach 120 Minuten: Marcio Santos scheitert an Pagliuca, Romario verwandelt zum 1:1, Taffarel hält Massaros Elfmeter, Roberto Baggio setzt den Schlußpunkt – er verschießt ... (von links)

Ein ungewöhnliche Schlußrunde des neuen Weltmeisters Brasilien, die auch Millionen Menschen vor den Fernsehgeräten in aller Welt rührte.

glücken zu müssen, abgeschlossen. Auch sein Kollege Arrigo Sacchi ist bei einem ähnlichen Harakiri-Unternehmen ziemlich weit gekommen. Gegen den Willen einer Volksmacht aus Fußballtrainern boxte Italiens Coach sein Nationalteam durch und installierte zudem ein unattraktives Spielsystem. Für den Fall vorzeitigen Scheiterns lagen die Entlassungspapiere beider abholbereit. Aus dem Kampf gegen Widerstände haben Parreira und Sacchi ihre Erfolge entwickelt. Verhaßt und angefeindet bewegten sie sich souverän auf engstem Raum. Parreira, der einsame Streiter, wurde gefeiert von einem Volk, das lange Zeit nur Spott für ihn übrig hatte.

Es wird nicht lange dauern, und auch auf Europas Stiefelspitze werden sie begreifen, wie ungeschoren sie aus dem Abenteuer herausgekommen sind. Schließlich floh die Auswahl von Trainer Arrigo Sacchi auch im Finale nicht aus der Minimalistenrolle. Bei einem Turnier, das den Offensivgeist beschwor, konnte Sacchi erfolgreich einen Gegentrend gestalten: Die Restauration des Catenaccio, des alten, überkommen geglaubten italienischen Riegelsystems. Daß nun ausgerechnet Baggio, Roberto Baggio, mit seinem Schuß in die Wolken die italienische Reise besiegelte, brachte den WM-Auftritt der Squadra azzurra auf den Punkt. Fünf Tore erzielte der 25jährige auf dem Weg vom Achtelfinale ins Endspiel. Oft in letzter Sekunde, meist in Augenblicken, in denen viele die Squadra schon aufgegeben hatten. Am Sonntag wartete Italien erneut auf einen Geniestreich, aber es wartete vergeblich. Ein Vergötterter ließ seine Fehlbarkeit erkennen.

Aus dem anonymen Kreis trat noch einmal Franco Baresi. Im zweiten Vorrundenspiel der Italiener gegen Norwegen hatte sich der 34jährige Abwehrorganisator des AC Mailand am Knie verletzt. Er wurde operiert, vier Wochen lang konnte er nicht mehr trainieren, im Endspiel kehrte er zurück – und nahm gleichzeitig tragisch-heldenhaften Abschied aus der Squadra. Es war wohl sein letztes Spiel in der Nationalelf. Als er aus der Umkleidekabine kam, hatte er seine Tränen getrocknet. Sein Elfmeter ging ihm noch einmal durch den Kopf. Wie er anlief, wie er in Rückenlage geriet, wie der Ball himmelhoch über den Querbalken flog. »Elfmeterschießen«, sagte Franco Baresi, »ist wie eine Lotterie.« Die letzte Ziehung haben die glücklichen Gewinner des Turniers verloren. ■

KLAUS HOELTZENBEIN

REIF(E)* SPRÜCHE

Romario oder Roberto Baggio – einer wird dieses Spiel entscheiden. Da lege ich mich mal fest.

Jetzt achten Sie mal drauf, wie langsam sich die Brasilianer nach vorn bewegen, das ist fast Rasenschach.

Wie ein Bienenschwarm stürzen sich die Italiener auf Romario.

Moderner Fußball wird ohne Libero gespielt, da wird wohl manchem in Deutschland das Ohr klingen …

Wir haben vorher in der Schlußfeier manches Pyrotechnische gesehen – die erste Halbzeit war noch nicht das große Feuerwerk.

Beide bleiben bei ihrem Konzept – 25 Meter links und rechts der Mittellinie ist rush-hour …

Also nehmen wir den Nachschlag. Die Uhr beginnt wieder bei Null. Paßt zum Ergebnis 0:0.

Eben hatte ich das Gefühl, bei beiden hat irgendwo ein imaginärer Wecker geklingelt. Hoffentlich bleiben sie wach (112. Minute).

Was glauben Sie, wie klein das Tor ist, wenn man am Elfmeterpunkt steht, und wie groß der Torwart wird.

Italienische Tränen, und auch in Gelb wird jetzt vor Glück geheult …
(zum Finale BRASILIEN – ITALIEN)

**Marcel Reif, ZDF-Reporter*

Noch nie ist nach einem Fußballspiel so viel vom lieben Gott gesprochen worden. In Brasilien, dem Lande der Fernseh-Evangelisten, fehlte nur noch eine Direktschaltung in den Himmel, »dort, wo unser Freund Ayrton Senna sitzt, dem wir diesen Titel geweiht haben«. So haben dies Torwart Taffarel und seine Kollegen immer wieder erzählt. Religion und Glauben spielen bei den Brasilianern eine große Rolle. Schon lange vor dem Endspiel ließ die Mannschaft Plakate malen für den tödlich verunglückten Weltmeister in der Formel 1. Mit ihrem prominentesten Landsmann hatten sich die Nationalspieler noch drei Monate vor dem World Cup in einem Hotel in Paris getroffen. »Damals haben wir einander versprochen, daß Senna und wir den vierten WM-Titel gewinnen. Deshalb war dies heute unsere Hommage an Senna«, so Claudio Taffarel.

RAMOS JUNTOS,
É NOSSO!
SENA

WM IN ZAHLEN

TORE: 141 in 52 Spielen (Schnitt 2,71).

TORSCHÜTZEN: Salenko (Rußland) und Stoitschkow (Bulgarien) je 6; Romario (Brasilien), **Klinsmann (Deutschland),** Roberto Baggio (Italien) und Kennet Andersson (Schweden) je 5; Batistuta (Argentinien), Raducioiu (Rumänien) und Dahlin (Schweden) je 4; Bebeto (Brasilien), Bergkamp (Niederlande), Hagi (Rumänien), Brolin (Schweden) und Caminero (Spanien) je 3.
15 Spieler mit je zwei Toren, 51 Spieler mit je einem Tor; 1 Eigentor (Escobar/Kolumbien).

ELFMETER: 15 (alle verwandelt).

ZUSCHAUER: 3 650 326 gesamt, 70 198 im Schnitt.

ERGEBNISSE NACH IHRER HÄUFIGKEIT: 2:1 und 1:0 je zehnmal, 1:1 und 2:0 je fünfmal, 3:2 und 3:1 je viermal, 0:0, 4:0, 3:0 und 2:2 je dreimal, 6:1 und 4:1 je einmal.

GELBE KARTEN (221): Bulgarien 19, **Deutschland** und Spanien je 13, Niederlande und Rumänien je 12, Italien und Schweden je 11, Marokko, Nigeria und Saudi-Arabien je 10, Argentinien und Mexiko je 9, Brasilien, Griechenland, Irland und Schweiz je 8, Kolumbien, Rußland und USA je 7, Belgien, Bolivien, Norwegen und Südkorea je 6, Kamerun 5.

GELB/ROT (7): Zwetanow, Kremenliew (beide Bulgarien), Cristaldo (Bolivien), Luis Garcia (Mexiko), Gorlukowitsch (Rußland), Schwarz (Schweden), Clavijo (USA).

ROTE KARTEN (8): Pagliuca, Zola (beide Italien), Etcheverry (Bolivien), Leonardo (Brasilien), Song-Bahanag (Kamerun), Vladoiu (Rumänien), Thern (Schweden), Nadal (Spanien).

FINANZEN: Die FIFA erzielte einen Gewinn von rund 420 Millionen Mark, das WM-Organisationskomitee wurde mit 100 Millionen Mark für die aufwendige Durchführung des Fußball-Spektakels belohnt.

Das einzige Eigentor, das tragische WM-Geschichte machen sollte: Am 23. Juni 1994 leitet Andre Escobar (Nummer 2) mit seinem Schuß ins eigene Netz zum 0:1 die Niederlage Kolumbiens gegen die USA (1:2) ein. Eine Woche später wurde der 58malige Nationalspieler in Medellin dafür ermordet (oben).

Zählten zu den Top-Stars dieser WM '94: Die Scharfschützen Oleg Salenko (Rußland), und Hristo Stoitschkow (Bulgarien) sowie Schwedens torgefährlicher Mittelfeldspieler Tomas Brolin (Nummer 11 – von links).

Statistik Halbfinale

BULGARIEN – ITALIEN 1:2 (1:2)

13. 7. in New York
Bulgarien: Mihailow – Hubtschew – Kirjakow, Iwanow, Zwetanow – Jankow, Balakow, Sirakow, Letschkow – Kostadinow (72. Jordanow), Stoitschkow (79. Guentschew).
Italien: Pagliuca – Mussi, Costacurta, Maldini, Benarrivo – Berti, Dino Baggio (56. Conte), Albertini, Donadoni – Roberto Baggio (71. Signori), Casiraghi.
Tore: 0:1 Roberto Baggio (21.), 0:2 Roberto Baggio (26.), 1:2 Stoitschkow (44., Foulelfmeter).
Schiedsrichter: Joel Quiniou (Frankreich).
Zuschauer: 74 000.
Gelbe Karten: Costacurta, Albertini – Kostadinow, Letschkow, Jankow.
Gelb/Rot: keine.
Rote Karten: keine.

SCHWEDEN – BRASILIEN 0:1 (0:0)

14. 7. in Los Angeles
Schweden: Ravelli – Roland Nilsson, Patrik, Andersson, Björklund, Ljung – Brolin, Mild, Thern, Ingesson – Dahlin (68. Rehn), Kennet Andersson.
Brasilien: Taffarel – Jorginho, Aldair, Marcio Santos, Branco – Mazinho (46. Rai), Mauro Silva, Dunga, Zinho – Bebeto, Romario.
Tor: 0:1 Romario (81.).
Schiedsrichter: Jose Torres Cadena (Kolumbien).
Zuschauer: 93 000 (ausverkauft).
Gelbe Karten: Ljung, Brolin – Zinho.
Gelb/Rot: keine.
Rote Karten: Thern (63.).

Spiel um Platz 3

BULGARIEN – SCHWEDEN 0:4 (0:4)

16. 7. in Los Angeles
Bulgarien: Mihailow (45. Nikolow) – Hubtschew – Zwetanow, Iwanow (42. Kremenliew) – Kirjakow, Letschkow, Jankow, Sirakow (45. Jordanow), Balakow – Kostadinow, Stoitschkow.
Schweden: Ravelli – Nilsson, Patrik Andersson, Björklund, Kaamark – Larsson (79. Limpar), Schwarz, Mild, Ingesson – Kennet Andersson, Brolin.
Tore: 0:1 Brolin (8.), 0:2 Mild (31.), 0:3 Larsson (37.), 0:4 Kennet Andersson (40.).
Schiedsrichter: Ali Mohamed Bujsaim (VAE).
Zuschauer: 83 716.
Gelbe Karten: Jankow – Kennet Andersson.
Gelb/Rot: keine.
Rote Karten: keine.

Statistik Finale

BRASILIEN – ITALIEN 0:0 n.V., 3:2 (Elfmeterschießen)

17. 7. in Los Angeles
Brasilien: Taffarel – Jorginho (21. Cafu), Aldair, Marcio Santos, Branco – Mauro Silva, Dunga, Mazinho, Zinho (106. Viola) – Bebeto, Romario.
Italien: Pagliuca – Mussi (35. Apolloni), Baresi, Benarrivo, Maldini – Berti, Dino Baggio (95. Evani), Albertini, Donadoni – Roberto Baggio, Massaro.
Tore: –
Elfmeterschießen:
Baresi über das Tor,
Marcio Santos gehalten,
0:1 Albertini,
1:1 Romario,
1:2 Evani,
2:2 Branco,
Massaro gehalten,
3:2 Dunga,
Roberto Baggio über das Tor.
Schiedsrichter: Sandor Puhl (Ungarn).
Zuschauer: 94 194 (ausverkauft).
Gelbe Karten: Mazinho, Cafu – Apolloni, Albertini.
Gelb/Rot: keine.
Rote Karten: keine.

IM PORTRÄT: CARLOS ALBERTO PARREIRA

Sein Job war eine gefährliche Wanderung auf ganz schmalem Grat. Er war in Brasilien unbeliebt, auch weil er sich in den Interviews kühl und verschlossen gab. Dazu hatte er es in seiner aktiven Zeit zu keinerlei Lorbeer gebracht. »Nationaltrainer zu sein, kommt einem Todesurteil gleich«, betonte Brasiliens Trainer Carlos Alberto Parreira mehrmals. Unter welch großem Erfolgsdruck er stand, kennzeichnete er mit dem Ausspruch, der ihm wohl ewig anhaften wird: »Wir haben zu Hause 200 Millionen Nationaltrainer. Alle wissen es besser als ich.« An einem sehr, sehr glücklichen Ende allerdings wußte er es doch besser als alle anderen, weil er Brasilien zum vierten WM-Titel führte. »Dieser Titelgewinn ist für mich eine Bestätigung meiner konsequenten Arbeit und deshalb eine große Genugtuung. Der Sieg wird dem brasilianischen Volk viel Freude bereiten, moralischen Auftrieb und ein neues Selbstwertgefühl geben«, triumphierte Parreira zu guter Letzt. Zweifel am WM-Sieg hatte der 51jährige, der einst seine Laufbahn 1967 in Sao Christovao (Rio) als Konditionstrainer begann, nie. »Wir waren eine der am besten vorbereiteten Mannschaften und sind im Verlauf des Turniers immer stärker geworden.« Wer wollte dem widersprechen?

Tatsächlich stellten sich die Brasilianer als eine mannschaftlich geschlossene Einheit vor, der Parreira immer wieder »eine großartige Einstellung« bescheinigte. Da er jedesmal die gleiche Strategie anwendete und damit Erfolg hatte, brachte er nach und nach auch seine schärfsten Kritiker auf seine Seite. Nach dem 3:2 gegen die Niederlande im Viertelfinale stieg seine Popularität sprunghaft von 17 auf 33 Prozent. Und plötzlich fanden auch die Medien, die ihm lange Zeit einen erfolglosen europäischen Stil vorgehalten hatten, eine gemeinsame Denkart mit dem Coach, der schon 1984 einmal die schwere Bürde des Nationaltrainers zu spüren bekam, 1982 mit den Kuweitis und 1990 in Italien mit den Kickern der Vereinigten Arabischen Emirate WM-Atmosphäre auffrischte. Kurios auch dies: 1970 stand er als Co-Trainer dem in Mexiko erfolgreichen Mario Zagalo zur Seite, 24 Jahre später war es umgekehrt, und auch das ging gut. Während der WM-Vorbereitung hatte sich Zagalo beispielsweise nicht gescheut, ohne Wissen Parreiras Spieler aus dem Kader zu streichen, für die sich der Nationalcoach schon ausgesprochen hatte. Irgendwie harmonisierte das Gespann aber trotzdem.

Parreira, im Oktober 1991 zum zweiten und zum Teamchef berufen, gilt nunmehr sogar als der Mann, der Zagalo zu einzigartigem Ruhm verholfen hat. Der alte weißhaarige Mann war bei allen Titelgewinnen dabei, als Akteur oder an der Seitenlinie. War es eine vorbeugende Maßnahme? Nach dem WM-Turnier wird Parreira beim FC Valencia in Spanien weiterarbeiten. Und auch da gilt für das Traineramt: tot oder lebendig.

++WM-REKORDE +
+ WM-REKORDE +
+ WM-REKORDE ++

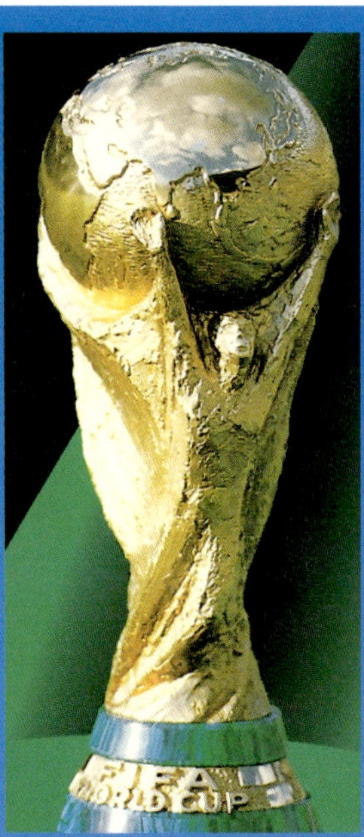

DEN SCHNELLSTEN TREFFER
markierte der Tschechoslowake Masek 1962 in Vina del Mar im Spiel gegen Mexiko (1:3) nach nur 15 Sekunden.

DEN HÖCHSTEN SIEG
verbuchte Ungarn 1982 in Elche mit 10:1 gegen El Salvador.

DIE MEISTEN TORE
in einem Spiel fielen 1954 in Lausanne im Treffen Österreich – Schweiz (7:5).

TOR-SPITZENREITER
ist Brasilien mit 159 Treffern vor Deutschland (154) und Italien (97).

DIE LÖCHRIGSTE ABWEHR hatte die Elf von El Salvador. Sie kassierte in sechs WM-Spielen 22 Tore (3,7 pro Spiel).

DEN ERSTEN HATTRICK
schaffte der Argentinier Guillermo Stabile beim 6:3 gegen Mexiko 1930.

ERSTES ROT-GELB
nach Einführung bei WM-Turnieren gab es am 24. Juni 1994 für den Bolivianer Luis Cristaldo.

DER EINZIGE VERBAND
der sich an allen 15 WM-Turnieren beteiligte, ist Brasilien. Deutschland und Italien waren je 13mal dabei.

DIE MEISTER WM-SPIELE bestritten Deutschland und Brasilien (je 73), gefolgt von Italien (61).

DIE MEISTEN SIEGE
holte Brasilien (50), gefolgt von Deutschland (42) und Italien (35).

DIE MEISTEN WM-EINSÄTZE
verbuchten Diego Maradona (Argentinien), Wladislaw Zmuda (Polen), Lothar Matthäus und Uwe Seeler (je 21), der von diesem Quartett mit genau 33 Stunden am längsten auf WM-Rasen stand.

BESTER SERIEN-TORSCHÜTZE, der auch im Finale stand, ist der Brasilianer Jairzinho, der 1970 in jedem Spiel mindestens ein Tor und insgesamt sieben in sechs Begegnungen schoß.

DAS KLEINSTE WELTMEISTER-TEAM
stellte 1962 Brasilien mit nur zwölf eingesetzten Spielern.

DEN ERSTEN FELDVERWEIS erhielt gleich im 1. WM-Turnier 1930 der Peruaner de la Casas.

ERSTES GELB
nach Einführung 1970 sah in jenem Jahr in Mexiko UdSSR-Spieler Asatiani im Auftaktspiel gegen die Gastgeber.

DIE ERSTE ROTE KARTE
nach Einführung 1970 sah vier Jahre später der Chilene Carlos Caszely im Spiel gegen die DFB-Elf.

DIE SCHNELLSTE ROTE KARTE erhielt 1986 in Mexiko der Uruguayer Batista nach nur 55 Sekunden von Referee Quiniou (Frankreich).

AM LÄNGSTEN OHNE GEGENTREFFER
blieb mit 519 Minuten Italiens Torhüter Walter Zenga 1990.

JÜNGSTER WM-SPIELER
ist seit 1982 der Nordire Norman Whiteside mit 17 Jahren und 42 Tagen.

BESTER SCHÜTZE IN EINEM TURNIER war 1958 der Franzose Just Fontaine mit 13 Toren.

DIE MEISTEN TORE IN EINEM ENDSPIEL
erzielte der Engländer Geoff Hurst 1966, als er gegen Deutschland beim 4:2 n.V. dreimal traf.

DIE MEISTEN WM-TEILNAHMEN hat der mexikanische Torhüter Antonio Carbajal aufzuweisen. Er stand bei fünf Turnieren (1950 bis 1966) in elf Spielen zwischen den Pfosten.

EINE NEUE REKORDBETEILIGUNG AN MANNSCHAFTEN wird es beim WM-Turnier 1998 in Frankreich geben, wenn sich 32 Teams um den Titel bewerben.

HARRY RADUNZ

BESTER WM-TORJÄGER
ist der Münchner Gerd Müller (großes Foto beim 3:2 gegen England in Mexiko 1970). In 13 WM-Spielen (1970 und 1974) erzielt er insgesamt 14 Treffer. »Machte einmalige Tore – sogar mit dem Allerwertesten«, so Max Merkel über den »Bomber der Nation«.

ÄLTESTER WM-SPIELER UND TORSCHÜTZE ist seit dem 28. Juni 1994 Roger Milla (Kamerun). Er traf gegen Rußland (1:6) im Alter von 42 Jahren und 39 Tagen. Auf der Momentaufnahme der Oldie (links) mit dem **SUPERTORJÄGER** Oleg Salenko, der in diesem Spiel einen **WM-REKORD** mit insgesamt **FÜNF TOREN** aufstellte.

DER JÜNGST FINAL-TORSCHÜTZE ist Brasiliens Pele (Foto Seite 173/links), der beim WM-Sieg 1958 genau 17 Jahre und 259 Tage alt war. Außerdem ist er auch **DER EINZIGE DREIFACHE WELT-MEISTER** (1958, 1962 und 1970).

DER TRAINER MIT DEN MEISTEN WM-ENDRUNDENSPIELEN ist der Deutsche Helmut Schön (auf dem Foto links mit seinem Assistenten Jupp Derwall beim WM-Sieg 1974) mit insgesamt 25 Spielen. Es folgen Sepp Herberger (19/Weltmeister 1954) und der Italiener Enzo Berzot (18/Weltmeister 1982).

ISBN 3-328-00622-2

© Sport und Gesundheit
Verlag GmbH 1994
Alle Rechte vorbehalten, auch auszugsweise, nur mit Genehmigung des Verlages
Erste Auflage

Herausgeber: Harry Valérien

Projektleitung: Raymund Stolze

Bildredaktion: Eberhard Thonfeld

Konzeption, Layout: Erika Huss, Olaf Prill

Herstellung: Sigrid Binasch

Mitarbeit: Matthias Erne, Martin Hägele, Klaus Hoeltzenbein, Ulrich Kaiser, Thomas Kistner, Dirk Poldauf, Ludger Schulze, Gottfried Weise, Hans-Jürgen Zeume

Statistik: Philipp Stolze

Schlußredaktion: Harry Radunz

Fotos: Deutsche Presse Agentur / AFP Photo (137): Oliver Berg, Oliver Multhaup, Bernd Weissbrod, Roland Holschneider/ Vincent Amalvy, Gabriel Bouys, Paul Buck, Tim Clary, Bob Daemmrich, Don Emmert, Mike Fiala, Romeo Gaced, Daniel Garcia, Eugene Garcia, Jean Loup Gautreau, George Gobet, Patrick Hertzog, Gerard Julien, Junji Kurokawa, John G. Mabanglo, John Mottern, Mike Nelson, Kazuhiro Nogi, Bob Pearson, Michel Porro, Antonio Scorza, Bob Strong, Bob Sullivan, Omar Torres, Chris Wilkins

Koordination: Pierre Fernandez, Gisela Gräb, Lothar Reich, Jürgen Zinke, Vaclav Neumann

Zusatzfotos: Photo AP (2), Bongarts (12), Camera 4 (7), firo Sportphoto (4), Horstmüller (3), Karl Mathis/ Keystone Press/Schweiz (1), Minkoff (1), Sven Simon (1), Reuter (2), Kurt Schorrer (1), Ullstein Bilderdienst (7)
Wir danken dem **Magazin GALA** (Foto Seite 62/63) und der **Edition Temmen** (Fotos Seite 30/31 und 32/33 aus dem Buch »Fußball in den USA«) für ihre freundliche Unterstützung.

Umschlaggestaltung: Theodor Bayer-Eynck

Titelfoto: John G. Mabanglo/AFP Photo

Zusatztexte: Deutsche Presse-Agentur

Redaktionsschluß: 19. Juli 1994
Printed in Germany

Satz: LVD GmbH, Berlin

Lithos, Druck, Bindung:
Mohndruck Graphische Betriebe GmbH, Gütersloh

Gedruckt auf alterungsbeständigem Papier mit chlorfrei gebleichtem Zellstoff

Die Deutsche Bibliothek – CIP-Einheitsaufnahme

Football World Championship <15, 1994>:
Das Fussball-WM-Buch/USA '94.
Harry Valérien. Fotos: Deutsche Presseagentur ...
– 1. Aufl. – Berlin: Sportverl., 1994
ISBN 3-328-00622-2
NE: Valérien, Harry [Hrsg.]; Deutsche Presse-Agentur <Hamburg>

WorldCupUS
XV